ESV

PHILOLOGISCHE STUDIEN UND QUELLEN

Herausgegeben von

Anne Betten · Hartmut Steinecke · Horst Wenzel

Heft 212

Heinrich Heine: Europäischer Schriftsteller und Intellektueller

Von

Peter Uwe Hohendahl

ERICH SCHMIDT VERLAG

Bibliografische Information der Deutschen Bibliothek

Die Deutsche Bibliothek verzeichnet diese Publikation
in der Deutschen Nationalbibliografie;
detaillierte bibliografische Daten sind im Internet
über dnb.ddb.de abrufbar.

Weitere Informationen zu diesem Titel finden Sie im Internet unter
ESV.info/978 3 503 09846 0

Gedruckt mit freundlicher Unterstützung
der Alexander von Humboldt-Stiftung.

ISBN 978 3 503 09846 0

ISSN 0554-0674

www.ESV.info

Dieses Papier erfüllt die Frankfurter Forderungen der Deutschen Bibliothek
und der Gesellschaft für das Buch bezüglich der Alterungsbeständigkeit
und entspricht sowohl den strengen Bestimmungen der US Norm Ansi/Niso
Z 39.48-1992 als auch der ISO Norm 9706.

Druck und Bindung: Difo-Druck, Bamberg

Inhaltsverzeichnis

Einleitung

Die in diesem Bande versammelten Aufsätze wurden zwischen 1972 und 2006 geschrieben. Demgemäß reflektieren sie wechselnde Standorte, deren Entwicklung allenfalls zu rekonstruieren wäre. Was diese Aufsätze zusammenhält, ist weder ein systematischer Gesichtspunkt, der sie zu Teilen eines geplanten Ganzen macht, noch eine inhaltlich-historische Erzählung, die der Lebens- und Werkgeschichte des Dichters folgt. Vielmehr greifen sie bestimmte Fragen auf (unter Ausschluß von anderen), die dem Verfasser als entscheidend für das Verständnis von Heine erschienen. Sie kommen sogar mit einer gewissen Beharrlichkeit auf diese Fragen zurück, stellen sie unter gewandelten Bedingungen und in neuen Kontexten noch einmal oder wandeln sie ab, so daß nicht nur der Gegenstand von verschiedenen Seiten sichtbar wird, sondern auch der Forscher und Kritiker, der sich seinem Gegenstand nach einem zeitlichen Abstand erneut zuwendet. Die Einheit ergibt sich also aus der thematischen Fragestellung sowie dem kritischen, doch immer wieder neu ansetzenden Schreibprozeß, der die gefundenen Antworten jeweils nur als vorläufig und widerrufbar betrachtet. Dabei ist nicht zu vergessen, daß das schreibende und urteilende Subjekt nicht im luftleeren Raum agiert, sondern in einer durch geschichtliche Ereignisse und Strukturen bestimmten Welt. Um es konkreter auszudrücken: Jeder Aufsatz hat seine eigenen, spezifischen Vorgaben, die in die Auseinandersetzung mit Heine eingehen. Sie markieren unter anderem ihren Ort in der Heine-Forschung, indem sie an vorgefundene Urteile anknüpfen oder sich von ihnen absetzen. Doch was auf den ersten Blick als Forschungsgeschichte erscheint, erweist sich auf den zweiten als Teil der Kultur- und Geistesgeschichte Westdeutschlands. Jost Hermands politischer Forschungsbericht *Streitobjekt Heine* (1975) hat diesen Aspekt am deutlichsten hervorgehoben. Bis in die sechziger Jahre hinein blieb der Dichter sowohl in der literarischen Öffentlichkeit als auch in der Germanistik so kontrovers, daß ein Eintreten für Heine auf Unverständnis und Ablehnung stoßen konnte. Die in diesem Band vereinten Aufsätze waren von diesem Verdikt nicht mehr unmittelbar betroffen, doch spiegelt sich in ihrer Konzeption die Kontroverse noch als Hintergrund. Sie verstanden sich als Stellungnahmen für Heine, als überfälliges Zurechtrücken problematischer historischer und ästhetischer Urteile, welche die Erforschung Heines blockiert hatten. In den siebziger Jahren war die Liberalisierung der Bundesrepublik unter anderem mit dem Namen Heines verbunden.

Das heißt, das wissenschaftliche Interesse an Heine war in diesen Jahren kein ausschließlich akademisches. Mit der Erforschung des Jungen Deutschland und des Vormärz, die vorher als ästhetisch uninteressant gegolten hatten, verband sich die Vorstellung, der Geschichte der deutschen Literatur ein anderes, gelegentlich auch gegen die Klassik gerichtetes Profil zu geben. So wurde Heine neben Büchner zum Symbol der Opposition – im historischen Sinn, aber auch als Typus des Oppositionellen schlechthin. Die Heine-Forschung der siebziger Jahre, getragen von einer Generation von Wissenschaftlern (überwiegend zwischen 1930 und 1940 geboren), stand unter dem Vorzeichen der Dialektik von Literatur und Politik.

Der Ausgangspunkt meiner Untersuchungen in den frühen siebziger Jahren, aus denen die ersten Beiträge zu Heine hervorgingen, war der Status der Literatur in der Epoche des Frühliberalismus, der Zusammenhang von literarischer Öffentlichkeit und Ästhetik, der sich um 1800 in verschiedenen Formen konstituierte. Offenkundig spielte Heine eine wichtige Rolle für das Verständnis der Literaturkritik im 19. Jahrhundert – auf der einen Seite das Wiederaufgreifen aufklärerischer Impulse (die Französische Revolution affirmierend), auf der anderen Seite die komplexe Auseinandersetzung mit der Klassik und Romantik. Eben diese Auseinandersetzung, damals vor allem als Kontrast verstanden, wurde zum Gegenstand der ersten Untersuchung. Sie versuchte zu zeigen, daß Heine zur Romantik ein weit komplizierteres Verhältnis hatte, als seine Polemik in der *Romantischen Schule* erkennen ließ. Die Absicht, sich polemisch von dem romantischen Projekt abzusetzen, wurde unterlaufen durch die Bindung an geteilte Grundannahmen über Ästhetik und Geschichte. Das Ziel des Aufsatzes war, jenseits der literaturpolitischen Polemik, Heines ästhetische Positionen neu zu bestimmen durch einen Vergleich mit der Frühromantik. Diese Fragestellung wird in dem Aufsatz „Kunstkritik und Tagesbericht. Zur ästhetischen Theorie des späten Heine“ (1977) fortgesetzt und zugleich modifiziert im Hinblick auf die Schriften der vierziger und fünfziger Jahre.[1] Ausgehend von der Lage der französischen Literatur in den dreißiger und vierziger Jahren, konzentriert sich der Aufsatz auf die von Heine registrierte Veränderung der literarischen Kommunikation unter den Bedingungen des voll entwickelten Kapitalismus. Der Schriftsteller mußte auf der einen Seite mit einem auf Konkurrenz angelegten literarischen Markt rechnen und auf der anderen mit einem neuen Lesepublikum, eine Situation, auf die die französischen Zeitungen sich durch den

1 „Kunsturteil und Tagesbericht. Zur ästhetischen Theorie des späten Heine“. In: *Heinrich Heine. Artistik und Engagement*. Hg. von Wolfgang Kuttenkeuler (Stuttgart, 1977), S. 207–241; wieder abgedruckt in Hohendahl: *Geschichte. Oppposition. Subversion: Studien zur Literatur des 19. Jahrhunderts,* (Köln, 1993), S. 130–167.

Abdruck von Sensationsromanen einstellten. Der nach Paris übergesiedelte Heine konnte der Frage nicht ausweichen: Was bedeutet diese Transformation für die Autonomie der Kunst? Konnte man die neue Situation noch mit den ästhetischen Kategorien der Goethezeit verstehen und welche Folgen hatte dieser Wandel wiederum für die eigene literarische Produktion? In Heines kritischen Schriften der dreißiger und vierziger Jahre zeichnet sich diese Auseinandesetzung in aller Deutlichkeit ab. Das Bemerkenswerte an Heines Position ist, daß sie sich nicht auf die Ästhetik der Goethezeit zurückzieht, um die dort gewonnenden Einsichten zu verteidigen, sondern die Konsequenz zieht, daß die moderne Situation auch in der Kunst ihren Ausdruck finden muß. Mehr noch: auch die Kunst- und Literaturkritik muß sich, so das Argument meines Aufsatzes, auf die veränderten Bedingungen einstellen. Heine trug die avancierte Kunstkritik in die Zeitung, eine Übertragung, die nicht ohne Folgen sein konnnte für ihre Form und ihren Stil.

Den Folgen dieser Umstellung geben die Aufsätze „Allegorische Bilder: Heine und die französische Malerei“ und „Fiktion und Kritik: Heines ‚Romantische Schule‘ im Kontext der zeitgenössischen Literaturgeschichte“ nach. Während der erste sich mit Kunstkritik beschäftigt, verfolgt der zweite die Darstellungsform von Heines *Romantischer Schule*, einer Schrift, die in der Geschichte der Literaturwissenschaft – meines Erachtens zu Unrecht – regelmäßig als eine Literaturgeschichte behandelt wird. Nicht zufällig ist im ersten Aufsatz der Ausgangspunkt Goethes Einleitung zu den *Propyläen*, um sichtbar zu machen, wie weit eine Generation später Heines Umgang mit der bildenden Kunst sich von der klassischen Ästhetik entfernt hat. Es geht um einen durch das Medium der Zeitung geprägten Ansatz, genauer gesagt, um die Dialektik von Kunst und Leben, in der die Eigenart der Kunst erhalten bleibt. Die Lösung, die Heine findet, um die Verschränkung darzustellen, ist die allegorisch-emblematische Lektüre von Bildern. In diesem Zugang kann sich Heine ganz auf das Bild einlassen, seine inhaltlichen wie formalen Momente ausführlich beschreiben, ohne den Blick für das Ganze zu verlieren. Sofern Heine Bilder als Embleme liest, kann er ihren Gehalt prononciert aussprechen. Freilich ist das Ausgesprochene nicht mehr kongruent mit dem, was bei Goethe über ein Bild zu sagen ist. Das Kunstsymbol ist verabschiedet. Daß diese Transformation nicht nur den Inhalt betrifft, versucht der Aufsatz „Fiktion und Kritik“ zu demonstrieren. Durch einen Vergleich mit Gervinus' *Geschichte der poetischen National-Literatur der Deutschen* wird herausgearbeitet, in welchem Maße Heines Stil und Textorganisation den Gehalt der Darstellung bestimmen. Stärker noch als die früheren Aufsätze wendet sich dieser Beitrag formalen Gesichtspunkten zu. Unter anderem beschäftigt er sich eingehender mit der narrativen Struktur, insbesondere der Frage der Zuverlässigkeit des Erzählers. Indem der Aufsatz die Erzählerposition und -rolle im Text verfolgt, hebt er die Differenz zwischen Heines kritischer und Gervinus' historischer Darstellung hervor.

Das Entwerfen einer kritischen Schreibart, die gleichwohl nicht abstrakt verfährt, sondern die geschichtlichen Momente des Gegenstands in sich aufnimmt, modifiziert auch die Rolle des Autors. Die Art der Veränderung verfolgen die Aufsätze des zweiten Teils dieses Bandes. Sie nähern sich von verschiedenen Seiten der für Heine zentralen Frage seiner Rolle als Schriftsteller in einer modernen Gesellschaft sowie seiner Bestimmung des Verhältnisses von öffentlicher Rolle und individueller Identität als Autor. Die Fehde zwischen Heine und Börne, die in Heines Denkschrift von 1840 ihren Höhepunkt und Abschluß fand, war der erste Anlaß, in Heines Polemik den Versuch einer Selbstbestimmung durch Abgrenzung von einem Schriftsteller zu erkennen, der ihm ideologisch nahestand. Allerdings ging es nicht so sehr um die Rekonstruktion der Auseinandersetzung, die bereits geleistet war, als um die Nachwirkung in den folgenden Jahrzehnten. Die von beiden Autoren entwickelten Argumentationsmuster kehren in der späteren Heine-Kritik mit erstaunlichr Beharrlichkeit zurück. Namentlich die Polemik gegen Heines Person konnte sich auf Börne berufen. Auch Heines differenzierte Verteidigung seiner Identität als Autor in der Börne-Denkschrift hat diesen Schaden nicht wieder gutmachen können; im Gegenteil, diese galt als Beweis für Heines problematischen Charakter. An dieser Stelle mißlang Heines sorgfältig kalkulierte Strategie. Noch unter dem Eindruck einer idealistischen Tatphilosophie überschätzte Heine die Macht der Sprache. Heines kritische Prosa der dreißiger Jahre trat emphatisch mit dem Anspruch auf, durch das Wort (den Geist) die Welt verändern zu können. Dadurch daß der Schriftsteller sich in der Öffentlichkeit positioniert, schreibt er sich die Möglichkeit zu, in den geschichtlichen Prozeß einzugreifen.

Die beiden Aufsätze, die sich ausdrücklich mit Heine als dem neuen Typus des Intellektuellen beschäftigen, verfolgen Heines Projekt, sowohl die Selbstdarstellung/en als auch die sich daraus ergebenden Erfolge und Rückschläge. Sie bewegen sich in zwei verschiedene Richtungen: Auf der einen Seite steht die neue Rolle des Literaten als eines Intellektuellen in der Öffentlichkeit zur Diskussion, d. h. der Zuwachs an Macht, aber auch die Gefährdung durch den literarischen Markt. Auf der anderen geht es um die Spannung zwischen der alten Rolle des Dichters und der neuen des Intellektuellen. Im Mittelpunkt der Diskussion steht die Dialektik der beiden Bestimmungen und insbesondere die fortschreitende Intellektualisierung des Dichters, die Heine, nachdem er ihre Bedeutung erkannt hat, nicht wieder aufgegeben hat. Dieser Wechsel der Einstellung ist Teil von Heines Modernität, mit der sich der Aufsatz „Schwelle und Übergang: Heinrich Heines Position in der modernen europäischen Literatur" beschäftigt. Der Beitrag unterstreicht Heines Modernität in dem spezifischen Sinn, daß Heine nicht nur als Vorläufer der europäischen Moderne anzusehen ist, sondern als ihr erster Vertreter.

Der abschließende Teil unter dem Titel „Umstrittene Wirkung" greift zwei Beispiele der Auseinandersetzung mit Heine heraus, einmal die komplexe Rezeption um 1900 und zum anderen Adornos problematische Lektüre von Heines Lyrik. In beiden Fällen ist das eigentliche Thema Heines Modernität, die entweder nicht wirklich erkannt wird, so wie im Fall von Adorno, oder verworfen wird, wie im Beispiel der deutschen nationalistischen und kulturkonservativen Kritiker um 1900. Adorno bringt das Problem auf den Punkt, wenn er Heines Sprache zum eigentlichen Stein des Anstoßes macht. Das vorgebliche Fehlen einer neuen poetischen Sprache wird zum Kennzeichen des Mißlingens. Für die deutsche Rechte ist dieses bei einem jüdischen Schriftsteller immer schon unterstellte Mißlingen Teil eines größeren Komplexes, in dem nationale, rassische und kulturelle Identität zum Beweis von Heines Fremdheit werden. Die Expatriation Heines deutete sich daher bereits um 1900 an, obwohl Heines Popularität unangefochten war. Dazu trugen die zahlreichen Vertonungen seiner Gedichte nicht wenig bei. Von der populären Rezeption, die sich vor allem auf die Lyrik stützte, geschieden war einerseits die wissenschaftliche Aufnahme und andererseits die Diskussion innerhalb der literarischen Avantgarde, die untereinander kaum Gemeinsamkeiten aufweisen. Während die Literaturwissenschaft damit beschäftigt war, die Kanonisierbarkeit Heines zu diskutieren, stand in den literarischen Zirkeln im frühen zwanzigsten Jahrhundert die Aktualität Heines im Mittelpunkt des Gesprächs: Kann Heines Schreibart für die Moderne prägend sein? Wo gibt es Anschlußmöglichkeiten? Während der George-Kreis die Aufnahme verweigerte, sahen sowohl Heinrich als auch Thomas Mann Heine als Vorbild für die eigene Arbeit, wenn auch aus verschiedenen Gründen. Unter den Jüngeren wäre an Gottfried Benn, Brecht und Tucholsky zu denken. Erst die Literaturpolitik des Dritten Reichs schnitt diese Debatte ab, ohne durch ihre Eingriffe Heines Werk ganz verdrängen zu können. Dennoch mußte Heine nach 1945 neu entdeckt werden, nicht zuletzt durch die Literaturwissenschaft. Heine wurde zum „Streitobjekt" nicht nur, weil die Schäden der nationalsozialistischen Repression zu beheben waren, sondern auch, weil Heine sowohl in der DDR als auch in der Bundesrepublik in das aktuelle Spannungsfeld der literarischen und politischen Publizität versetzt wurde. Daraus ergab sich eine Aktualisierung, die sich selbst in der wissenschaftlichen Aneignung bemerkbar machte. Die Erörterung von Heines Position in der deutschen Literatur war gleichzeitig ein Versuch, die literarische Kultur der Gegenwart und ihr Verhältnis zur politischen Kultur neu festzulegen. Anders gesprochen, das Bemühen, Heine zu integrieren, war zugleich ein öffentlicher Versuch, die zunächst konserative kulturelle Konfiguration Westdeutschlands zu verändern und den Erbebegriff der jungen

DDR historisch zu unterfüttern. Dieser Prozeß war in den neunziger Jahren abgeschlossen. Wenn es einer Bestätigung bedurft hätte, so wurde sie durch die Feier zur 200-jährigen Wiederkehr von Heines Geburtstag im Jahr 1997 gebracht. Alle früheren Zweifel an Heines zentraler Position in der deutschen Literatur waren zerstreut. Der Außenseiter war zu einer kanonischen Figur geworden, indes nicht notwendig zu der Leitfigur, für die sich die westdeutsche Linke eingesetzt hatte, nicht zu reden von Heines Vorbildfunktion in den nunmehr verstummten Germanistik der DDR. Der stillschweigende kulturelle Konsensus über Heines Bedeutung als Künstler und Intellektueller macht es gleichzeitig schwieriger zu formulieren, worin diese Bedeutung gegenwärtig besteht.

Im Rückblick wird deutlich, daß sich in der Chronologie der hier publizierten Aufsätze auch die Geschichte und Entwicklung der Heine-Forschung artikuliert, sowohl in der Wahl der Themen als auch in der Methode. Der früheste Aufsatz steht unverkennbar in der geistesgeschichtlichen Tradition; sein kritischer Anspruch verwirklicht sich in der Theoriegschichte, während soziale und politische Aspekte ausgeblendet bleiben. In dem 1980 veröffentlichten Essay über die Börne-Heine-Fehde hat sich das Erkenntnisinteresse bereits deutlich verschoben, ein Wandel, der sich auch im Ansatz niederschlägt. Literaturgeschichte erscheint hier als kritische Diskursgeschichte, die an der Wirkung des literarischen Textes die ideo-politische Konfiguration studiert. Konkret steht im Mittelpunkt Heines umstrittene Präsenz, nicht nur in der deutschen Literatur, sondern auch in der deutschen Geschichte. Dieser Untersuchungsstrang setzt sich fort in den zwei Aufsätzen, die sich mit Heines Rezeption beschäftigen, allerdings tritt hier das innerliterarische und ästhetische Moment wieder stärker in den Vordergrund (das Problem der authentischen Sprache).

Beginnend mit dem Aufsatz „Allegorische Bilder“ (1987) nehmen verstärkt formale Fragestellungen die Aufmerksamkeit in Anspruch, einmal als Interesse an Heines Schreibart und zum andern als Interesse an Heines „Hermeneutik“, d. h. seiner Methode der Dechiffrierung von Geschichte im Medium der Kunst (Bilder und Musik). Impulse von Wolfgang Preisendanz wurden aufgegriffen und weiterverfolgt, aber in eine Richtung, die diesem eher fern lag. Heines Stil wurde zum Angelpunkt der Analyse, die Verwobenheit des Schreibens in eine moderne, marktorientierte, von sozialen Brüchen gekennzeichnete Welt. Damit tauchte das alte Thema der Modernität Heines in veränderter Gestalt wieder auf – als Intellektualisierung des Dichters, als Selbstbehauptung des Autors auf dem literarischen Markt, als Auseinandersetzung mit den ästhetischen Bedingungen der postrevolutionären Epoche in Heines Spätwerk. Nicht zufällig konzentriert sich daher einer der jüngsten Aufsätze auf die Frage, welche Rolle Heine in der europäischen Literatur des 19. Jahrhunderts zukommt. Die

Modernität Heines, 1973 an seiner komplexen Aneignung der Romantik entwickelt, stellt sich nunmehr im Kontext des europäischen Modernismus dar, an dessen Anfang in der Regel der Name Baudelaires steht. Zur Diskussion steht ihre Herkunft, ihre Funktion und schließlich ihre geschichtliche Wirkung im 20. Jahrhundert.

I
Zur Literatur und Kunst

2. Geschichte und Modernität: Heines Kritik an der Romantik

I.

„So verwirrt sind die Gränzen der Wissenschaft und Kunst, des Wahren und des Schönen, daß sogar die Überzeugung von der Unwandelbarkeit jener ewigen Grenzen fast allgemein wankend geworden ist."[1] Mit diesen Worten beschrieb 1797 der junge Friedrich Schlegel das Dilemma seiner Epoche. Literaturtheorie und öffentlicher Geschmack, Lesepublikum und Kritik, so urteilte der noch auf den Klassizismus eingeschworene Schlegel, befanden sich im Zustand der Anarchie. Normen, auf die die Kunstkritik sich selbstverständlich berufen hatte, schienen in Gefahr, die Rezeption der antiken Klassik nicht mehr gesichert. Schlegels Klage wäre um 1830 nicht minder opportun gewesen. Erneut stand die deutsche Literatur (aber nicht nur die deutsche) vor einem epochalen Wandel des Erfahrungshorizontes. Je nach Generationszugehörigkeit und weltanschaulicher Einstellung begrüßte man die Veränderungen des intellektuellen und politischen Klimas oder sprach man von einem allgemeinen Verfall literarischer wie kritischer Standards. Die Juli-Revolution weckte die deutsche Öffentlichkeit aus dem Schlafe, in den Metternichs restaurative Politik sie versetzt hatte. Die politische Erregung der jungen Intelligenz teilte sich sogleich der Literatur mit, welche dann in den folgenden Jahren das wichtigste Medium wurde, um die Unzufriedenheit mit den politischen wie gesellschaftlichen Gegebenheiten auszusprechen. Heine und die jungdeutschen Schriftsteller konnten um 1830 nicht weniger von einer Verwirrung der Grenzen in Kunsttheorie und Kunstkritik sprechen als Friedrich Schlegel 1797. Weder die romantischen Theoreme noch Goethes zeitenthobene Kunstdoktrin vermochten den aktuellen Bedürfnissen, die aus einer veränderten soziopolitischen Konstellation gespeist wurden, gerecht zu werden. Auf der anderen Seite fiel es konservativen Beobachtern nicht schwer, den jungen Liberalen Unklarheit und Widersprüchlichkeit vorzuhalten, denn beim Versuch, den eigenen Standpunkt zu formulieren, sahen sie sich immer

---

1 Friedrich Schlegel: „Über das Studium der griechischen Poesie". In der: *Kritischen Friedrich-Schlegel Ausgabe*. Hg. von Ernst Behler (Paderborn, 1979). Bd. 1, S. 219; diese Ausgabe wird im folgenden mit Band- und Seitenangabe im Text zitiert (1, 219).

wieder genötigt, Argumente der klassischen wie romantischen Kunsttheorie zu integrieren, so daß der Anspruch, eine ‚neue' Ästhetik begründet zu haben, durch den Nachweis der Abhängigkeit zu widerlegen wäre. Fruchtlos wäre freilich, diesem Einwand, der auch in historischen Darstellungen wieder auftaucht,[2] allzu großes Gewicht beizulegen, da theoretische Innovation nie mit einer tabula rasa beginnt, sondern sich kritisch auf vorgefundene Antworten bezieht. So ist auch die ambivalente Revolte der jungdeutschen Schriftsteller gegen Goethe und die Romantik zu begreifen als Versuch, eine Diskussion konsequent zu Ende zu führen, die durch die Weimarer und Jenaer selbst eröffnet, dann freilich in den Jahren der Restauration abgebogen oder unterdrückt worden war. Im Vollzug dieser Überlegungen wurde der Romantik angelastet, was man am politischen System kritisierte, ihr Dichtungsbegriff nicht ohne Grund, wenn auch in reduzierter Weise, als Signatur der politischen Reaktion verstanden.

Paradigmatisch für diese literaturpolitische Kritik und zugleich von großem Einfluß auf die jüngeren Literaten ist Heinrich Heines *Romantische Schule* (1833/1835). Noch die Romantikkritik von Robert Prutz, der dem Jungen Deutschland distanziert gegenüberstand, ist Heines Argumentation stark verpflichtet, nicht zu reden von Autoren wie Wienbarg und Laube, denen die historische und kritische Perspektive durch Heine überhaupt erst vermittelt wurde. Laube besprach den ersten Teil der Pariser Ausgabe (1833) positiv, ohne freilich die Tendenz der Heineschen Schrift wirklich zu begreifen.[3] Daß eine ‚Beisetzung' der Romantik intendiert war, kommt nicht zum Ausdruck. Sehr viel genauer erfaßte Gustav Kühne Methode und Ziel von Heines Literaturkritik, als er 1835 die *Romantische Schule* in der *Zeitung für die elegante Welt* rezensierte: „Die Gebrüder Schlegel, Tieck, Werner, Görres, Fouqué, Arnim sind hier durch den Schwertschlag des Witzes nicht bloß *abgetan,* wie dies Abtun der zivilisierte Ausdruck für Scharfrichterei ist, sondern die von diesen Persönlichkeiten entworfenen Gemälde sind auch mit jener in ihren eigenen Stoff verliebten Innigkeit ausgeführt, die dem eigentlichen Humor, der mehr als Witz ist, nicht fehlen darf."[4] Kühne führte diese „humoristische" Einstellung auf Heines romantisches Wesen zurück, von dem dieser sich nur durch Ironie habe distanzieren können. Dieser Deutungsvorschlag rührt

---

2 So bei Walter Dietze: *Junges Deutschland und deutsche Klassik* (Berlin, 1962), der das Junge Deutschland als der Klassik stark verschuldet sieht. Vgl. auch Helmut Koopmann: *Das Junge Deutschland. Analyse seines Selbstverständnisses* (Stuttgart, 1970), besonders. S. 132 ff.

3 *Zeitung für die elegante Welt*, 18., 25. April 1833 und 13. und 17. August 1833.

4 Zitiert nach Heinrich Heine: *Sämtliche Schriften*. Hg. von Klaus Briegleb (München, 1971). Bd. 3, S. 859. Nach dieser Ausgabe wird im folgenden zitiert mit Angabe von Band und Seite (z.B. 3, 859).

an die zentrale Frage, personalisiert sie jedoch, indem Heine zum romantischen Charakter erklärt wird. Unerkennbar bleibt auf diese Weise das literaturkritische Problem: Wie wurde Heines Verhältnis zur Romantik durch die historisch aufgegebenen Fragestellungen bestimmt?

Zum vordergründigen Verständnis seiner Romantik-Schrift hat Heine selbst beigetragen. Der Beginn des ersten Buches nennt als Darstellungsabsicht den Wunsch, das französische Publikum über die neuere deutsche Literatur zu informieren und dabei zugleich das Bild zu korrigieren, das Madame de Staël in ihrem Werk *De l'Allemagne* (London 1813) über die Tendenzen der deutschen Literatur vermittelt hatte. Die französische Literatin schuf, Heine zufolge, unter dem Einfluß von A. W. Schlegel ein einseitiges und zwar proromantisches Bild der deutschen Situation, weil sie politisch im Lager der Napoleon-Gegner stand. Somit gibt sich Heines Buch als Parteischrift zu erkennen. Und zweifellos ist die witzig-polemische Vernichtung der romantischen Schule für Heine ein wesentliches Motiv seiner Darstellung gewesen.[5] Aus der Sicht der Pariser Emigration war die Abrechnung mit der deutschen Romantik überfällig. Ihre historische Beisetzung sollte den Weg ebnen für eine neue literarische wie politische Epoche – auch jenseits des Rheins.

Heine kritisierte folglich die Romantik nicht nur, er postulierte ihr Ende: „Eben weil wir alle Konsequenzen jenes absoluten Spiritualismus [der Romantik] jetzt so ganz begreifen, dürfen wir auch glauben, daß die christkatholische Weltansicht ihre Endschaft erreicht. Denn jede Zeit ist eine Sphinx, die sich in den Abgrund stürzt, sobald man ihr Rätsel gelöst hat." (3, 362) In Wirklichkeit war jedoch die Herausforderung ein gutes Stück problematischer. Die eigentliche Auseinandersetzung Heines mit der Romantik, die nicht zuletzt eine Überprüfung des Kritikbegriffs ist, verbirgt sich hinter der Geste der Polemik. Betrachtet man die *Romantische Schule* mit Heine als das Programm der ‚neuen' Literatur, dann muß das Werk Auskunft geben über seinen Begriff von Modernität. Anders gesprochen: die Distanzierung von der klassisch-romantischen Kunstepoche impliziert die Konfrontation mit den Fragen, auf die die romantische Kunsttheorie die Antwort war. Vergessen war um 1830 allgemein, daß die theoretischen Anstrengungen der Frühromantiker, unter anderen Ausgangsbedingungen freilich, auf eine Definition eben jener *modernitas* hinausliefen, die Heine und das Junge Deutschland eine Generation später

5 Briefliche Anmerkungen unterstreichen dieses Motiv. So heißt es in einem Brief Heines an Laube: „Es war nöthig nach Goethes Tode dem deutschen Publikum eine literarische Abrechnung zu überschicken. Fängt jetzt eine neue Litteratur an, so ist dies Büchlein auch zugleich ihr Programm, und ich, mehr als jeder andere, mußte wohl dergleichen geben." 8. April 1833. *Heines Briefe. Säkularausgabe* (Berlin und Paris, 1970). Bd. 21, S. 52.

propagierten. Die romantische Lösung indessen, namentlich ihre spätromantische Ausprägung, vermochte nicht mehr zu befriedigen. Die tieferen Ursachen werden uns später beschäftigen. Die Argumente wurden bereits angeführt: Die Romantik verfiel dem Verdacht, von der eigenen Gegenwart und ihren anstehenden Problemen abzulenken. Vorgeworfen wurde ihr, sich mit der Vergangenheit dergestalt zu identifizieren, daß sie zur Legitimierung eines oppressiven *status quo* allenfalls dienen konnte. Zwischen der literarischen Entwicklung in Deutschland und der politischen Entwicklung in Westeuropa klaffte ein Widerspruch, der die romantische Modernität suspekt machte. Wenn H. R. Jauß' Einschätzung zutrifft, daß der Formulierung der romantischen Dichtungstheorie bei Friedrich Schlegel die Wiederaufnahme der alten „querelle des Anciens et des Modernes" vorausging,[6] dann wäre zu prüfen, wie weit nicht ihrerseits Heines Auseinandersetzung mit der Romantik eine erneute Aktualisierung der alten Frage bedeutete. Denn „die immanente Logik dieses geschichtsmächtigen Topos, der die *moderni* von heute unentrinnbar zu den *antiqui* von morgen werden läßt ..., löst immer wieder neu die geschichtsphilosophische Frage nach Fortschritt, Dekadenz oder Wiederkehr im Gang der Menschheitsgeschichte aus."[7] Zu stellen wäre die Frage, ob nicht Heines Kritik der deutschen Romantik eine erneute Umbesetzung derjenigen Positionen darstellt, die im Schema der klassischen „querelle" fixiert und dann von Schiller wie Schlegel neu formuliert wurden. Freilich ist vorauszuschicken, daß Heine der ursprünglichen Fragestellung noch weiter entrückt ist als Schlegel und Schiller. Sich an der Antike zu messen, die Kunst der eigenen Epoche durch oder gegen antike Dichtung zu legitimieren, hat für Heine bereits, nicht zuletzt durch die Wirkung der romantischen Literaturgeschichte, jede Relevanz verloren. Der Zusammenhang mit der „querelle" wäre, ganz unabhängig vom subjektiven Bewußtsein Heines, zu suchen im Zusammenhang mit der objektiv anhängigen Problematik des epochalen Wandels.

Heines „Schwertschlägen" gegen die Romantik von 1833 und 1835 ging der kurze Romantik-Aufsatz des Bonner Studenten von 1820 voraus. Der Anlaß war eine antiromantische Glosse Blombergs, der literaturpolitische Zweck eine Apologie der Romantik. Bei dieser Gelegenheit näherte sich Heine, wenn auch noch unsicher und tastend, der zentralen Frage, die ihn später in der *Romantischen Schule* beschäftigte. Zu definieren war Wesen und Form der modernen Dichtung. Dies geschah in der frühen Glosse, wie nicht anders zu erwarten, durch den Rückgriff auf den Begriff

6 Hans Robert Jauß: „Schlegels und Schillers Replik auf die ‚querelle des Anciens et des Modernes'". In: *Literaturgeschichte als Provokation der Literaturwissenschaft* (Frankfurt a.M., 1970), S. 67–106.

7 Jauß, S. 70 f.

der Romantik. Denn die Romantik, so hatte Heine bei A. W. Schlegel gelernt, verkörperte eben die modernen Tendenzen, welche er gegen Mißdeutungen in Schutz nehmen möchte. Dabei ergab sich nun eine Schwierigkeit, die aus der Ambiguität des übernommenen Romantikbegriffs herrührte. Denn romantische Dichtung war einerseits ein historisches Phänomen; sie hatte sich im Mittelalter konstituiert, war damit an bestimmte geschichtliche Stoffe und Gehalte gebunden. Andererseits ist die Romantik für Heine die Verkörperung moderner Dichtung. Die Frage, auf die Heine Auskunft zu geben versucht – ohne daß es ihm freilich wirklich gelingt–, wäre so zu formulieren: In welcher Weise kann romantische Poesie modern sein, d. h. in welcher Weise kann sie sich von ihrer Entstehungsepoche, dem christlichen Mittelalter, emanzipieren? Heines Antwort ist von unproblematischer Eindeutigkeit. Moderne Dichtung, so postuliert er, soll plastisch sein: „Wahrlich die Bilder, wodurch jene romantischen Gefühle erregt werden sollen, dürfen eben so klar und mit eben so bestimmten Umrissen gezeichnet sein, als die Bilder der plastischen Poesie." (1, 400) Die modern-romantische Poesie darf der klassischen, auf die hier angespielt wird, in der klaren Kontur der Form nicht nachstehen. Sie soll die Vorzüge christlicher Innerlichkeit mit antiker Deutlichkeit und Sinnlichkeit vereinigen. Um diese Synthese zu rechtfertigen, leugnet Heine die Verbindlichkeit des christlich-mittelalterlichen Gehalts in der romantischen Poesie. Anders gesprochen: die zeitgenössische Romantik, die Kunst eines nachfeudalen Zeitalters, wird ihrer mittelalterlichen Tradition entzogen. Um modern zu sein, d. h. um dem Geist der gegenwärtigen Epoche zu entsprechen, muß sie sich formal wie thematisch von den Beschränkungen christlicher Innerlichkeit befreien.

Die Schwäche dieser Lösung ist offenbar. Heines Postulat einer ‚plastischen' Romantik bleibt geschichtlich unvermittelt. In keiner Weise wird deutlich, wie aus der Tradition romantisch-mittelalterlicher Kunst, deren historische Notwendigkeit aus der christlichen Metaphysik abgeleitet wurde, plastisch-sinnliche Kunst erneut hervorgehen kann. Wenn antike Kunst die Endlichkeit ihrer Form bewahrte, weil sie, wie Heine hier in Anlehnung an A. W. Schlegel formulierte, „das Äußere, das Objektive, zum Zweck und zugleich zum Mittel der Verherrlichung" (1, 399) erhebt, dann wäre allererst zu demonstrieren, daß der Gang der Geschichte eben jene Bedingungen wieder herbeiführte. Den Beweis zu erbringen, ist Heine außerstande. Unverbunden stehen so nebeneinander die aus der romantischen Literaturtheorie vertraute Differenzierung von klassischer und romantischer Kunst (als einer geschichtlichen Abfolge) und ein typologischer Gegensatz zwischen plastischer und verinnerlicht-verschwommener Darstellung. Daß modern-romantische Kunst mit nicht-plastischer Darstellung korreliert, wird von Heine in Abrede gestellt, indessen nicht entwickelt, wie romantisches Kunstprinzip und plastische Gestaltung zu vereinigen wären. Anstelle einer Ableitung begnügt sich Heine mit dem Hinweis auf Goethe, der hier als Repräsentant romantischen Stilwillens begriffen wird. Unverkennbar zielt Heine auf eine Versöhnung von sensualistischen und verinnerlichten Momenten in der modernen Dichtung. Diese Absicht kann man mit einem gewissen Recht als Vorbehalt gegen die romantische Kunsttheorie interpretieren,[8] sofern man diese ausschließlich als Antithese zur klassizistischen Anschauung auffaßt. Doch eine solche Gegenüberstellung verkürzt das zur Diskussion stehende Problem in gefährlicher Weise. Denn die Romantiker selbst waren an eben dieses Problem der Versöhnung gestoßen, als sie in Auseinandersetzung mit der klassizistischen Doktrin (die mit der ‚Weimarer Klassik' nur teilweise identisch ist) ihre Position gegenüber der eigenen Epoche verdeutlichen wollten. In der Schrift *Über das Studium der griechischen Poesie* von 1797 markierte Fr. Schlegel die Fragestellung, die auch hinter dem bescheidenen Beitrag des jungen Heine steht: Antike oder Moderne – welche Epoche kann beanspruchen, die Idee der wahren Poesie erfüllt zu haben? Ohne sich der Tragweite der angeschnittenen Probleme bewußt zu sein, berührte Heine bereits in der Romantik-Glosse von 1820 den Fragenkomplex, der ihn später in der *Romantischen Schule* beschäftigen sollte. Denn auch in dieser polemischen Schrift, deren explizite Tendenz so offenkundig gegen die deutschen Romantiker gerichtet ist, steht im Hintergrund die von der Romantik rezipierte, wenn auch umfunktionierte Konstellation: antik-romantisch-modern. Erneut steht zur Diskussion, wie moderne Dichtung beschaffen sein muß, um als Signatur der Gegenwart gelten zu können. Heines gegen die romantische Schule gewandte Antwort enthielt den Vorwurf, daß diese den an moderne Dichtung zu stellenden Anforderungen nicht entsprach, daß sie das Prinzip der Modernität preisgab, indem sie eine falsche, nämlich rückwärtsgewandte Versöhnung der vorgefundenen Widersprüche anstrebte.

So erhellend der Vergleich der *Romantischen Schule* mit der frühen Romantik-Glosse ist, so dürfen doch darüber die Querverbindungen zu den etwa gleichzeitig entstandenen Arbeiten Heines nicht vernachlässigt werden. Denn zwischen Artikel und Buch fällt erstens die Entwicklung der kritischen Prosa in den *Reisebildern* und zweitens die Übersiedlung nach Paris, d. h. die Auseinandersetzung mit den französischen Zuständen nach der Juli-Revolution. Daraus resultierte eine verwandelte Optik, die sich auch auf die Beurteilung der deutschen Romantik auswirken mußte. Wenngleich Heine durch die Bekanntschaft mit Hegels Philosophie (1823) auf die Auseinandersetzung mit der Romantik theoretisch bereits vorbe-

8 So Klaus Briegleb im Kommentar zur *Romantik-Glosse*, Bd. 1, S. 806 (vgl. Anm. 4); ferner Wolfgang Kuttenkeuler: *Heinrich Heine. Theorie und Kritik der Literatur* (Stuttgart, 1972), S. 31–40.

reitet war,[9] hätte das Romantik-Buch ohne die eingehende kritische Rezeption der kulturellen wie politischen Tendenzen in Frankreich in der gleichen Weise nicht geschrieben werden können. Vom Standpunkt der Pariser Gegenwart mußte die deutsche Romantik historisch anmuten. Das Leben in Frankreich lieferte die Anschauung zu der bereits 1828 formulierten These vom Ende der großen deutschen Kunstepoche. In der Rezension von Wolfgang Menzels *Deutscher Literatur* stand der Satz: „Ist doch die Idee der Kunst... der Mittelpunkt jener ganzen Literaturperiode, die mit dem Erscheinen Goethes anfängt und erst jetzt ihr Ende erreicht hat.“ (1, 445) Auf ihn berief sich Heine in der *Romantischen Schule.* Beachtenswert ist der Wandel in der Begründung dieser These. Während sich Heine 1828 den national-liberalen Standpunkt Menzels, wenn auch mit Vorbehalten, zu eigen machte und die Berechtigung von Menzels literaturpolitischer Schrift unterstrich, löste er sich in den Arbeiten über Frankreich von der nationalen Perspektive und integrierte das ältere Diktum über das Ende der Kunstepoche in seine Kritik der modernen Gesellschaft.

Im Vergleich von Menzels Buch mit Fr. Schlegels Wiener Vorlesungen (1812) demonstrierte Heine den Wechsel der kritischen Methode, d. h. den Übergang von einer Heine zufolge wesentlich immanenten Literaturbetrachtung, für die die „Idee der Kunst noch immer der herrschende Mittelpunkt“ ist (1, 445), zu einer Darstellung, welche „die Interessen der Zeit“ (1, 446) in den Mittelpunkt stellt. Mit Zustimmung zitierte Heine 1828 Menzels Unterscheidung zwischen Liberalismus und Servilismus, Republikanismus und Aristokratie: „Die liberale Partei ist diejenige, die den politischen Charakter der neueren Zeit bestimmt, während die sogenannte servile Partei noch wesentlich im Charakter des Mittelalters handelt. Der Liberalismus schreitet daher in demselben Maße fort, wie die Zeit selbst, oder ist in dem Maße gehemmt, wie die Vergangenheit noch in die Gegenwart herüber dauert.“ (1, 450.) Im Einspruch gegen die bornierte Verurteilung Goethes kündigte sich freilich die ideologische Differenz bereits an. Im Gegensatz zu Menzel weiß Heine sehr wohl zwischen der reaktionären Funktion des Goethe-Kults und der Bedeutung von Goethes Werken zu unterscheiden. Die Emigration nach Paris trennte Heine endgültig von der deutsch-nationalen Variante des Liberalismus, die sich ja dann im Fall Menzel als Bundesgenossin der Reaktion erweisen sollte. Der abstrakte Gegensatz von Liberalismus und Servilismus, Republikanismus und Aristokratie verlor für Heine angesichts der fortgeschrittenen gesellschaftlichen Lage Frankreichs seine literaturpolitische Relevanz. Davon blieb der Argumentationszusammenhang gegen die Romantik nicht unbetroffen.

9 Vgl. Kuttenkeuler, S. 47–54; ferner Wilfried Maier: *Leben, Tat und Reflexion. Untersuchungen zu Heinrich Heines Ästhetik* (Bonn, 1969), S. 33 ff.

In den *Französischen Zuständen* (1833) gab Heine sich und dem deutschen Publikum Rechenschaft von der Entwicklung seines Standpunkts. „Wir haben beide, Franzosen und Deutsche," notierte Heine im 9. Artikel, „in der jüngsten Zeit viel voneinander gelernt; jene haben viel deutsche Philosophie und deutsche Poesie angenommen, wir dagegen die politischen Erfahrungen und den praktischen Sinn der Franzosen." (3, 211) Ob Heine den Deutschen jenseits des Rheins, selbst seinen liberalen Freunden so viel politischen Sinn zutraute, mag angesichts der scharfen Kritik, die Heine an anderen Stellen an ihnen übte, dahingestellt bleiben. Für Heine bedeutete die Begegnung mit Frankreich und Paris, die tägliche Teilnahme an den politischen, gesellschaftlichen und kulturellen Ereignissen eine beträchtliche Ernüchterung. Aus dem „neuen Jerusalem" wurde eine Welthauptstadt, erfüllt von Problemen und Widersprüchen, an denen, im Unterschied zu den deutschen Verhältnissen, die historische Stunde abzulesen war. Für die journalistische Berichterstattung war, wie Windfuhr mit Recht bemerkt, die Methode der *Reisebilder* nicht mehr angemessen.[10] Heine entwickelt sich zum kritischen Beobachter und Kommentator einer politischen Welt, in der die ideologischen Gegensätze in der Öffentlichkeit ausgetragen wurden. So bezieht sich Heine immer wieder auf die Stellungnahme der großen Pariser Zeitungen, um seinen deutschen Lesern das Gegeneinander und Miteinander der Parteien und Fraktionen zu verdeutlichen. Das Eigengewicht des Materials ist so groß, daß der Berichterstatter demgegenüber zurücktritt. Dieser wird zum vermittelnden Raisonneur, welcher vor seinen Lesern die wesentlichen Tendenzen und Streitpunkte darlegt und ihre Bedeutung für Deutschland erläutert. Diese vergleichende Betrachtung bestimmt die Schreibweise der *Französischen Zustände.* Die Vorrede schließlich macht den Gesichtspunkt explizit: Aus der Beobachtung der fortgeschrittenen französischen Zustände, in denen unter Louis Philippe eine kapitalistische Bourgeoisie die Herrschaft angetreten hat und die konstitutionelle Monarchie zu ihren Zwecken ausnutzt, ergibt sich die Prognose über das Schicksal der deutschen Restauration. Aus dem Blickwinkel des Pariser Heine erscheint nicht nur die politische wie gesellschaftliche Struktur des deutschen Bundes überholt, sondern auch die Opposition der deutschen Liberalen. Für Heine blieb die Französische Revolution weiterhin Ausgangspunkt der politischen Fortschrittsbewegung, aber nicht mehr ihr abstraktes Richtmaß. „Törigt ist es, wenn man die Sprache von 1793 wieder heraufbeschwört, wie die Amis du peuple es tun, die dadurch, ohne es zu ahnen, ebenso retrograde handeln wie die eifrigsten Kämpen des alten Regimes" (3, 126). Je mehr Einsicht Heine in die

10 Manfred Windfuhr: *Heinrich Heine. Revolution und Reflexion* (Stuttgart, 1969), S. 131–136.

politischen Mechanismen der konstitutionellen Monarchie und ihren Zusammenhang mit den unter der Oberfläche wirkenden sozialen Kräften gewinnt, desto suspekter erscheint ihm der Rückgriff auf die politischen Schlagworte von 1789 und der abstrakte Republikanismus der „Amis du peuple" gar nicht zu reden von ihren deutschen Bundesgenossen, denen er mit Grund vorwarf, daß sie das politische Bewußtsein des deutschen Volkes falsch einschätzen (3, 211). Selbst Revolutionen, bemerkt Heine spöttisch, kosten Geld und sind ohne Unterstützung der rechten Geber nicht zu verwirklichen.[11] Monarchie oder Republik – das sind Scheingegensätze geworden in einem Zeitalter, in dem das Regierungssystem zu einer sekundären Erscheinung geworden ist, weil sein Gebrauch jeweils von den Interessen der dominierenden Klasse abhängt.

Heines Schriften über Frankreich kommentieren den Aufstieg des kapitalistischen Bürgertums. Gleichwohl wiederholte Heine am Schluß seines Berichtes über die zeitgenössische französische Malerei seine Prognose vom Ende der Kunstperiode: „Meine alte Prophezeiung von dem Ende der Kunstperiode ... scheint ihrer Erfüllung nahe zu sein," und fügte erläuternd hinzu:

> Die jetzige Kunst muß zugrunde gehen, weil ihr Prinzip noch im abgelebten, alten Regime, in der heiligen römischen Reichsvergangenheit wurzelt. Deshalb, wie alle welken Überreste dieser Vergangenheit, steht sie im unerquicklichsten Widerspruch mit der Gegenwart. Dieser Widerspruch und nicht die Zeitbewegung selbst ist der Kunst so schädlich; im Gegenteil, diese Zeitbewegung müßte ihr sogar gedeihlich werden. (3, 72)

Diese oft zitierten Sätze bedürfen der genauen Analyse. Wodurch unterscheiden sie sich von früheren Äußerungen?

---

11 Am Beispiel des französischen Politikers und Premierministers Perier erläutert Heine witzig im 4. Artikel diese Verbindung von Geldherrschaft und Politik. Unüberhörbar ist die ironische Distanz in der folgenden Charakteristik: „Man will dem Manne [Perier] das Bankierhafte anmerken, sogar in seiner Haltung das Kaufmännische herausfinden, und einer meiner Freunde gibt vor, daß er immer in Versuchung gerate, ihn über den jetzigen Preis des Kaffees oder den Stand des Diskontos zu befragen." (3, 142) Perier repräsentiert die „wohlhabende Opposition" (3, 144) der Restaurationszeit, die Ansprüche des ökonomisch starken, nach politischer Herrschaft drängenden Bürgertums. An die Stelle des Pantheons ist die Börse getreten, an die Stelle der politischen Ideale das wirtschaftliche Interesse. Dort, wo Heine versucht, die Epoche der Französischen Revolution auf den Begriff zu bringen, bleibt er noch in der liberalen Idee vom Primat der „Geistesbildung" befangen (3, 166), wo er hingegen das Bild seiner Epoche aus den Details zusammensetzt, machen sich die materiellen Umstände und Interessen der Klassen unverhohlen bemerkbar.

Operiert nicht Heine mit dem gleichen Gegensatz von Aristokratismus und Liberalismus, der uns bei Menzel begegnet war? Beachtung verdient, in welcher Weise Heine den zum Topos gewordenen Unterschied zwischen alter und neuer Kunst behandelt. In Frage gestellt wird der Kunstbegriff nicht durch die Entdeckung neuer Gesichtspunkte, die à la Menzel an die Stelle der alten Ästhetik treten, sondern durch die historische Dekonstruktion der herrschenden Kunstidee, der Heine übrigens keineswegs verächtlich gegenüberstand. Der Abschied vom autonomen Kunstreich war nicht eine Sache der persönlichen Entscheidung. Was Heines Pariser Position von Menzels Ansichten unterscheidet, ist die Einsicht in die Zwangsläufigkeit der geschichtlichen Konstellation. Angesichts der drängenden, ja quälenden Veränderungen innerhalb der gesellschaftlichen Wirklichkeit erweist sich die Kunstidee als unwiederbringlich verloren. Die Abgehobenheit, die Heine zufolge dem Kunstbegriff der Goethezeit zugrunde lag, ist nicht mehr durchzuhalten:

> Mit Recht klagen die Künstler in dieser Zeit der Zwietracht, der allgemeinen Befehdung. Man sagt, die Malerei bedürfe des friedlichen Ölbaumes in jeder Hinsicht. Die Herzen, die ängstlich lauschen, ob nicht die Kriegstrompete erklingt, haben gewiß nicht die gehörige Aufmerksamkeit für die süße Musik. Die Oper wird mit tauben Ohren gehört, das Ballett sogar wird nur teilnahmslos angeglotzt. Und daran ist die verdammte Julirevolution schuld, seufzen die Künstler, und sie verwünschen die Freiheit und die leidige Politik, die alles verschlingt, so daß von ihnen gar nicht mehr die Rede ist. (3, 71)

Diese ironische Klage ließe, außerhalb ihres Kontextes betrachtet, noch den Schluß zu, daß in politisch bewegten Zeiten an eine angemessene Kunstrezeption nicht zu denken sei und demgemäß auch die Produktion zu leiden habe. Daß Heine nicht diesen trivialen Aspekt im Auge hat, geht unmißverständlich aus dem Zusammenhang hervor. Verantwortlich für das Ende der Kunstepoche ist der *Widerspruch* zwischen gesellschaftlich-politischer Entwicklung auf der einen Seite und Fixierung der ästhetischen Normen auf der anderen:

> Dieser Widerspruch und nicht die Zeitbewegung selbst ist der Kunst so schädlich; im Gegenteil, diese Zeitbewegung müßte ihr sogar gedeihlich werden, wie einst in Athen und Florenz, wo eben in den wildesten Kriegs- und Parteistürmen die Kunst ihre herrlichsten Blüten entfaltete. (3, 72)

Seine Beispiele nahm Heine freilich aus älteren Epochen, wo der Künstler dem Zeitgeist unmittelbar verbunden blieb. Damit aber bleibt das Dilemma bestehen, wie in einer Zeit, in der der Stoff für den Künstler frei verfügbar geworden ist, in der er sich mit „Privatbegeisterung“ (3, 72) in jedes Sujet hineinversetzen kann, ein verbindlicher Zusammenhang mit der eigenen Epoche herzustellen ist. Heines Antwort sei vorerst zurückgestellt. Es kam in diesem Zusammenhang vor allem darauf an zu zeigen, wie sehr unter dem Eindruck der französischen Erfahrungen Heines Kritik sich präzisiert und konkretisiert, indem sie am französischen Beispiel die Korrelation von gesellschaftlicher und literarischer Evolution reflektiert. In diesem Prozeß werden die Grenzen ästhetischer Betrachtung sichtbar; Heines Überlegungen bestätigen Hegels geschichtsphilosophische Einsichten in den prinzipiell veränderten Charakter moderner Kunst in ihrem Verhältnis zur Wirklichkeit.

Die Beschäftigung mit den soziokulturellen Bedingungen in Frankreich machte die Auseinandersetzung mit der deutschen Romantik nicht überflüssig. Die Einsicht in die Ungleichzeitigkeit des chronologisch Gleichzeitigen im Falle Deutschlands und Frankreichs, von Heine in den *Französischen Zuständen* zum Leitmotiv erhoben, erledigte die Kritik der Romantik nicht, denn die deutsche Romantik diente Heine als historischer Testfall, um Möglichkeiten und Grenzen der literarischen Moderne zu klären. Der Schluß der *Französischen Maler* blieb ambivalent: einerseits die Feier der neuen Poesie, die im Einklang mit den Zeitereignissen steht, andererseits die skeptische Frage, ob nicht das Ende der Kunst überhaupt zu erwarten sei:

> Oder hat es überhaupt mit der Kunst und mit der Welt selbst ein trübseliges Ende? Jene überwiegende Geistigkeit, die sich jetzt in der europäischen Literatur zeigt, ist sie vielleicht ein Zeichen von nahem Absterben, wie bei Menschen, die in der Todesstunde plötzlich hellsehend werden und mit verbleichenden Lippen die übersinnlichsten Geheimnisse aussprechen? (3, 73)

Es sind dies rhetorische Fragen, denen Heine im folgenden Absatz sein Bekenntnis zur Wiedergeburt der Kunst entgegenstellt. Der Topos von Untergang und Neugeburt, das zyklische Bild, nach dem die Modernen von heute die Alten von morgen werden, erweist noch einmal seine Mächtigkeit, obgleich Heine sich diesem Geschichtsbild durchaus nicht verpflichtet fühlt. Der Schluß der *Französischen Maler* weicht der eigentlichen Frage aus, wie denn die Erneuerung der Kunst zustande kommen soll. Heine beschränkt sich auf die Einführung einer Zwischenepoche: „Bis dahin [bis zur Entstehung der neuen Kunst] möge, mit Farben und Klängen, die selbsttrunkenste Subjektivität, die weltentzügelte Individualität, die gottfreie Persönlichkeit mit all ihrer Lebenslust sich geltend machen, was doch immer ersprießlicher ist, als das tote Scheinwesen der alten Kunst." (3, 72 f.) Doch unterscheidet sich diese Forderung so sehr von den Postulaten der Frühromantiker? Anders gewendet: wo liegt die Ursache für Heines Widerspruch gegen die deutsche Romantik, wenn seine Idee der modernen Literatur der romantischen ähnlich zu sein scheint?

Soweit ich sehe, hat die Kritik versäumt, diese Frage zu stellen; zu sehr hat sie sich bei der Beurteilung der *Romantischen Schule* an die Paraphrasierung von Heines Meinungen gehalten und zu wenig beachtet, daß Heines Kritik nicht ausschließlich durch die ideologische Konfrontation determiniert ist, sondern zugleich einen Innenaspekt aufweist, in dem die von der Romantik rezipierte Problematik für Heine wieder an Aktualität gewinnt. Dieser Aspekt kommt übrigens im Titel der ersten deutschen Ausgabe von 1833 deutlicher zum Ausdruck als in der endgültigen Fassung (*Zur Geschichte der neueren schönen Literatur in Deutschland*). Heines ursprüngliche Absicht war, über die Romantik hinausgreifend, auch die jüngste Literatur zu behandeln. Mit Recht weist Windfuhr darauf hin, daß die endgültige Buchfassung von 1835 nur ein Notdach für eine breiter angelegte Konzeption darstellte.[12] Doch zieht er aus dem philologischen Befund nicht die Konsequenzen, sondern hält sich bei seiner Deutung der *Romantischen Schule* an die explizite Botschaft, d. h. die Abwertung der Romantik im Widerspruch gegen die positive Darstellung Madame de Staëls. So muß Windfuhr das Hauptgewicht auf die Kritik der Romantik als einer reaktionären Literaturbewegung legen.[13] Folglich bestimmt Windfuhr die Beziehung zum frühen Romantik-Aufsatz ausschließlich als negativ: Aus dem Verteidiger der Romantik wurde ihr unerbittlicher Gegner. Damit aber wird der Zugang zu der behaupteten Aktualität der neuen ästhetischen Maßstäbe verstellt. Wohl bemerkt Windfuhr, daß Heine sich an einem Wendepunkt der ästhetischen wie literaturkritischen Fragestellung befindet, und spricht zu Recht von den Anfängen ideologiekritischer Literatursoziologie; aber der Hintergrund dieses Wechsels wird so allgemein bestimmt, daß der stringente Zusammenhang von Romantikkritik und ästhetisch-kritischer Revolution eher verschüttet wird. Weil Windfuhr die romantische und Heines Position als schroffe Antithese betrachtet, entgeht ihm, in welcher Weise die romantische Theorie Heines Formulierung des Problems motiviert hat.

Obgleich im Ansatz verwandt, differenziert Hans Kaufmann sorgfältiger und sieht Heine nicht ausschließlich im Licht seiner Gegnerschaft zur Romantik. Auch wenn er zusammenfassend schreibt: „In der Grundlinie ist Heines Urteil über die deutsche Romantik, speziell über die romantische Schule unerbittlich und ohne Schwankungen ablehnend,“[14] hebt Kaufmann – und zwar mit Grund – hervor, daß Heine „nicht als ein Au-

---

12 Windfuhr, S. 151f.

13 „Aus der allgemeinen Rückwendung leitet Heine die besonderen Kennzeichen der Romantik ab: Verwendung mittelalterlicher Stoffe und Formen, katholisierende Tendenz und Konversionen, Neigung zu Mystik und Schwärmerei, Ritterbüchern und Märchenwelt, Traum- und Nachtsphäre. Heine sieht darin Irrwege und kindliche Ausflüchte.“ S. 155.

14 Hans Kaufmann: *Heinrich Heine. Geistige Entwicklung und künstlerisches Werk* (Berlin und Weimar, 1970), S. 134.

ßenstehender urteilt, sondern über Probleme spricht, die ihn angehen, ihm auf den Nägeln brennen."[15] Kaufmann wendet sich auch gegen die vereinfachende Interpretation, derzufolge Heine in seiner Jugend Romantiker gewesen sei, sich jedoch später kritisch abgewendet habe. „Diese Auffassung," bemerkt er, „trifft allenfalls das, was Heine direkt kritisch aussagt, vereinfacht aber beträchtlich die Bedeutung, die die Romantik für Heines Denken und Dichten im ganzen hatte."[16] Ob freilich der spontane Antikapitalismus die gemeinsame Grundlage Heines und der Romantik darstellt, wie Kaufmann unterstellt,[17] mag füglich bezweifelt werden, denn Heine durchschaute relativ früh den ideologischen Charakter der romantischen Opposition gegen die moderne Gesellschaft; und seine Auseinandersetzung mit dem Kapitalismus, mag sie auch unsystematisch anmuten im Vergleich mit der Hegel-Marx-Tradition, trägt alle Zeichen komplexer Reflektiertheit. Sich eindeutig und strikt gegen die kapitalistische Bourgeoisie zu entscheiden, gleichsam in der Form eines Bekenntnisses, wäre für Heine, der den Zusammenhang zwischen Erstarken der Mittelklasse und Demokratisierung sehr klar sah, unmöglich gewesen. Insofern wäre Kaufmanns These eher umzukehren: Die Einsicht in die Unmöglichkeit eines spontanen, naiven Antikapitalismus auf der einen Seite und das Bewußtsein der Relevanz dieser antibürgerlichen Opposition auf der anderen bildet einen signifikanten Teilaspekt in Heines Beziehung zur Romantik. Heine kann die ‚romantische' Lösung nicht mehr teilen, da er nicht an die Umkehrung historischer Prozesse glaubt, aber er partizipiert an der seiner Epoche aufgegebenen Problematik. Wenn Kaufmann von einer „romantischer Philosophie und Ästhetik sehr nahen Formel"[18] spricht, wird diese Zusammengehörigkeit angemessen ausgedrückt. Verschärfend wäre allenfalls hinzuzufügen, daß Heine aufgrund seiner Erfahrungen in Frankreich das Vertrauen in die Utopie der Kunst verloren hat. Die Wiederherstellung der ursprünglichen Einheit aus dem Geist der Poesie, selbst in Heines satirisch-ironischen Formulierungen noch als das Herzstück romantischer Dichtungstheorie zu erkennen, wird preisgegeben.

Sowohl Windfuhr wie auch Kaufmann betonen die epochale Bedeutung der *Romantischen Schule*.[19] Während Windfuhr den Nachdruck auf die scharfe Zäsur legt und folglich Heines Darstellung unter dem Gesichtspunkt der ‚Abrechnung' interpretiert, berücksichtigt Kaufmann auch jene Momente, in denen Heine der romantischen Problemstellung ver-

15 Kaufmann, S. 136.
16 S. 137.
17 S. 137.
18 S. 139.
19 Vgl. auch Hans Mayers Einleitung zu Bd. 2 seiner Anthologie *Meisterwerke deutscher Literaturkritik* (Berlin, 1956), S. I–XXIV.

pflichtet ist. Um das Verhältnis von Heines Ästhetik und Kritik zur romantischen Schule zu bestimmen, müssen wir freilich noch einen Schritt über Kaufmann hinausgehen und die Stufen der Auseinandersetzung mit der Romantik rekonstruieren. Es sei noch einmal an die frühe Glosse erinnert. Dort wurde, unter Berufung auf Goethe, einer ‚romantischen' Dichtung das Wort geredet, die die Vorzüge der Verinnerlichung mit plastischer Formgebung vereinigt. Ferner lehnte Heine bereits in diesem Versuch die Bindung der romantischen Poesie an mittelalterliche Gehalte als unzeitgemäß ab. Offenkundig ist auch in der *Romantischen Schule* die Polemik gegen die Regression der Romantiker zu mittelalterlichen Stoffen und Themen. In anderem Zusammenhang wird aber auch die Idee einer Kunst, die zugleich verinnerlicht und sinnlich-konkret ist, wieder aufgenommen. Nur daß Heine diese Tendenz nicht mehr mit der Romantik in Zusammenhang bringt, sondern sie im Werk Goethes verkörpert findet und gegen die Romantik ausspielt. Wo Heine in bezug auf Goethes Theorie und Praxis von einer „unabhängigen zweiten Welt" (3, 393) spricht und seine Werke mit Statuen vergleicht, setzt sich das Postulat plastischer Gestaltung wieder durch, freilich nicht ohne Einschränkungen. Denn unter das Verdikt vom Ende der Kunstperiode, mit dem Heine die *Romantische Schule* einleitet, fällt ja auch Goethes Kunstbegriff, ja dieser eigentlich entschiedener als die romantischen Tendenzen, insofern er exemplarisch die Autonomieforderung enthält.

Dieser Befund mahnt uns, die *Romantische Schule* nicht nur als Auseinandersetzung mit der Romantik zu verstehen; die Stellungnahme zur Aufklärung und zur deutschen Klassik gehört zum Thema. Die Eigenart der deutschen Romantik läßt sich nicht erläutern, ohne ihr persönliches wie sachlich-theoretisches Verhältnis zu Goethe und Schiller zu erklären. Jenseits dieser durch die historischen Fakten gegebenen Notwendigkeit ist für Heine das eigene Problem, nämlich die Reflexion über das Ende der Kunstperiode und die Bedingungen der ‚neuen' Kunst, gar nicht zu lösen, ohne den klassizistischen Standpunkt in die Betrachtung einzubeziehen. Die Antinomie von plastischer Formgebung und romantischer Innerlichkeit, die Heine in der Romantik-Glosse erörtert hatte, lebt in der *Romantischen Schule* wieder auf als die zentrale ästhetische Frage der Goethezeit. Indessen kann sie in dem späteren Werk nicht mehr durch ein Bekenntnis geschlossen werden, sondern nur dadurch ihren Stachel verlieren, daß sie als überholt zurückgewiesen wird. Zurückhaltend und ausgewogen ist das Urteil über Goethe, da Heine sich von der Goethe-Kritik der Liberalen wie Börne und Menzel abheben möchte. Gleichwohl grenzt Heine sich auch gegenüber dem klassizistischen Kunstreich unmißverständlich ab: „Die Tat ist das Kind des Wortes, und die Goetheschen schönen Worte sind kinderlos. Das ist der Fluch alles dessen was bloß durch die Kunst entstanden ist." (3, 395) Heine vergleicht Goethes Werke mit antiken Statuen, deren Dauer eine „tote Unsterblichkeit" ist.[20] Weder die klassizistische Lösung, wie sie durch Goethe verkörpert wird, noch die romantische war für Heine annehmbar, weil beide, so sehr sie auch in anderer Hinsicht verschieden sind, dem Leben, d. h. der konkreten, gegenwärtigen Situation, der Erfahrung der Veränderung und des Zuströmens auf eine unbekannte Zukunft der Menschheit, nicht gerecht werden.

Die Richtung dieser Kritik war für die Zeitgenossen kein Novum. Börnes Abneigung gegen Goethe war bekannt[21], und Wolfgang Menzel attakkierte Goethe in seiner Literaturgeschichte mit schonungsloser Heftigkeit. Da Heine Menzels Literaturgeschichte ausführlich besprach, bietet sich hier die Gelegenheit, die Differenz klar herauszuarbeiten und den Wandel von Heines Position zu verfolgen. Liest man nämlich im ersten Buch der *Romantischen Schule* Heines Bemerkungen zu Menzels Polemik gegen Goethe, muß man den Eindruck gewinnen, daß Heine Menzels Darstellung der deutschen Literatur im wesentlichen ablehnend gegenübergestanden sei. Das Gegenteil ist der Fall: Die Besprechung ist überwiegend positiv; nur an wenigen Stellen deutet Heine eine abweichende Meinung an. In der Tat billigte er bereits 1828 Menzels Kritik an Goethe nicht und fand die Polemik gegen Voß, den Vertreter der Aufklärung, kleinlich wie auch politisch verfehlt. Dagegen nahm er keinen Anstoß am Lob von Schelling, Steffens und Görres, von denen sich die *Romantische Schule* deutlich distanziert. Auch kritisch-methodische Umwertungen sind zu beobachten. Während Heine in der Menzel-Rezension Menzels Verfahren der Methode Friedrich Schlegels gegenüberstellte, rückte er beide Verfahren in der *Romantischen Schule* eng zusammen. Hier erscheint Menzel nicht mehr als der radikale Opponent zur romantischen Geschichtsschreibung, sondern als ihr Fortsetzer. Im gleichen Sinne rückte Heine in der *Romantischen Schule* die romantische Kunstauffassung stärker von Goethes Standpunkt ab. Beachtenswert bleibt, daß in der Menzel-Rezension Fr. Schlegels *Geschichte der alten und neuen Literatur* (1814) als Beispiel einer Kunstkritik in Anspruch genommen wird, die die Goethesche Kunstidee zum leitenden Darstellungsprinzip erhoben hat: „In dem Schlegelschen [Werke] sehen wir ganz die Bestrebungen, die Bedürfnisse, die In-

20 „Sonderbar! diese Antiken mahnten mich an die Goetheschen Dichtungen, die ebenso vollendet, ebenso herrlich, ebenso ruhig sind, und ebenfalls mit Wehmut zu fühlen scheinen, daß ihre Starrheit und Kälte sie von unserem jetzigen bewegt warmen Leben abscheidet, daß sie nicht mit uns leiden und jauchzen können, daß sie keine Menschen sind, sondern unglückliche Mischlinge aus Gottheit und Stein." (3, 396) Verwiesen sei auch auf Jost Hermand: „Heines ‚Ideen' im *Buch Le Grand*" (Manuskript, gehalten als Vortrag im Oktober 1972 vor der Heine-Gesellschaft, Düsseldorf); Hermand unterstreicht die prinzipiellen Differenzen zwischen Heine und Goethe in bezug auf Geschichts- wie Kunstauffassung.

21 Vgl. Koopmann, S. 114–131; Dietze, S. 35–51.

teressen, die gesamte Geistesrichtung der vorletzten Dezennien, und die Kunstidee als Mittelpunkt des Ganzen." (1, 446) Das besagt, mit den Worten Heines, daß „Friedrich Schlegel großartig das Ganze aller geistigen Bestrebungen erfaßte, die Erscheinungen derselben gleichsam wieder zurückschuf in das ursprüngliche Schöpfungs-Wort, woraus sie hervorgegangen, so daß sein Buch einem schaffenden Geisterliede gleicht." (1, 445) Angesichts der späteren Angriffe gegen die romantische Theorie und Geschichtsschreibung bleibt diese Charakteristik erstaunlich, selbst wenn man berücksichtigt, daß Heine Fr. Schlegel noch in der *Romantischen Schule* vergleichsweise milde und respektvoll behandelt.

Bei einem temperamentvollen und subjektiven Kritiker wie Heine liegt es nahe, solche Unterschiede der Einstellung auf augenblickliche Vorlieben und Abneigungen zurückzuführen. In diesem Fall ist jedoch stringent zu zeigen, daß sachliche Gründe den Ausschlag gaben. Zu diesem Zweck ist der volle Wortlaut der Kritik an Fr. Schlegel in der *Romantischen Schule zu* zitieren:

> Fr. Schlegel war ein tiefsinniger Mann. Er erkannte alle Herrlichkeiten der Vergangenheit und er fühlte alle Schmerzen der Gegenwart. Aber er begriff nicht die Heiligkeit dieser Schmerzen und ihre Notwendigkeit für das künftige Heil der Welt. Er sah die Sonne untergehn und blickte wehmütig nach der Stelle dieses Untergangs und klagte über das nächtliche Dunkel, das er heranziehen sah; und er merkte nicht, daß schon ein neues Morgenrot an der entgegengesetzten Seite leuchtete. Fr. Schlegel nannte einst den Geschichtsforscher „einen umgekehrten Propheten'. Dieses Wort ist die beste Bezeichnung für ihn selbst. Die Gegenwart war ihm verhaßt, die Zukunft erschreckte ihn, und nur in die Vergangenheit, die er liebte, drangen seine offenbarenden Seherblicke. (3, 407 f.)

In dieser Beschreibung verbinden sich aufs engste Kritik und Darlegung der eigenen Absichten; denn mit Schlegel teilt Heine die Schmerzen der Gegenwart und das Gefühl für den Verlust der großen Kunstepoche. Heine kann sich jedoch nicht zufrieden geben mit einem Abschluß, der die Perspektive auf die Zukunft ausschließt. Schlegels Konzeption der Literaturgeschichte wird folglich zum Anstoß für das, was Heine als Kritiker und Historiker von sich erwartete. Wir haben Grund, Heines *Romantische Schule* als Gegenwurf zu Schlegels Wiener Vorlesungen (erschienen 1814 unter dem Titel *Geschichte der alten und neuen Literatur,* 2. Aufl. 1822) zu lesen. Eine Kontrafaktur, in die das verworfene Geschichtsbild eingegangen ist.

II.

Geht man davon aus, daß Heine in der *Romantischen Schule* die neuere deutsche Literatur, vorzüglich aber die Romantik und die jüngste Dichtung darstellen wollte, befremdet die Ausführlichkeit, mit der Heine sich der altdeutschen Kunst widmet. Nachdem er in aller Kürze das Thema angeschlagen und seine Opposition zu Madame de Staëls Deutschland-Buch erläutert hat, versenkt er sich im ersten Buch in die Genese mittelalterlicher Kunst, verfolgt ihre Ausprägungen in Dichtung und bildender Kunst, bespricht knapp den revolutionären Charakter der Renaissance und wendet sich erst dann, nach einigen vermittelnden Sätzen über das Zeitalter Ludwigs XIV. der neueren deutschen Literatur zu. Welchen Grund hat Heine, sich über eine Epoche zu äußern, über die er nur aus zweiter Hand berichten kann? Heine beanspruchte wohl kaum, hier neues Material vorzustellen und auf diese Weise die Kenntnisse seiner Leser zu erweitern. Seine Darstellung trägt die Züge einer Skizze; sie ist überdies, was dem zeitgenössischen Publikum kaum verborgen geblieben sein dürfte, Friedrich Schlegel an mehr als einer Stelle verpflichtet.[22] Bis in die

22 In der 7. und 8. Vorlesung seines Wiener Zyklus' behandelte Schlegel, unter breiter Berücksichtigung des deutschen Anteils, die mittelalterliche Dichtung. Und zwar in der 7. Vorlesung die generellen Entstehungsbedingungen und allgemeinen Merkmale, ferner die Lyrik und die nationale Epik, während die 8. Vorlesung u.a. auf das Nibelungenlied, Wolfram von Eschenbach und die gotische Baukunst einging. Ohne große Mühe läßt sich Schlegels Einwirkung auf Heine nachweisen. Drama und Lyrik übergeht Heine mit einer einzigen Bemerkung: „Von lyrischen und dramatischen Gedichten kann hier nicht die Rede sein; denn letztere existierten nicht, und erstere sind sich ziemlich ähnlich in jedem Zeitalter." (3, 364) Die Epik unterscheidet er nach geistlichem und weltlichem Inhalt, nur um diese Unterscheidung sogleich wieder einzuschränken, da alle mittelalterliche Dichtung von demselben Geist beherrscht sei. Angesichts der weltlichen Epik folgt Heine Schlegels Einteilung in drei Sagenkreise: „Es sind vorzüglich drei Kreise von Fabeln und Geschichten, welche den Rittergedichten des Mittelalters zum Gegenstande dienten," erläuterte Schlegel einleitend in der 8. Vorlesung. „Den ersten bilden die Sagen von den gotischen, den fränkischen und burgundischen Helden aus der Zeit der Völkerwanderung; sie machen den Inhalt des *Nibelungenliedes* aus, und der verschiedenen unter dem Namen des *Heldenbuchs* bekannten Stücke. Diese heroischen Sagen haben am meisten einen geschichtlichen Grund; sie atmen noch ganz den nordischen Geist ... Der zweite Hauptgegenstand der Rittergedichte war Karl der Große, besonders aber sein Krieg gegen die Araber, die Schlacht bei Roncesvall, und der Ruhm der um ihn vereinten großen Helden." (6, 190) Als dritten Sagenkreis nannte Schlegel den Stoff von König Artus und seiner Tafelrunde. Im gleichen Sinne bespricht Heine die Sagenkreise, und zwar deutet er, Schlegels Darstellung nicht ohne Hintergedanken pointierend, die Abfolge der mittelalterlichen Sagenkreise als spiritualistische Verchristlichung der germanischen Völker: »Nun aber, aus der christlich spiritualisierten Kraft, entfaltet sich die eigentümlichste Erscheinung des Mittelalters, das Rittertum, das sich endlich noch sublimiert als ein geistliches Rittertum." (3, 365)

Wahl der Beispiele folgt Heine den Schlegelschen Vorlesungen. Um den Charakter der Ritterpoesie zu veranschaulichen, bezog sich Fr. Schlegel auf *Tristan und Isolde.* Er bemerkte:

Dieser sanfte elegische Anstrich ist der Natur einer solchen Darstellung durchaus angemessen, schon wegen des Widerspruchs zwischen den äußern Verhältnissen, und dem innern Gefühl der Vergänglichkeit der Jugend, welche dem Reiz und selbst der Freude derselben immer schon eine gewisse wehmütige Empfindung ihrer flüchtigen Kürze zugesellt, und besonders auch weil die höhere Sehnsucht doch nie sich ganz befriedigt fühlt. (6, 191)

Heines Kommentar dagegen lautet: „Es ist vielleicht jetzt erlaubt den Meister Gottfried unbedingt zu rühmen und zu preisen. Zu seiner Zeit hat man sein Buch gewiß für gottlos und ähnliche Dichtungen, wozu schon der ‚Lanzelot' gehörte, für gefährlich gehalten." (3, 366) Das Verhältnis von Übernahme und Umdeutung ist klar ersichtlich. Für Schlegel verkörpert der *Tristan* den Geist der christlichen Ritterepik auf sublimierteste Weise: durch letzte Unerfülltheit und romantische Erweckung von Sehnsucht. Heine dagegen versetzt das Gedicht in einen durchaus anderen, nämlich antiromantischen, antispiritualistischen Kontext. Er lobt den *Tristan,* weil dieses Werk sich der christlichen Morallehre entzieht und „wohlgefällig sich hinabtaucht in die Genußwelt der verherrlichten Sinnlichkeit" (3, 366). Aus dem Exempel romantisch-mittelalterlicher Poesie wird unter der Hand ein Paradigma der sensualistischen Tradition. Das Mittelalter, so können wir Heines Reinterpretationen zusammenfassen, wird entweder so ausschließlich als Ausgeburt des christlichen Spiritualismus dargestellt, daß die Würdigung einer Denunzierung gleichkommt, oder gegen den Strich gelesen, so daß, wie im Falle des *Tristan,* hinter der offiziellen romantischen Deutung eine apokryphe Tradition sichtbar wird.

Das erste Verfahren läßt sich vorzüglich an der Behandlung der bildenden Kunst verfolgen. Über die Malerei heißt es bei Heine: „Wahrlich, wenn man manche Gemäldesammlung betrachtet und nichts als Blutszenen, Stäupen und Hinrichtung dargestellt sieht, so sollte man glauben die alten Meister hätten diese Bilder für die Galerie eines Scharfrichters gemalt." (3, 368) Ebenso tendenziös, wenn auch ein wenig respektvoller äußert sich Heine über die Baukunst:

> Hier, in der Architektur zeigt sich dieselbe parabolische Tendenz wie in der Dichtkunst. Wenn wir jetzt in einen alten Dom treten, ahnen wir kaum mehr den esoterischen Sinn seiner steinernen Symbolik. Nur der Gesamteindruck dringt uns unmittelbar ins Gemüt. Wir fühlen hier die Erhebung des Geistes und die Zertretung des Fleisches. Das Innere des Dorns selbst ist ein hohles Kreuz und wir wandeln da im Werkzeuge des Martyrtums selbst; die bunten Fenster werfen auf uns ihre roten und grünen Lichter, wie Blutstropfen und Eiter; Sterbelieder umwimmern uns; unter unseren Füßen Leichensteine und

> Verwesung; und mit den kolossalen Pfeilern strebt der Geist in die Höhe, sich schmerzlich losreißend von dem Leib, der wie ein müdes Gewand zu Boden sinkt. (3, 369)

Die Idee, daß auch die Baukunst des Mittelalters, nicht weniger als die Dichtung, den Zeitgeist artikuliere, fand Heine bei Schlegel aufs Sorgfältigste formuliert:

> Ein noch so herrliches Gebäude, wenn es keine Bedeutung hat, gehört auf keine Weise zur schönen Kunst; unmittelbare Erregung des Gefühls, eigentliche Darstellung ist dieser ältesten und erhabensten aller Künste nicht verstattet. Nur durch die Bedeutung kann sie in einem gewissen Sinne Gedanken ausdrücken, und ist dadurch auch sicher, hohe Gefühle von ganz bestimmter Art zu erregen. Symbolisch muß daher alle Baukunst sein, und mehr als jede andere ist es diese christliche des deutschen Mittelalters. Was zuerst und am nächsten liegt, das ist der Ausdruck des zu Gott emporsteigenden Gedankens, der vom Boden losgerissen, kühn und gerade aufwärts zum Himmel zurückfliegt. (6, 203)

Wo Schlegel die Überwindung des Materiellen in der Struktur gotischer Dome feiert und den symbolischen Charakter gegen die bloß emotionale Aufnahme ausspielt, gibt Heine vor, jene esoterische Symbolik gar nicht mehr zu verstehen und sich daher an den „Gesamteindruck“ halten zu müssen. Dies geschieht freilich nur, um der mittelalterlich-allegorischen Auslegung seine eigene, anti-spiritualistische entgegenstellen zu können. Schlegel schloß seine Betrachtung der mittelalterlichen Baukunst mit dem Satz: „Was das Ganze ausdrückt, ist der Ernst der Ewigkeit, ja, wenn man will, der Gedanke des Todes, des irdischen nämlich, umflochten von der lieblichsten Fülle eines unendlich blühenden Lebens.“ (6, 204) Heines Exegese gibt darauf die Antwort, daß eben dieser von Schlegel gutgeheißene Gedanke eine verfehlte, nicht zu billigende Negation des Lebens darstellt. Daher die Umwertung der Symbolik, der Vergleich der bunten Domfenster mit Blut und Eiter, der penetrante Hinweis auf Leichensteine und Verwesung. Schlegels Vision einer nach dem Jenseits strebenden Epoche wird von Heine nur zitiert, um verworfen zu werden.

Der vorstehende Vergleich gibt zugleich Aufschluß darüber, warum Heine im ersten Buch der *Romantischen Schule* relativ ausführlich auf mittelalterliche Kunst eingeht. Provoziert durch Fr. Schlegels Interpretation, der Heine Fülle und Geschlossenheit nicht absprechen konnte, formuliert er seine Sicht, die bei aller Übereinstimmung in der Charakterisierung dem Mittelalter eine andere, nämlich negative Kontrastfunktion zuerteilt. Man muß Schlegels Urteil über die mittelalterliche Epoche parathalten, um die spezifische Bedeutung von Heines Einspruch ermessen zu können. Anstatt die neuere Dichtung unmittelbar mit der antiken zu vergleichen, wie dies noch in *Über das Studium der griechischen Poesie* geschieht, rechtfertigt Schlegel in den Wiener Vorlesungen Wert und historische Bedeutung des Mittelalters gegen seine klassizistischen Verächter.[23] Seine historisch argumentierende Apologie läuft darauf hinaus, das Mittelalter als unabdingbaren Bestandteil der modernen Geistesbildung auszugeben, so daß moderne Nationalkultur sich nur auf der Grundlage einer eigenständigen poetischen Vorzeit entwickeln kann. So wie die griechische Klassik aus der archaischen Vorzeit sich entfaltete, ging die europäische Moderne aus dem Mittelalter hervor. Das Mittelalter ist für Schlegel der Quellpunkt poetischer Tradition, von der sich die moderne Bildung ohne Gefahr kritisch-intellektueller Atrophie nicht abschneiden darf. Weit entfernt, eine Unterbrechung kultureller Überlieferung darzustellen, ist es Vermittler an die Moderne. Und zwar in zweifacher Hinsicht: als Sammler und Bewahrer antiker Literatur und Philosophie und als Schöpfer eigenständiger Volkspoesie. Damit wird für Schlegel der klassizistische Vorwurf der Barbarei hinfällig. Gleichzeitig wird ein neues Argument in den Streit über den Wert der Alten und Modernen eingeführt: Über die Dignität der neueren Literatur kann nur urteilen, wer das Mittelalter als Traditionsvermittler kennt.

An diesen Ansichten, die ja nicht nur das Mittelalter als eine eigenständige Literaturepoche legitimieren, sondern im gleichen Maße zum Verständnis der modernen Literatur beitragen wollten, konnte Heine nicht vorübergehen. Zumal Schlegel hier eine Lösung für ein Problem bereithielt, mit dem der junge Heine nicht zurechtgekommen war. Gesucht hatte Heine 1820 nach innerlicher Kunst, die zugleich plastisch war, also nach einer Synthese von klassischer und romantischer Formgebung. Unter diesem Gesichtspunkt wies Heine die Nachahmung mittelalterlicher Inhalte und Themen zurück. Schlegel demonstrierte in den Wiener Vorlesungen, wie mittelalterliche Kunst nach ihrer geschichtlichen Funktion zu würdigen wäre, ohne ihr normative Bedeutung für die Gegenwart zuzusprechen. In der Historisierung sowohl der Antike wie des Mittelalters vermochte Heine Schlegel zu folgen. Beide sind für ihn unwiderruflich vergangen. „Aber die Künste sind nur der Spiegel des Lebens," heißt es abschließend in der *Romantischen Schule* über die mittelalterliche Kunst,

23 „Man schildert und denkt sich das Mittelalter oft wie eine Lücke in der Geschichte des menschlichen Geistes, wie einen leeren Raum zwischen der Bildung des Altertums, und der Aufklärung der neuern Zeiten. Man läßt Kunst und Wissenschaft auf der einen Seite völlig untergehen, um sie dann nach einer langen tausendjährigen Nacht desto herrlicher mit einemmale wie aus Nichts emporsteigen zu lassen. Dieses ist aber in einer zwiefachen Rücksicht falsch, einseitig, und nicht richtig. Das Wesentliche von der Bildung und den Kenntnissen des Altertums ist nie ganz untergegangen, und vieles von dem Besten und Edelsten, was die neuern Zeiten hervorgebracht haben, ist im Mittelalter und aus dem Geiste desselben entsprungen." (6, 170)

„und wie im Leben der Katholizismus erlosch, so verhallte und erblich er auch in der Kunst" (3, 370). Unannehmbar hingegen war für Heine Schlegels affirmative Traditionstheorie, denn dies hätte bedeutet, die Nachwirkungen der Feudalzeit als legitime Bindungen hinzunehmen. Die Legitimität der Neuzeit beruhte für Heine, der sich hier in die Tradition der Aufklärung stellte, auf dem Anspruch des Neubeginns nach einem vollständigen Bruch mit mittelalterlicher Theologie und Kunst. Folglich war das Erbe anders zu lesen und demgemäß auch das Verhältnis von mittelalterlicher und moderner Kunst zu überprüfen.

Heine war sich des geschichtsphilosophischen wie methodologischen Gegensatzes zu Friedrich Schlegel voll bewußt. Aus der Zeit der Arbeit an der *Romantischen Schule* stammt der kurze, vermutlich fragmentarische Aufsatz „Verschiedenartige Geschichtsauffassungen", der als Kommentar zur Auseinandersetzung mit der romantischen Literaturkritik verstanden werden kann.[24] (Entstanden ist der Aufsatz im September 1833, also nur wenige Monate nach der Veröffentlichung der Pariser Fassung.) Heine stellte hier zwei Geschichtsauffassungen einander gegenüber, von denen die eine romantische Geschichtsdeutung wohl umfaßt, auch wenn die Namen der Brüder Schlegel nicht genannt werden. Da Heine aber bereits in der Menzel-Rezension Fr. Schlegels Methode als die Entsprechung der Goetheschen Kunstperiode bezeichnet hatte, ist er mitgemeint, wenn es heißt: „In Deutschland sind die Weltweisen der historischen Schule und die Poeten aus der Wolfgang Goetheschen Kunstperiode ganz eigentlich dieser Ansicht zugetan, und letztere pflegen damit einen sentimentalen Indifferentismus gegen alle politischen Angelegenheiten des Vaterlandes allersüßlichst zu beschönigen." (3, 21) Die Geschichtsauffassung, die die Darstellungen dieser politisch konservativen Gruppe motivieren, kennzeichnet Heine, begrifflich gesprochen, als zyklisch-organologisch. Mit Heines Worten: „Die einen sehen in allen irdischen Dingen nur einen trostlosen Kreislauf; im Leben der Völker wie im Leben der Individuen, in diesem, wie in der organischen Natur überhaupt, sehen sie ein Wachsen, Blühen, Welken und Sterben." (3, 21)

Von dieser Konzeption wird kritisch abgehoben die zweite, derzufolge im Gang der Geschichte der Fortschritt der Menschheit sich niederschlägt. Obgleich Heine mit dieser Auffassung offenkundig sympathisiert, möchte er auch ihr nicht voll beipflichten. Der Vorbehalt ist beachtlich: Wo der Blick auf die Zukunft fixiert ist und die Vergangenheit wie die Gegenwart nur „Staffeln" sind, scheint Heine das konkrete Leben gefährdet. „Wir

24 Dazu neuerdings Helmut Koopmann: „Heines Geschichtsauffassung". In: *Jahrbuch der Deutschen Schillergesellschaft* (Stuttgart, 1972). Bd. 16, S. 453–476, besonders 453 ff.

[wollen] auch, daß die Gegenwart ihren Wert behalte, und daß sie nicht bloß als Mittel gelte, und die Zukunft ihr Zweck sei." (3, 22) In beiden Fällen wird die zur Diskussion stehende Theorie an ihrer politischen Applikation gemessen. Geschichtsauffassungen sind Instrumente, Anweisungen für praktisches soziales und politisches Verhalten. In diesem Sinne kritisiert Heine die Historische Schule und die Romantik, die, ob sie sich dessen bewußt sind oder nicht, der politischen Reaktion die theoretische Rechtfertigung für unwürdiges und retardiertes Leben liefert. Was Heine an Fr. Schlegels Vorlesungen bewunderte, ist zugleich der entscheidende Punkt ihrer Differenz. Denn in Schlegels Darstellung, gerade wo sie rein und ohne Beimischung seiner katholischen Privatmeinungen zum Ausdruck kommt, manifestiert sich, Heine zufolge, die ästhetische Indifferenz, die des verbindlichen Bezugspunktes in der Gegenwart ermangelt.

Ob die christlichen Ideen in den Wiener Vorlesungen lediglich als Privatmeinungen ihres Autors zu betrachten sind, wie Heine 1828 unterstellte, also auf die Struktur des Ganzen keinen Einfluß hatten, mag füglich bezweifelt werden. Gegen den Vorwurf ästhetischer Indifferenz hätte Schlegel sich verteidigen können. Mochte die historisierende Betrachtung bei der Behandlung des Altertums und selbst des Mittelalters die dominierende gewesen sein, in bezug auf die Neuzeit ließ Schlegel keinen Zweifel daran, daß diese Epoche im ganzen eine falsche, weil irreligiöse Richtung eingeschlagen habe. Wenn Schlegel, mit der gebotenen Zurückhaltung des Historikers freilich, die Geschichte der Neuzeit als Abfall von der christlichen Wahrheit darstellt und demgemäß als einen Prozeß der Verschuldung gegenüber der älteren Epoche konstruiert, dann widersetzt er sich viel direkter als der Historismus dem Selbstverständnis des neuzeitlichen Denkens, durch einen radikalen Neuanfang alle älteren geschichtlichen Bindungen abgelöst zu haben. Er widersetzt sich dem Anspruch der frühen Neuzeit, vom christlichen Weltbild sich rechtmäßig emanzipiert zu haben und behauptet, indem er die positive Bedeutung des Mittelalters hervorhebt, eine objektive Kulturschuld der Neuzeit.[25] Namentlich in der zweiten Auflage von 1822 verschärfte Schlegel seinen Standpunkt und fügte verschiedentlich prinzipielle Bemerkungen über Ziel und Methode der Geschichtsschreibung ein. So heißt es z.B. anläßlich der Behandlung der englischen Historiker:

> Sobald die Geschichte aus dem beschränkten Umkreise der gegebnen Überlieferungen und Begebenheiten einiger Völker und Zeiten hinausgeht und den Blick auf das Ganze der Menschheit werfen will, kann nur eine gründliche Philosophie der Offenbarung, die wahre Deutung finden und den rechten Weg bewahren ... Die notwendige Anknüpfung der Menschengeschichte an das Göttliche in ihrem Anfang, Mittelpunkt und Ende, geht mit einem Worte nur aus dem Spiritualismus dieser christlichen Ansicht leicht und befriedigend hervor. (6, 339 f.)

Die dem deutschen Historismus eigentümliche organologische Betrachtungsweise ist hier in den Dienst einer Geschichtstheologie gestellt, für die weltliche Geschichte letztlich nur zu rechtfertigen ist durch die Bindung an eine transzendente Macht.

Heines geschichtstheoretischer Aufsatz übergeht den massiven Konservativismus des späten Schlegel, er stellt der fortschrittlichen Geschichtskonzeption nur die zyklisch-organologische entgegen, das heißt, er beschäftigt sich nur mit den subtileren Methoden des Konservativismus. Der Grund ist wenigstens zu vermuten. Die organologische Theorie entstammte der Tradition, der Heine sich verpflichtet fühlte. Nicht umsonst wird Goethe sowohl 1828 wie 1833 genannt und für die quietistische, apolitische Geschichtsdeutung mitverantwortlich gemacht. Die restaurative Geschichtstheologie war offen zu bekämpfen, da sie explizit ihren Standort kenntlich machte, die zyklische Auffassung hingegen, gleichsam ein Feind von innen, aus der Aufklärungsbewegung selbst hervorgegangen, verdeckte ihre praktischen Interessen. Der Schein ihrer Objektivität und Interesselosigkeit blockierte die Verwertung geschichtlicher Erfahrung für die Zukunft. Es bleibt nur die trostlose Einsicht, daß jeder Eingriff vergeblich sein muß. Insofern mußte dieser Aspekt an Fr. Schlegels Vorlesungen für Heine als der gefährlichere erscheinen. Schlegels Kritik des gegenwärtigen Zeitalters konnte Heine sogar zustimmen, wie er in der *Romantischen Schule* ausdrücklich vermerkt; widersprechen mußte Heine, wo die Krise fatalistisch als Ende ausgegeben, wo die triste Gegenwart, mit anderen Worten, als angemessener Zustand der Menschheit beschönigt wurde.

---

25 Bezeichnend dafür ist Schlegels Behandlung der Reformation. Ihre Bedeutung als Ausgangspunkt des modernen Rationalismus und Kritizismus wird nicht ganz bestritten, aber doch stark herabgesetzt, da die sich emanzipierende Vernunft nicht als Licht, sondern als Irrlicht erscheint: „Nicht aber in dem Vernunftcharakter der modernen Zeit liegt das Übel, da diese wie jede andre Elementarkraft in dem Zyklus der intellektuellen Entwicklung, wenn die Zeit da ist, an die Reihe der Herrschaft kommen mußte, wie sie gleich damals entscheidend in die Weltgeschichte eintrat, sondern in dem schlechten Gebrauch, welchen der Mensch als freies Wesen, von der neu erweckten Kraft gemacht hat, da er sie nicht in liebevoller Eintracht zu immer höherer Verherrlichung des Christentums, als des kostbaren Unterpfandes der göttlichen Überlieferung und Offenbarung gebraucht, sondern durchgehends fast nur in einem Geiste des Zwiespalts und der Trennung angewendet hat, bis in unsern Tagen aus dem Übermaß des langen Übels selbst, die Rettung hervorgegangen ist.“ (6, 259)

III.

Für die jungen um das *Athenäum* gescharten Romantiker war die Französische Revolution samt ihren ideologischen Wirkungen in Europa eine entscheidende geschichtliche Erfahrung. Schlegels 216. *Athenäums-Fragment* sprach es unumwunden aus und kennzeichnete durch die Zusammenstellung mit einem literarischen Werk (Goethes *Meister*) und einem Philosophen (Fichte) zugleich auch die spezifische Art der Deutung: Die politische Revolution stellte sich dar als Teilaspekt einer alle Bereiche des Lebens umfassenden kulturellen Revolution.[26] Solche Ansichten, wie vage sie auch den modernen Betrachter anmuten mögen, waren kaum geeignet, das Vertrauen des aristokratischen Publikums im Wien des Jahres 1812 für Friedrich Schlegel zu vermehren. Die 16. Vorlesung, die die Revolutionsjahre und ihre Auswirkungen auf das deutsche Geistesleben behandelt, zeigt Schlegel in der Tat in einer schwierigen Lage. Allenthalben war zu dämpfen und zurechtzurücken. Will man dem späten Schlegel Glauben schenken, nahmen die deutschen Schriftsteller mit Ausnahme von Georg Forster an den politischen Ereignissen keinen oder geringen Anteil. Und wo sie beeinflußt wurden, war der Einfluß angeblich von kurzer Dauer. „Wenn einige der Bessern nicht ganz frei blieben von den trügerischen Hoffnungen jener Zeit, so ward ihre Rechtlichkeit bald inne, daß sie getäuscht waren, und sie ersetzten reichlich den vorübergehenden Irrtum." (6, 393) Sätze wie diese muß man im Gedächtnis behalten, um Heines ganze Schärfe in der Kritik der deutschen Romantik begreifen zu können. Was Romantik wollte und bedeutete, erfuhr der 1797 geborene Heine aus den das Wagnis der frühen Ideen zurücknehmenden Schriften der Spätromantik. Freilich konnte Schlegel bei einer so negativen und verzerrenden Einstellung nicht verharren, ohne dem eigenen Frühwerk Gewalt anzutun. So gibt die 16. Vorlesung an anderen Stellen von der literarischen Entwicklung ein differenzierteres Bild; beispielsweise wenn Schlegel einräumt, daß die dritte Generation der deutschen Schriftsteller im 18. Jahrhundert, also die eigene Generation, die eigentlich politisch affizierte war, daß ihre Mitglieder sich mit der Französischen Revolution auseinandersetzen mußten und auf sehr verschiedene Art reagierten (vgl. 6, 395). Ja, Schlegel nimmt für jene Revolutionsjahre zwischen 1789 und 1812 sogar in Anspruch, daß sie wegen des „darin entwickelten Ideenreichtums" (6, 396) der vorangehenden Epoche überlegen gewesen seien. Dieser Anspruch bleibt formal genug: er identifiziert sich weder mit den revolutionären noch den gegenrevolutionären Tendenzen.

---

26 Vgl. Ernst Behler: „Die Auffassung der Revolution in der deutschen Frühromantik". In: *Essays an European Literature*. Hg. von P. U. Hohendahl, H. Lindenberger, E. Schwarz (St. Louis, 1972), S. 191–216.

Schlegels abschließende 16. Vorlesung legte nicht nur Rechenschaft ab über die neueste deutsche Literatur und Philosophie, sie zog gleichzeitig die Summe der ganzen Epoche und erörterte die Bedingungen der Zukunft. Mehr als die anderen Teile bot diese Vorlesung Heine Material und Ideen zur Auseinandersetzung. Bei Schlegel hieß es über die Frühromantiker:

> Andre wandten sich weg von dem unmittelbaren Anblick dieses chaotischen Zustandes der jetzigen Menschheit, sich in das Gebiet der Fantasie flüchtend, und in ihren Spielen sich ergötzend, oder sich in die Arme der Natur werfend, und der von dem Zustande des Menschen ganz getrennten Betrachtung und Wissenschaft derselben. Noch andre Suchende ergriffen mit Begeisterung das Große der vergangenen Zeiten, sich ganz in sie versenkend und da die Auflösung hoffend für das Rätsel der unsrigen. Viele der Edelsten wandten sich unbefriedigt von der Außenwelt und auch von der Wissenschaft zurück zur Religion, die dem Zeitalter fast fremd geworden war, und zu dem lange verkannten Christentum. (6, 395)

Die verschiedenen Tendenzen, die Schlegel hier apologetisch aufzählte, brauchte Heine nur noch mit dem gemeinsamen Namen „Romantische Schule“ zu versehen und dem eigenen Argumentationszusammenhang einzufügen: Realitätsflucht als der gemeinsame Nenner sprang ins Auge. Fr. Schlegels *Geschichte der alten und neuen Literatur* schloß – in der zweiten Auflage noch weiter ausgeführt als in der ersten – mit dem Bekenntnis zur politischen wie weltanschaulichen Restauration: Allein vom Anschluß an eine positive, geoffenbarte Religion sei Heil und Überwindung der chaotischen und fragmentierten Epoche zu erwarten. Mit offenkundigem Mißmut behandelte Schlegel die liberal-nationalen Strömungen und die Agitation nach den Befreiungskriegen. In diesen Teilen, wo der restaurative Geist sich in massiver Weise zur Geltung brachte, war Schlegels Werk nur polemisch zu verwerten: im Aufweis der immanent-geschichtlichen Logik, die von der Flucht aus der Zeit über die Suche nach neuen Bindungen zur politischen Reaktion führte. Schon im ersten Buch der *Romantischen Schule* greift Heine Schlegels Thema kritisch auf:

> Ich spreche von jener Religion, die ebenfalls durch die Lehre von der Verwerflichkeit aller irdischen Güter, von der auferlegten Hundedemut und Engelsgeduld, die erprobteste Stütze des Despotismus geworden… . Eben weil wir alle Konsequenzen jenes absoluten Spiritualismus jetzt so ganz begreifen, dürfen wir auch glauben, daß die christkatholische Weltansicht ihre Endschaft erreicht. (3, 362)

Damit ist der Kontrapunkt zu Schlegels Forderung nach positivem Christentum pointiert gesetzt. Über die ideologischen Gegensätze ist kein weiteres Wort zu verlieren. Heines Interesse an Schlegels *Geschichte* lag nicht auf der Ebene der dort formulierten Antworten, sondern im Bereich der

Fragen, die sich hinter Schlegels Thesen verbargen. Das Zeitalter der Krise, das Revolutionszeitalter, von dem der alternde Romantiker schwankend und nicht ohne Retuschen berichtete: da war der Ausgangspunkt für Heines eigene Problemstellung genannt. Bezeichnete Schlegel das 18. Jahrhundert als das revolutionäre Jahrhundert, dann durfte er der Aufmerksamkeit Heines sicher sein. „Nicht bloß im Äußern und einzelnen, wo er sich zunächst kund gegeben," behauptete Schlegel, „hat dieser Streit seinen Sitz; sondern es liegt ihm als allgemeine Ursache eine große Bewegung im Innern des Menschengeistes zum Grunde." (6, 411) Das Echo findet sich in Heines *Geschichte der Religion und Philosophie in Deutschland*:

> Mit diesem Buche [Kants *Kritik der reinen Vernunft*], welches durch sonderbare Verzögerung erst am Ende der achtziger Jahre allgemein bekannt wurde, beginnt eine geistige Revolution in Deutschland, die mit der materiellen Revolution in Frankreich die sonderbarsten Analogien bietet, und dem tieferen Denker eben so wichtig dünken muß wie jene. Sie entwickelt sich mit denselben Phasen, und zwischen beiden herrscht der merkwürdigste Parallelismus. Auf beiden Seiten des Rheines sehen wir denselben Bruch mit der Vergangenheit, der Tradition wird alle Ehrfurcht aufgekündigt; wie hier in Frankreich jedes Recht, so muß dort in Deutschland jeder Gedanke sich justifizieren. (3, 590)

Offenkundig sind die Akzente anders gesetzt: aus Schlegels Begriff einer umfassenden Kulturrevolution, von der die politische Revolution in Frankreich nur einen Teilaspekt darstellte, wird bei Heine eine Analogie zwischen realer und ideologischer Evolution, welche den politisch-sozialen Ereignissen letztlich den Primat zuspricht. Es handelt sich um eine kritische Modifikation, die aus der vorgefundenen Charakteristik der Epoche andere, Schlegel durchaus fernliegende Konsequenzen zog. Denn solange der Revolutionsbegriff literarisch-philosophisch gefaßt und der politischen Praxis nur eine untergeordnete Funktion zugewiesen wurde, wurden Kunst und Literatur wohl hinsichtlich ihrer Tendenzen, nicht aber hinsichtlich ihrer praktischen Funktion und Relevanz problematisiert. In den Wiener Vorlesungen sah Schlegel keinen Grund, die Bedeutung der Kunst für die Zukunft prinzipiell in Frage zu stellen. Er sah Veränderungen voraus, bewertete diese indessen als weitere, wenn auch nicht notwendig leichte Schritte auf dem einmal eingeschlagenen Weg literarischer Evolution: „Wenn von dem Ganzen der deutschen Literatur die Rede ist, so zweifle ich auch keinen Augenblick daran, daß sie noch alle die großen Erwartungen erfüllen wird, welche sie bisher mehr nur lebhaft angeregt hat, als vollständig zu befriedigen vermochte." (6, 407) Dieser spannungslose Optimismus, der zu den Ansichten des jungen Schlegel eigentümlich kontrastiert, ist zu erklären aus Schlegels Auffassung, daß die revolutionäre Epoche im wesentlichen abgeschlossen sei und folglich jeder zu seinen alltäglichen Geschäften zurückkehren könne.

Unter dem Eindruck der Juli-Revolution sah Heine die Periode zwischen 1815 und 1830 in anderem Licht: Die post-revolutionäre Phase erschien nur als Latenzperiode innerhalb eines revolutionären Zeitalters. Und zwar revolutionär im politisch-gesellschaftlichen Sinn. Folglich gewinnt auch die Problematik der modernen Dichtung, die durch die romantische Revolutionstheorie eher verschüttet wurde, erneut an Aktualität. Indem Heine die *Romantische Schule* unter das Thema vom Ende der Kunstperiode stellt, markiert er mehr als eine Grenze zwischen sich und der deutschen Romantik. Er geht in der Sache zurück auf jenen Moment in der deutschen Geistesgeschichte, als im Schatten der Französischen Revolution Schiller und Fr. Schlegel die alte, scheinbar längst gelöste Streitfrage zwischen den Anwälten der antiken und der modernen Kunst wieder aufgriffen. Die *Romantische Schule* knüpft an die Problemstellung an, ohne sich des geschichtlichen Hintergrundes noch voll bewußt zu sein. Für Heine entfällt bereits die Antike als normenstiftender Kanon und Vorbild für die eigene Produktion. Das Ergebnis der älteren „querelle" wird als selbstverständlich vorausgesetzt: „Die Poesie in allen diesen Gedichten des Mittelalters trägt einen bestimmten Charakter, wodurch sie sich von der Poesie der Griechen und Römer unterscheidet. In Betreff dieses Unterschieds nennen wir die erstere die romantische und die letztere die klassische Poesie." (3, 366) Diese Bestimmung stellt sich auf den historischen Standpunkt, wonach antike wie mittelalterliche Kunst gemäß ihren eigenen Bedingungen zu bewerten ist. Und wie Heine in der Polemik gegen Platen gezeigt hatte, daß die bloße Reproduktion antiker Formen unausweichlich den modernen Dichter in einen leeren Formalismus führt, so hält er den Romantikern die Unzeitgemäßheit der Flucht in das Mittelalter vor.

Gleichwohl setzt sich in Heines Auseinandersetzung mit der Kunstperiode der Goethezeit das Schema der Alten und Neuen wieder durch. In dieser Auseinandersetzung übernimmt die Goethezeit funktional, wenn auch nicht inhaltlich, die Position der Alten. Inhaltlich ist dies unmöglich, denn Heine ist natürlich mit dem romantischen Selbstverständnis als einer modernen, antiklassizistischen Bewegung vertraut. Dort, wo er die geschichtliche Stellung der deutschen Romantik nachzeichnet, folgt er weitgehend, und nicht ohne Grund, der Selbstdeutung der romantischen Kritiker. So kommt es zu einer eigentümlichen Überlagerung der Positionen: Infolge des geschichtlichen Horizontwandels rückt für Heine die prononciert modern aufgetretene Romantik zusammen mit dem Weimarer Klassizismus in die Stellung der Alten, denen an der Schwelle einer neuen Epoche der Abschied gegeben wird. Und gleichzeitig ist der eigene Anspruch auf Modernität, wie zu zeigen sein wird, durch die Literaturtheorie der Goethezeit vermittelt. Diese paradoxe Situation drückt sich in Heines Strategie unmißverständlich aus. Der Romantik werden, damit sie als die überholte Epoche figurieren kann, alle progressiven Züge abgesprochen, so daß der durch die Frühromantik postulierte Begriff von Modernität an die eigene Situation gebunden werden kann. Das romantische Geschichtsbild der deutschen Literatur wird inhaltlich weitgehend übernommen, jedoch radikal der veränderten Funktion unterstellt. Indem Heine die Frage nach den Bedingungen und der Möglichkeit von Kunst in der modernen Gesellschaft restituierte und gegen die Romantik ausspielte, nahm er die verschütteten Gedanken der Revolutionsepoche wieder auf, knüpfte er also in der Sache an die rebellische Frühromantik an.

IV.

Die französische „querelle des Anciens et des Modernes," ausgetragen an der Epochenschwelle zwischen Barockklassizismus und Aufklärung, stand eingangs, im Anschluß an den traditionellen Topos, unter der Fragestellung, ob die Alten unüberbietbar und daher als Muster der Perfektion nachzuahmen seien oder vielmehr die Modernen infolge ihrer Kenntnis der Alten der Vollendung nähergekommen seien als diese selbst. Gab es einen solchen Fortschritt, wie die Verfechter der modernen Dichtung unterstellten, dann hatten die antiken Muster nur noch relative Gültigkeit. Zum epochemachenden Wendepunkt in der Kunsttheorie wurde der Streit indessen erst dadurch, daß die ursprüngliche Antithese an Relevanz einbüßte und der relativierenden Historisierung den Weg bereitete. Das Ergebnis der „querelle" läßt sich dann folgendermaßen zusammenfassen: Der überkommene Gegensatz löst sich in der Einsicht, „daß die Geschichte des wissenschaftlichen Fortschritts einer anderen Gesetzlichkeit gehorcht als die Geschichte der Künste, aus der im 18. Jahrhundert die Trennung der traditionell gebundenen *Arts et Sciences* und die Verselbständigung der fünf schönen Künste folgte, und die sie begründende Erkenntnis, daß antike und moderne Kunst letztlich darum nicht am selben Maß der Perfektion zu messen sind, weil jede Epoche ihre eigenen Sitten, also auch ihren eigenen Geschmack und damit ihren eigenen Begriff des Schönen (‚Beau relatif') hat."[27] Das Ergebnis des Streits ist mit anderen Worten die Inauguration der historischen Kritik. Ob der deutsche Historismus (Winckelmann, Herder) von der französischen „querelle" wesentlich beeinflußt worden ist, ja ob der Aufklärung im ganzen ein solches primäres Interesse an historischer Argumentation unterstellt werden darf, kann dahingestellt bleiben, weil es für die Wiederaufnahme der Streitfrage in der Epoche des deutschen Idealismus bedeutungslos ist. Signifikant da-

27 *Historisches Wörterbuch der Philosophie*. Hg. von Joachim Ritter (Darmstadt, 1971). Bd. 1, Sp. 413 (H. J. Jauß).

gegen ist Jauß' These, daß gleichzeitig Schiller und der junge Fr. Schlegel in zwei Programmschriften auf die alte und mittlerweile als überholt angesehene Streitfrage zurückkamen, das anerkannte Ergebnis verwarfen und Lösungen vorschlugen, welche für die Bestimmung des Modernen in der Literaturtheorie ausschlaggebend wurden.[28]

Das Ergebnis dieser Bemühungen ist knapp zu referieren, um Heines Voraussetzungen zu klären. Folgt man Arthur O. Lovejoy und Jauß, gelang Schiller der Durchbruch zu einer Theorie der Modernen, während Schlegel die Merkmale moderner, d. h. nachantiker Kunst noch unter dem Aspekt ihrer Verschuldung gegenüber der Antike sah. Hemmend wirkte der Widerspruch des deutschen Klassizismus zwischen Griechenbegeisterung und historischem Denken, der dazu führte, daß man die deutsche Literatur unter dem Vorbild der Antike noch zur Klassik führen wollte, obwohl man die klassische Antike mit Winckelmann und Herder schon historisch sah. Indem Schlegel noch einmal die antike Kunst als seinen Ausgangspunkt wählte und an der generellen Norm des Schönen festhielt, blieb seine Charakteristik der modernen Literatur an die klassizistische Wertung gebunden. Dem Interessanten als dem gemeinsamen Charakteristikum moderner Dichtung vermag er auf dieser Stufe seines Denkens nur relative Gültigkeit zuzuerkennen, die im Fortgang des geschichtlichen Wandels durch das Allgemeingültige und Objektive aufzuheben ist. In der Schrift „Über das Studium der griechischen Poesie" (1797) liegt der Nachdruck auf der Insuffizienz der eigenen Epoche, die (im Unterschied zur natürlichen Bildung der Antike) als ein Zeitalter der künstlichen Bildung begriffen wird. Da Schlegel die Veränderungen des literarischen Marktes als Korruption des allgemeinen Geschmacks versteht und das damit Hand in Hand gehende Aufkommen von professionellen Schriftstellern, die den kommerzialisierten Buchmarkt bedienen, als Dekadenz auslegt, registriert er die eigene Gegenwart als einen Endpunkt, auf den eine Revolution folgen muß. „Die Herrschaft des Interessanten ist durchaus nur eine vorübergehende Krise des Geschmacks: denn sie muß sich endlich selbst vernichten." (1, 254) Unter der Voraussetzung der klassizistischen Position, der „das Schöne... der allgemeingültige Gegenstand eines uninteressierten

28 Jauß konnte sich dabei auf die Ergebnisse von Arthur O. Lovejoy stützen, der in dem Essay „Schiller and the Genesis of Romanticism" bereits 1920 feststellte, daß (1) Schlegel sehr wahrscheinlich unter dem Eindruck von Schillers Abhandlung „Über naive und sentimentalische Dichtung" die eigene, fast krampfhaft klassizistische Position überwunden hat und daß (2) Schiller wie Schlegel sich gleichzeitig mit der Frage auseinandersetzten, auf welche Weise die Moderne prinzipiell von der Antike zu differenzieren wäre, und dabei zu Ergebnissen gelangten, die dann wenige Jahre später von der romantischen Literaturtheorie voll expliziert wurden. Vgl. Arthur O. Lovejoy: *Essays in the History of Ideas* (New York, 1960), S. 207–227.

Wohlgefallens“ (ebd., 140) ist, kann diese Revolution von Schlegel nur als Wiederherstellung des ursprünglichen Zustands vorgestellt werden. Um dieses Postulat mit den historischen Motiven seines Denkens in Einklang zu bringen, greift Schlegel auf die Idee des Kreislaufs zurück, in dessen Vollzug der Zustand der natürlichen Bildung nach dem Durchgang durch die künstliche Phase gleichsam von hinten wieder erreicht wird. Ist indessen der geschichtliche Wandel einmal als unbegrenzter, fortschreitender Prozeß erfaßt, verbürgt das Ende nicht mehr die Wiederholung des Anfangs. So bleibt es auch für Schlegel eine Frage, ob die gegenwärtige Dekadenz in eine Phase der natürlichen Bildung und objektiven Ästhetik wieder einmündet. Demgemäß ist die prognostizierte Revolution letztlich nur als ein qualitativer Sprung einsichtig zu machen.

> Die Rückkehr von entarteter Kunst zur echten, vom verderbten Geschmack zum richtigen scheint nur ein plötzlicher Sprung sein zu können, der sich mit dem steten Fortschreiten, durch welches sich jede Fertigkeit zu entwickeln pflegt, nicht wohl vereinigen läßt. Denn das Objektive ist unveränderlich und beharrlich: sollte also die Kunst und der Geschmack je Objektivität erreichen, so müßte die ästhetische Bildung gleichsam fixiert werden. Ein absoluter Stillstand der ästhetischen Bildung läßt sich gar nicht denken. Die moderne Poesie wird sich also immer verändern. (1, 255.)

Das Unbefriedigende dieser Lösung ist offenbar. Nicht zu vereinigen war die Konzeption einer zyklischen Naturgeschichte der Kunst und die Anerkennung der Moderne als eines unabsehbaren, offenen geschichtlichen Prozesses. Da die Moderne gemäß ihrer eigenen Konstitution sich nicht mehr in den Kreislauf einfügt, ist der Übergang von der verderbten Zeit zum neuen Zeitalter nur unvermittelt durch einen Hiat zu erklären. In gleicher Weise bleibt bei Schlegel unvermittelt der Übergang von der in sich geschlossenen Kunstgeschichte der Antike zur nach-antiken Kunst.

So ist nur zu konstatieren, „daß die Uhren der Antike und der Neuzeit bei Schlegel offensichtlich verschieden gehen: sein Prinzip der alten Geschichte ist der natürliche Kreislauf, sein Prinzip der neuen eine – man weiß nicht wie – eingetretene Progression, die unumkehrbar ins Unendliche fortschreitet.“[29] Schlegels Eintreten für die antike Klassik und seine Polemik gegen die Moderne resultieren daher nicht mehr, wie Schlegel wohl intendiert haben mag, in der Rückgewinnung vorbildlicher Muster für die Moderne, sondern in einer weiteren Distanzierung von der Antike, die nur noch als Exempel eines verlorenen Geschichtsmodells dienen kann.

Unter dem Gesichtspunkt der Wiederaufnahme der Streitfrage bei Heine ist freilich die Apologie des Klassizismus weniger wichtig als die

29 Jauß, S. 93.

Charakteristik der modernen, nach-antiken Dichtung, denn diese geht wenige Jahre später in die Selbstbestimmung der Jenaer Romantik ein. Was Fr. Schlegel zuvor als moderne Dekadenz beschrieben und verurteilt hatte, figuriert dann unter der Bezeichnung ,romantisch' als Programm des *Athenäums.* Der Ausdruck ,romantisch' kennzeichnet – und das ist bei dem Vergleich mit Heines Position durchaus zu beachten – eine unbeschränkt subjektive, interessante, nicht mehr dem Ideal objektiver Schönheit verpflichtete Kunst, wie sie sich nach der Antike konstituiert hat. Dante, Shakespeare und Cervantes erfüllten in weit stärkerem Maße diesen Begriff als die zeitgenössische Dichtung – selbst Goethe nicht ausgeschlossen. Am Beispiel Shakespeares konnte Schlegel, wenn auch 1797 noch unter klassizistischem Vorzeichen, alle Merkmale der Einstellung und Formgebung beschreiben, die ihm modern und unklassisch erschien.

> Shakespeare aber ist unter allen Künstlern derjenige, welcher den Geist der modernen Poesie überhaupt am vollständigsten und am treffendsten charakterisiert. In ihm vereinigen sich die reizendsten Blüten der Romantischen Phantasie, die gigantische Größe der gotischen Heldenzeit, mit den feinsten Zügen moderner Geselligkeit, mit der tiefsten und reichhaltigsten poetischen Philosophie. In den beiden letzten Rücksichten könnte es zu Zeiten scheinen, er hätte die Bildung unsers Zeitalters antizipiert. Wer übertraf ihn je an unerschöpflicher Fülle des Interessanten? An Energie aller Leidenschaften? An unnachahmlicher Wahrheit des Charakteristischen? An einziger Originalität? Er umfaßt die eigentümlichsten ästhetischen Vorzüge der Modernen im weitesten Umfange, höchster Trefflichkeit und in ihrer ganzen Eigentümlichkeit, sogar bis auf die exzentrischen Sonderbarkeiten und Fehler, welche sie mit sich führen. (1, 249)

Der Katalog moderner Spezifika ist fast vollständig: Phantasie, Fülle des Interessanten, Wahrheit des Charakteristischen und Originalität. An Shakespeare kann Schlegel demonstrieren, in welchem Maße die Suche nach dem Individuellen, Einmaligen gemäß ihrer immanenten Logik zur Vernachlässigung des maßvoll Schönen führt. Ein Verlust, der durch die Stiftung einer individuellen Manier aufgehoben wird. Diese von Schlegel unterstellte Identität von romantisch und modern ist um so nachdrücklicher hervorzuheben, als Heine und die jungdeutschen Schriftsteller sich gegen sie wandten.

Wenn im 116. *Athenäums-Fragment* die romantische Poesie als „eine progressive Universalpoesie" (2, 182) definiert wird, welche die Gattungen auflöst und mischt, Poesie und Philosophie miteinander in Berührung setzt, das Charakteristische des Autors wie des Zeitalters zum Ausdruck bringt und sich selbst in der Reflexion unendlich potenzieren kann, so handelt es sich um längst vorbereitete, nur noch nicht pointiert formulierte Einsichten in das Wesen der modernen Kunst. Bereits im Studium-Aufsatz charakterisierte Schlegel die eigene Zeit als anarchisch:

> So verwirrt sind die Gränzen der Wissenschaft und der Kunst, des Wahren und des Schönen, daß sogar die Überzeugung von der Unwandelbarkeit jener ewigen Grenzen fast allgemein wankend geworden ist. Die Philosophie poetisiert, und die Poesie philosophiert: die Geschichte wird als Dichtung, diese aber als Geschichte behandelt. Selbst die Dichtarten verwechseln gegenseitig ihre Bestimmung; eine lyrische Stimmung wird der Gegenstand eines Dramas, und ein dramatischer Stoff wird in lyrische Form gezwängt. (1, 219)

Das Moment der unendlichen Progression erschien in klassizistischer Sicht als das „rastlose unersättliche Streben nach dem Neuen, Piquanten und Frappanten, bei dem dennoch die Sehnsucht unbefriedigt bleibt" (a.a.O., 122). Die ästhetische Revolution des Jenaer Kreises war das paradoxe Ergebnis des Versuchs, die klassizistische Position befriedigender zu etablieren. Daß diese Umpolung nicht allein die ästhetische Theorie betraf, daß in der ästhetischen Revolution die Korrelation zum politisch-gesellschaftlichen Bereich wenigstens angesprochen war, geht aus dem 216. Athenäums-Fragment hervor: „Die französische Revolution, Fichtes Wissenschaftslehre und Goethes Meister sind die größten Tendenzen des Zeitalters." (2, 198) Politische, philosophisch-wissenschaftliche und poetisch-ästhetische Revolution werden hier vom „hohen, weiten Standpunkt der Geschichte der Menschheit" als verschiedene Ansichten eines tiefergreifenden epochalen Vorgangs begriffen. Fr. Schlegel und die anderen Mitglieder des Jenaer Kreises verstanden die Rebellion gegen den Klassizismus und seine Norm des objektiv Schönen als Analogie der politischen Umwälzungen. Poetische Theorie und Praxis brauchte nicht mehr in einem hoffnungslosen Gegensatz zur Gegenwart gesehen zu werden, sondern konnte als integraler Teil einer Gesamtbewegung verstanden werden. Daß Dante und Shakespeare als Zeugen angerufen wurden, bedeutete nicht in erster Linie Rückwendung zu einer besseren, weil harmonischeren Vergangenheit, sondern Beschwörung von Beispielen der nach-antiken Literatur. Erst in späteren Phasen romantischer Geschichtsschreibung sonderte sich bei den Brüdern Schlegel die mittelalterliche Kunst als eine eigene Epoche von der neuzeitlichen Dichtung ab. Damit aber wurde der Blick auf den aktuellen Zusammenhang verstellt, den Mittelalter und Neuzeit für die Frühschriften Schlegels noch hatten.

In seiner *Geschichte der Religion und Philosophie in Deutschland* entwickelte Heine den Gedanken einer Parallele zwischen der revolutionären Epoche in Frankreich und der Entfaltung der idealistischen Philosophie in Deutschland, um die innere Gleichzeitigkeit von philosophischer Theorie und politischer Praxis zu verdeutlichen. Diese Idee lag der Frühromantik nicht fern. Fr. Schlegel sympathisierte nicht nur zeitweilig mit der Französischen Revolution, er interpretierte die eigenen Bemühungen als umfassende, über den konkreten Anlaß hinausgehende Auseinandersetzung mit den generellen Umwälzungen, die sich konkret in Frankreich manifestiert hatten. Dabei verloren die politischen Ereignisse westlich des Rheins bald ihren Eigenwert und sanken zu bloßen Symptomen herab. Von den politischen Beobachtern in Deutschland – den Jakobinern zumal, und damit letztlich noch von Heine – unterscheidet sich Schlegel mit voller Absicht durch die Betonung des philosophischen Standpunkts. Das 424. Athenäums-Fragment nennt die Französische Revolution „den Mittelpunkt und den Gipfel des französischen Nationalcharakters, wo alle Paradoxien desselben zusammengedrängt sind; als die furchtbare Groteske des Zeitalters, wo die tiefsinnigsten Vorurteile und die gewaltsamsten Ahndungen desselben in ein graues Chaos gemischt, zu einer ungeheuren Tragikomödie der Menschheit so bizarr als möglich verwebt sind." (2, 248) Ernst Behlers Urteil „Diese Reduzierung der Französischen Revolution auf Frankreich geht aber aus der Vision einer Revolution hervor, die viel größeren Ausmaßes als die dort stattgefundene ist und das gesamte Zeitalter in allen Kulturbereichen durchtönt,"[30] ist von dem anderen Befund nicht zu trennen, daß Schlegels Vision die materielle Basis der Geschichte für kontingent erklärt und dementsprechend die Entpolitisierung der Ereignisse indirekt unterstützt. Die Analogie von kultureller und politischer Revolution läßt mehrere Deutungen zu. Liegt der Nachdruck, wie bei Schlegel, auf der intellektuell-literarischen Ansicht, wird das Politische zum bloßen Akzidenz herabgedrückt, die pragmatische Geschichte als Epiphänomen behandelt. Eben diese Mediatisierung ist bei Fr. Schlegel und auch bei Novalis, wie Behler stringent, wenn auch mit entgegengesetzter Intention dargelegt hat, erfolgt.[31] Der Revolutions-Begriff wird eigentümlich gedehnt. Wo die menschlichen Aktionen zur Veränderung eines politisch-gesellschaftlichen Systems periodischen Naturereignissen gleichgesetzt werden, die auf ein neues Weltalter hindeuten, ist die Geschichte der menschlichen Verfügung entzogen, die geschichtsphilosophische Utopie zum Chiliasmus umgebogen. In diesem Sinn nimmt die Französische Revolution für Novalis geradezu negative Züge an; sie erscheint als der Scheitelpunkt eines gottverlassenen Zeitalters, als die Manifestation des modernen Unglaubens, so daß erst durch ihre Überwindung das neue Zeitalter zu erwarten ist. So lautet das Postulat in *Die Christenheit oder Europa:* „Nur die Religion kann Europa wieder aufwecken und die Völker sichern, und die Christenheit mit neuer Herrlichkeit sichtbar auf Erden in ihr altes friedenstiftendes Amt installiren."[32] Novalis' Idee der Wiedergeburt ist nicht mit den ideologischen Voraussetzungen der Französischen Revolution zu vollziehen, sondern nur gegen diese.[33]

Heines Entwicklung als Schriftsteller fiel in die Epoche der Restauration, deren Ziel war, die revolutionären Dekaden aus dem allgemeinen

30 Behler, S. 204.

31 Behler, S. 204 ff.

Bewußtsein zu verdrängen. Die Niederlage Napoleons und die Wiederaufnahme der Kabinettspolitik (von den Legitimisten, zu denen nunmehr auch manche Romantiker zählten, ideologisch abgesichert) verstellten den Zugang zu den Zeugnissen der intellektuellen Rebellion der neunziger Jahre. Die Kontinuität der Rezeption war, von wenigen Ausnahmen abgesehen, unterbrochen.[34] Das Engagement der Frühromantik, die Motive für die Auseinandersetzung mit dem Klassizismus, waren verschüttet. In der *Romantischen Schule* sind die Spuren verloren. Die Korrelation von politischer Revolution in Frankreich und intellektueller Revolution in Deutschland wird für Heine nur in der Philosophie evident.

Heines Rekonstruktion der deutschen Philosophiegeschichte, insbesondere ihrer idealistischen Phase, setzt sich zur Aufgabe, die in Frankreich eingeleitete revolutionäre Bewegung in einen weiteren Zusammenhang zu stellen, um aus der Entfaltung der philosophischen Theorie ihre Applikation auf die politische Praxis zu vindizieren. Dem prognostischen Blick erscheint die deutsche Geistesgeschichte zwischen Kant und Hegel nicht allein als Parallele zur politischen Geschichte Frankreichs, sondern zugleich als Vorbereitung auf eine zukünftige weit größere Revolution. Heine scheint sich hier der frühromantischen Position zu nähern, doch ist gerade an der Bestimmung des Revolutionsbegriffes die Differenz in aller Schärfe erkennbar. Wo Fr. Schlegel die Idee der Revolution philosophisch entpolitisierte, politisiert Heine die Philosophiegeschichte. An zwei Stel-

---

32 Novalis: *Schriften*. Hg. von P. Kluckhohn und R. Samuel (Stuttgart, 1960). Bd. 3, S. 523. Angemessen ist Hans Joachim Mähls Kommentar zu dieser Stelle, der gegen eine allzu handgreifliche ideologische Auslegung von Novalis' Ideen den geistesgeschichtlichen Kontext markiert hat: „Der Traum des Novalis von einem künftigen goldenen Zeitalter hat hier, unter Aufgreifen der alten, apokalyptisch-chiliastischen Gedanken von einer Wiederkehr Christi und ihrer spiritualistischen Umwandlung in die Vorstellungform eines dritten Zeitalters des heiligen Geistes, seine umfassende geschichtsprophetische Verkörperung gefunden." Mähl: *Die Idee des goldenen Zeitalters im Werk des Novalis* (Heidelberg, 1965), S. 380.

33 In dieser Hinsicht ist Hans Mayer gegen Ernst Behler recht zu geben, wenn er Novalis' Programmschrift pointiert als „Zurücknahme des Realismus, der Aufklärung, der modernen Naturwissenschaft, letztlich der bürgerlichen Emanzipation" betrachtet. Vgl. Mayer: *Von Lessing bis Thomas Mann* (Pfullingen, 1959), S. 25; dazu Behler, S. 206 f. Statt Zurücknahme wäre besser von einer Umbiegung zu sprechen, bei der der Fortschrittsgedanke eine wesentlich andere Funktion erhält.

34 Im Falle Börnes hat Walter Hinderer dargelegt, wie die politischen Vorstellungen Adam Müllers und Görres' durch Börne aufgenommen werden konnten und in den deutschen Frühliberalismus einflossen. Vgl. Ludwig Börne: *Menzel der Franzosenfresser und andere Schriften*. Hg. von W. Hinderer (Frankfurt a.M., 1969), S. 26 ff.

len erläutert Heine in der *Geschichte der Religion und Philosophie in Deutschland* den Zusammenhang von intellektueller und materieller Geschichte als Finalkonnex: „Der Gedanke will Tat, das Wort will Fleisch werden ... Die Welt ist die Signatur des Wortes“ (3, 593), heißt es mit Bezug auf die philosophischen Prämissen der Französischen Revolution; und im Hinblick auf die antizipierte deutsche Revolution gibt Heine zu bedenken: „Der Gedanke geht der Tat voraus, wie der Blitz dem Donner.“ (3, 639) Die Theorie erfüllt sich erst in ihrer Anwendung, wie umgekehrt die politische Praxis auf die Philosophie angewiesen bleibt. Die scheinbar vom Tagesgeschehen abgewandten theoretischen Auseinandersetzungen erweisen sich als Projektionen zukünftiger politischer Fronten. So beurteilt Heine den französischen Materialismus, der ihm persönlich eher unsympathisch ist, positiv, weil er die Französische Revolution ideologisch vorbereitete.[35] Und so liest er umgekehrt die Schriften des deutschen Idealismus, die den politischen Praktikern als bloße Hirngespinste erscheinen, als eine verborgene jedoch unerläßliche Vorbereitung jener größeren Revolution, für die die französische von 1789 nur der Auftakt war: „Die deutsche Philosophie ist eine wichtige, das ganze Menschengeschlecht betreffende Angelegenheit, und erst die spätesten Enkel werden darüber entscheiden können, ob wir dafür zu tadeln oder zu loben sind, daß wir erst unsere Philosophie und hernach unsere Revolution ausarbeiteten.“ (3, 638) Heines Interpretation der Entsprechung von intellektueller und politischer Revolution unterscheidet sich von der frühromantischen durch ihren Zielpunkt: Sie nimmt die Ideen für die Veränderung der bestehenden Verhältnisse in Anspruch; diese werden als direkte oder indirekte Förderer der menschlichen Geschichte begriffen. So wenig er den materialistischen Charakter der Französischen Revolution als endgültig betrachtet, so wenig denunziert er die Ereignisse von 1789 wegen ihres ‚materialistischen‘ Charakters. Denn diese sind und bleiben für Heine der „Orientierungspunkt als der geschichtliche Wendepunkt, an dem das materielle Glück der Völker“ (3, 570) auf die Tagesordnung gesetzt wurde.

Insofern ist auch das Problem der Modernität für Heine nicht ausschließlich eine ästhetisch-poetologische Frage, die sich aus der immanenten Logik des literarischen Prozesses stellt und löst. Es steht vielmehr unter einer doppelten Optik: In jedem künstlerischen Entwurf ist, soll er Signatur seiner Epoche sein, der geschichtliche Augenblick gegenwärtig.

35 „Die Franzosen waren schon auf dem Wege zu jener politischen Revolution, die erst am Ende des achtzehnten Jahrhunderts ausbrach, und wozu sie eines Beils und einer eben so kaltscharfen, materialistischen Philosophie bedurften. Der christliche Spiritualismus stand als Mitkämpfer in den Reihen ihrer Feinde, und der Sensualismus wurde daher ihr natürlicher Bundesgenosse.“ (3, 556)

In diesem Sinne trennt Heine die nach-reformatorische Literatur von der mittelalterlichen als die eigentlich moderne, nämlich diejenige Dichtung, welche ihren Anstoß von den realgeschichtlichen Umwälzungen erhält:

> Eine neue Ordnung der Dinge gestaltet sich; der Geist macht Erfindungen die das Wohlsein der Materie befördern; durch das Gedeihen der Industrie und durch die Philosophie wird der Spiritualismus in der öffentlichen Meinung diskreditiert; der dritte Stand erhebt sich; die Revolution grollt schon in den Herzen und Köpfen; und was die Zeit fühlt und denkt, und bedarf und will, wird ausgesprochen, und das ist der Stoff der modernen Literatur. (3, 551)

Ein Material, das, wie Heine sehr wohl sieht, spezifische Bedingungen der Gestaltung enthält, nicht im Sinne von Vorschriften, sondern als stringent sich immer wieder durchsetzende Grundtendenzen, gleichgültig welche formalen Vorbilder herangezogen werden. „Der allgemeine Charakter der modernen Literatur besteht darin, daß jetzt die Individualität und die Skepsis vorherrschen. Die Autoritäten sind niedergebrochen; nur die Vernunft ist jetzt des Menschen einzige Lampe, und sein Gewissen ist sein einziger Stab in den dunkeln Irrgängen dieses Lebens." (3, 552) Und die inhaltlichen Momente schlagen sich formal nieder als die primären Gestaltungsmerkmale: „Die Poesie ist jetzt nicht mehr objektiv, episch und naiv, sondern subjektiv, lyrisch und reflektierend." (3, 552) Diese Abgrenzung hat bezeichnenderweise mittelalterliche Dichtung im Auge, nicht die Antike, und schon gar nicht neuzeitlichen Klassizismus, der für Heine eine bloß formale Aneignung „klassischer Kunstformen" (3, 552) darstellt, die die subjektiv-individualistischen Prämissen der Neuzeit nicht auslöschen konnten.

Anläßlich der Besprechung saint-simonistischer Grundbegriffe in Heines Ästhetik verweist Wolfgang Kuttenkeuler auf Heines Nähe zur romantischen Dichtungstheorie: „Was Heines Kritik am Grundsatz der Naturnachahmung angeht, so konvergiert seine poetologische Konzeption ganz offensichtlich mit der der Romantik."[36] Und zwar, Kuttenkeuler zufolge, insbesondere in der Einschätzung der dichterischen Phantasie als des wesentlichen Instruments poetischer Schöpfung. In Kuttenkeulers Argumentation ist diese Übereinstimmung ein kontingentes Faktum. Seine Feststellung ermöglicht Vergleich und kritische Abgrenzung, die er mit Recht als ebenso wichtig hervorhebt. Treffend ist seine Formulierung: „Während die Romantiker von der Entfaltung der poetischen Phantasie die Dechiffrierung der poetischen Schöpfungsordnung, des gleichsam fixen und firmen Schöpfungssinns erwarten, geht es Heine um die Erschließung und Darstellung von Gesetz und Anspruch der historischen

36 Kuttenkeuler, S. 90 f.

Entwicklung."[37] Allerdings verdunkelt diese pointierte Gegenüberstellung von Natur- und Geschichtsentzifferung den inneren Problemzusammenhang. Nicht deutlich wird, warum Heine, der doch seine Opposition zur Romantik so ausdrücklich niedergelegt hatte, bei der Artikulation der eigenen poetologischen Theorie zu Bestimmungen gelangt, die sich dem romantischen Begriff moderner Dichtung annähern. Zu zeigen wäre mithin, daß die von Kuttenkeuler bemerkte Übereinstimmung wie Differenz aus der geschichtlichen Überlieferung der Fragestellung selbst hervorgeht. Nicht die partielle Koinzidenz an sich scheint uns bedeutungsvoll, sondern Heines Verhältnis zu der Fragestellung, auf die die romantische Theorie die Antwort war. Da die romantische Lösung für Heine und seine Generation infolge ihrer ideologischen Verkrustung ihre Evidenz verloren hatte, mußte Heine in der Sache noch einmal auf die „querelle" zurückkommen, der die romantische Theorie wesentliche Impulse verdankte.

Dabei ist nicht zu übersehen, daß die Problematisierung der Dichtung in ein fortgeschritteneres Stadium getreten war, nicht zuletzt durch Hegels Reflexionen über den Status der Kunst in der modernen Gesellschaft. Denn Hegels geschichtsphilosophische Kritik setzte die moderne Kunst (wiederum verstanden im weiteren Sinne als nach-antike Kunst) in weit radikalerer Weise ins Unrecht als der noch klassizistisch gesinnte junge Fr. Schlegel. Hegels Kritik berührte unter anderem auch jene Eigenschaften, an denen Schlegel Anstoß genommen hatte – das Übermaß des Charakteristischen und Interessanten sowie das Hervortreten der schöpferischen Freiheit und Willkür –, stellte sie jedoch in einen Zusammenhang, der allererst den finalen Charakter der modernen Krise ganz ins Licht hebt. Denn was Hegel gegen die Moderne einwendet, ist nicht ihre Korruption, gemessen am Standard klassizistischer Normen, sondern ihre prinzipielle Unfähigkeit, totaler Ausdruck ihres Zeitalters zu sein. Hegels Satz, daß „die Kunst nach der Seite ihrer höchsten Bestimmung für uns ein Vergangenes" ist,[38] unterstellt eine aus dem Geschichtsprozeß gemäß immanenter Logik folgende Insuffizienz moderner Kunst, die nicht auf Selbstverschuldung beruht und daher auch nicht kraft eigener Besinnung aufzuheben ist. Wenn Hegel zufolge die Überholtheit der Kunst dadurch bedingt ist, daß die ihr gegebenen Möglichkeiten der Versinnlichung dem Gehalt der eigenen Epoche nicht mehr gerecht werden können (und zwar im Unterschied zur begrifflichen Anstrengung der Philosophie), dann ist auch der romantische Anspruch, durch eine progressive Literaturtheorie und -praxis das Weltganze poetisch zu durchdringen, erneut in Frage gestellt. Modernität mißt sich unter Hegels Verdikt an der Fähigkeit zur Ex-

37 Ebd., S. 91 f.

38 Hegel: *Theorie Werkausgabe*. Hg. von E. Moldenhauer und K. M. Michel (Frankfurt a.M., 1970). Bd. 13, S. 25.

plikation der Epochenstruktur mit ästhetischen Mitteln. Und angesichts der abstrakt gewordenen Lebensverhältnisse hat Kunst ihre universale Geltung als eigentümliche Erscheinungsweise der Wahrheit eingebüßt. Mit Hegels Worten: „Die eigentümliche Art der Kunstproduktion und ihrer Werke füllt unser höchstes Bedürfnis nicht mehr aus; wir sind darüber hinaus, Werke der Kunst göttlich zu verehren und sie anbeten zu können; der Eindruck, den sie auf uns machen, ist besonnener Art, und was durch sie in uns erregt wird, bedarf noch eines höheren Prüfsteins und anderweitiger Bewährung. Der Gedanke und die Reflexion hat die schöne Kunst überflügelt."[39] Aus dieser Überlegung folgt die philosophische Reduzierung der modernen Kunst, aber gleichzeitig ihre Freisetzung von der Aufgabe anschaulicher Darstellung der Wahrheit zugunsten einer „spielerischen Bewährung des Wissens" (Dieter Henrich).[40]

Daß Heine solchen Überlegungen nicht ganz fernstand, geht daraus hervor, daß er verschiedentlich reflektierte Subjektivität als die eigentliche Möglichkeit der modernen Literatur ausgibt. An die Stelle der poetischen Vision, wie sie die Romantik angesichts des prosaischen Alltags zu forcieren versuchte, tritt die Verschränkung von Imagination und ideologischer Reflexion.[41]

Vor dem Hintergrund von Hegels Verdikt über die moderne Kunst läßt sich Heines Dilemma folgendermaßen formulieren: Wenn dem Dichter infolge der zunehmenden Abstraktheit der gegenwärtigen Weltverhältnisse die anschauliche Nachbildung des Ganzen versagt ist, welchen *eigenen* Zugang zur Wahrheit hat dann der Künstler? In diesem Zusammenhang rekurriert Heine auf Vorstellungen und Denkmodelle, die ihre romantische Herkunft nicht verleugnen können, die der naive Leser folglich als affirmative Fortsetzung romantischer Dichtungstheorie verstehen

39 Ebd., S. 24.

40 Die Konsequenzen der Hegelschen Kritik für die moderne Kunst hat neuerdings Dieter Henrich thesenartig zusammengefaßt: (1) Der Verzicht auf die poetische Utopie einer zukünftigen Universalpoesie; (2) die notwendige Reflektiertheit der modernen Kunst, der der naive Regreß in die Übereinstimmung mit der eigenen Epoche verschlossen ist; (3) die freie Verfügbarkeit über Kunstformen der Vergangenheit („Die Last des ‚imaginären Museums' erscheint als das Stigma der Freiheit des Künstlers," S. 24); (4) die Partialität moderner Kunst gegenüber dem Ganzen im Vergleich mit früherer Kunst, als poetischer Ausdruck und Wahrheitsgehalt noch in eins fielen. Vgl. Dieter Henrich: „Kunst und Kunstphilosophie in der Gegenwart (Überlegungen mit Rücksicht auf Hegel)". In: *Immanente Ästhetik – Ästhetische Reflexionen*. Hg. von Wolfgang Iser (München, 1966), S. 21–32.

41 W. Preisendanz: „Der Funktionsübergang von Dichtung und Publizistik bei Heine". In: *Die nicht mehr schönen Künste. Grenzphänomene des Ästhetischen*. Hg. von J. R. Jauß (München, 1968), S. 343–374.

könnte. Wenn es in *Shakespeares Mädchen und Frauen* heißt: „er [der Dichter] trägt ja ein Gleichbild des Ganzen in seinem Geiste, erkennt die letzten Gründe aller Phänomene, die dem gewöhnlichen Geiste rätselhaft dünken und auf dem Wege der gewöhnlichen Forschung nur mühsam oder auch gar nicht, begriffen werden ...; er kennt gleichsam Zirkulatur und Zentrum aller Dinge; er begreift die Dinge in ihrem weitesten Umfang und tiefsten Mittelpunkt" (4, 181), dann wird dem Dichter und der Dichtung eben wieder jene Sonderstellung zugewiesen, die die Hegelsche Ästhetik für die Moderne bestritten hatte. Es wäre müßig, weitere Belege für ‚romantische' Restbestände im Denken Heines vorzuzeigen, denn deren strukturelle Bedeutung erhellt erst, wenn sie auf die nach-romantische Ausdruckskrise bezogen werden. Ablehnung der klassizistischen Regeln, Geniebegriff, Lob der Phantasie und Forderung nach einfühlender Kritik (an die sich Heine am wenigsten gehalten hat) konvergieren in der Negation der Naturnachahmung, deren Voraussetzung ein geschlossener Kosmosbegriff ist.[42] Angesichts der Insuffizienz der nachbildenden Darstellung in abstrakt gewordenen Lebensverhältnissen und angesichts der Reduktion des ästhetischen Gehalts auf das Partiale steht dem Künstler nur noch der Weg nach innen offen. Und das bedeutet, so sehr dies der Polemik gegen die Romantik zu widersprechen scheint, die *kritische* Fortsetzung der von der Frühromantik angestellten Überlegungen. Nicht aus dem Geist der Jenaer oder Heidelberger Schule, aber im Anschluß an die frühromantische Problematisierung der modernen Kunst. Nebeneinanderhalten muß man Heines Urteile über den kommerzialisierten Kunstbetrieb in Paris und das einzuschlagende poetische Verfahren, um zu ermessen, was ‚kritisch' in diesem Zusammenhang bedeutet. „Jeder Maler malt jetzt auf eigene Hand und für eigene Rechnung," notiert Heine als Beobachter der Pariser Gemäldeausstellung von 1831, „die Tageslaune, die Grille der Geldreichen oder des eigenen müßigen Herzens gibt ihm den Stoff, die Palette gibt ihm die glänzendsten Farben, und die Leinwand ist geduldig." (3, 29) In derselben Schrift heißt es dann später über das Ziel künstlerischer Darstellung: „Töne und Worte, Farben und Formen, das Erscheinende überhaupt, sind jedoch nur Symbole der Idee, Symbole, die in dem Gemüte des Künstlers aufsteigen, wenn es der heilige Weltgeist bewegt, seine Kunstwerke sind nur Symbole, wodurch er andern Gemütern seine eigenen Ideen mitteilt." (3, 45) In Übereinstimmung mit dieser Formulierung kann Heine sich als „Supernaturalist" in Fragen der Kunst bezeichnen,

42 Vgl. Hans Blumenberg: „‚Nachahmung der Natur'. Zur Vorgeschichte der Idee des schöpferischen Menschen". In: *Studium Generale* (1957). Bd. 10, S. 266–283; ferner Peter Uwe Hohendahl: „Zum Erzählproblem des utopischen Romans im 18. Jahrhundert". In: *Gestaltungsgeschichte und Gesellschaftsgeschichte*. Hg. von Helmut Kreuzer (Stuttgart, 1969), S. 79–114.

denn im Innern, nicht in der äußeren Natur findet er die Ideen und die ihnen zugehörigen Symbole. Insofern mußte sich Heine trotz der weltanschaulichen Differenz dem Darstellungsmodus der mittelalterlichen Kunst nahe fühlen. Die durchaus traditionalistische Unterscheidung zwischen klassischer und romantischer Kunst in der *Romantischen Schule* hebt bezeichnenderweise gerade den symbolischen beziehungsweise parabolischen Charakter romantischer Kunst hervor:

„Die klassische Kunst hatte nur das Endliche darzustellen, und ihre Gestalten konnten identisch sein mit der Idee des Künstlers. Die romantische Kunst hatte das Unendliche und lauter spiritualistische Beziehungen darzustellen oder vielmehr anzudeuten, und sie nahm ihre Zuflucht zu einem System traditioneller Symbole." (3, 367)

Was Heine von der mittelalterlichen Kunsttheorie trennt, ist weniger ihr Spiritualismus als das rigorose Schema der Allegorisierung, das dem modernen Künstler als autoritärer Zwang entgegentritt. Denn das parabolische System setzt zwischen Autor und Publikum Übereinstimmung in metaphysischen Grundannahmen voraus, die der skeptischen und individualistischen Neuzeit widersprechen.

Heines Kunsttheorie konvergiert dort mit den Ansichten der Romantiker, wo diese die exzeptionelle Rolle des Dichters und den symbolisch-antizipierenden Charakter von Dichtung unterstreichen. Auch für Heine gehört zu den unabdingbaren Merkmalen, daß der Dichter die Welt besser versteht als der wissenschaftliche Kopf und daß er Einsichten in die Zukunft zu vermitteln weiß:

> In der Brust der Schriftsteller eines Volkes liegt schon das Abbild seiner Zukunft, und ein Kritiker, der mit hinlänglich scharfem Messer einen unserer neuen Dichter sezierte, könnte, wie aus den Eingeweiden eines Opfertiers, sehr leicht prophezeien wie sich Deutschland in der Folge gestalten wird. (3, 868)

Die Richtung der Antizipation markiert freilich zugleich unmißverständlich die Grenze gegenüber dem romantischen Versuch, die Weltverhältnisse poetisch aufzulösen und dem Dichter einen Platz jenseits des prosaischen Lebens anzuweisen. An die Stelle der Offenbarung des Unendlichen im Prozeß der poetischen Dechiffrierung von Natur ist hier die Freilegung realgeschichtlicher Evolutionen getreten. Wenn wir Heines Urteil über das Ende der vorangegangenen Kunstperiode nicht nur auf den Weimarer Klassizismus, sondern auch auf die Romantik beziehen dürfen, so deshalb, weil auch romantische Theorie noch an der Autonomie von Kunst unwillkürlich festhält, weil auch sie den eigentümlichen Seinsmodus der ‚zweiten Wirklichkeit' postuliert und somit an die Grenzen des Ästhetischen nicht vorstößt. Heine versucht nicht mehr, vergessen zu machen, daß die Subjektivität des Künstlers vermittelt ist durch die Bedingungen des literarischen Marktes, die ihrerseits beruhen auf sozioökomischen Prozessen allgemeiner Natur. Was die Romantiker bereits bemerkten, jedoch konsequent durch die Unterscheidung von Dichtung und Trivialliteratur aussonderten,[43] wird von Heine als integraler Teil der eigenen Produktionsbedingungen mitreflektiert. Poetische Unmittelbarkeit, wie sie Friedrich Schlegel noch einmal durch den Rückgriff auf den Mythos restaurieren wollte, ist verloren. Wo sie in Anspruch genommen wird, ist sie um den Preis falscher Simplizität erkauft:

> Unsere Poesie, sagten die Herren Schlegel, ist alt, unsere Muse ist ein altes Weib mit einem Spinnrocken, unser Amor ist kein blonder Knabe, sondern ein verschrumpfter Zwerg mit grauen Haaren, unsere Gefühle sind abgewelkt, unsere Phantasie ist verdorrt: wir müssen uns erfrischen, wir müssen die verschütteten Quellen der naiven, einfältiglichen Poesie des Mittelalters wieder aufsuchen, da sprudelt uns entgegen der Trank der Verjüngung.... Wahrlich, so ging es namentlich unserem vortrefflichen Herrn Tieck, einem der besten Dichter der Schule; er hatte von den Volksbüchern und Gedichten des Mittelalters so viel eingeschluckt, daß er fast wieder ein Kind wurde, und zu jener lallenden Einfalt herabblühte, die Frau v. Staël so sehr viele Mühe hatte zu bewundern. (3, 376)

Der Wert dieser Kritik ist unabhängig davon, ob hier das romantische Interesse an mittelalterlicher Kunst gerecht dargestellt ist. Der Einspruch gegen die Nachahmung von mittelalterlicher Dichtung ist sekundär gegenüber dem Vorwurf, sich der Ausdruckskrise regressiv zu entziehen. Literarische Theorie und Praxis, die auf der Höhe ihrer Epoche stehen will, kann an den materiellen Umwälzungen nicht vorbeisehen, die auch Status und Funktion der Kunst betreffen. Heine war sich bewußt, daß im Zeitalter des Kapitalismus die Kunst ihre sakrale Stellung einbüßte und zur Dekorateurin bürgerlicher Bedürfnisse herabsank. Ihr Wert bemißt sich, gleich welches Sujet sie behandelt, nach der Intensität kulinarischer Konsumtion.[44]

Angesichts dieses Befundes ist die Rezeption der romantischen Theorie, namentlich ihre Bestimmung des Modernen, für Heine nur aufgrund einer radikalen Umfunktionierung möglich. Betont man ausschließlich die Nähe, wird der falsche Anschein einer Kontinuität erweckt, der Heines gesellschaftliches Bewußtsein, seine Einsicht in die Effekte der grundlegenden Veränderungen an der sozialen Basis unterschlägt. Erneut ist also zu fragen: Worauf beruht Heines Hoffnung, daß das Ende der Kunstepoche nicht zugleich das Ende von Kunst überhaupt ist? Welche Fundierung ist möglich, wenn die ästhetische als gescheitert angesehen wird? Am Schluß

43 Vgl. Jochen Schulte-Sasse: *Die Kritik an der Trivialliteratur seit der Aufklärung* (München, 1971), S. 123–129.

44 Zu diesem Aspekt Albrecht Betz: *Ästhetik und Politik. Heinrich Heines Prosa* (München, 1971).

der *Französischen Maler* legt Heine sich und seinen Lesern die Frage vor, ob eine Wiedergeburt der Kunst zu erwarten sei:

> Oder wird das greise Europa sich wieder verjüngen, und die dämmernde Geistigkeit seiner Künstler und Schriftsteller ist nicht das wunderbare Ahnungsvermögen der Sterbenden, sondern das schaurige Vorgefühl einer Wiedergeburt, das sinnige Wehen eines neuen Frühlings? (3, 73)

Die metaphorische Sprache, einen zyklischen Geschichtsverlauf suggerierend, verschleiert das Problem mehr, als daß sie es erhellt. Denn wie soll das neue Reich der Poesie hervortreten in einem Zeitalter, in dem die siegreiche Bourgeoisie, wie Heine sehr wohl bemerkt, zur Mediatisierung aller idealen Werte ansetzte? Das Goethesche Kunstreich, von dem Heine nie ohne Achtung sprach, war nur zu bewahren unter Preisgabe des Lebens, d. h. der Forderungen und Probleme, die die pragmatische Geschichte aufgab. „Die Tat ist das Kind des Wortes und die Goetheschen schönen Worte sind kinderlos. Das ist der Fluch alles dessen was bloß durch die Kunst entstanden ist." (3, 395) Ideologische und poetische Aufgabe, gesellschaftskritische und artistische Funktion sind nicht mehr zu trennen. Die Autarkie der Kunst, einst Einspruch gegen ihre Inanspruchnahme durch die Moralphilosophie, verfällt selber dem Verdacht, im Felde der Politik *parti pris* zu sein. Heines journalistische Tätigkeit als Sonderkorrespondent für deutsche Blätter und seine Mitarbeit an französischen Zeitungen signalisieren eine neue Auffassung des Dichters – eine Konzeption, der sich dann das Junge Deutschland östlich des Rheins anschloß. Heines Arbeiten sind von dem Wunsch getragen, die öffentliche Meinung in Deutschland und Frankreich im Sinne seiner Forderungen und Einsichten zu beeinflussen. Die Fundierung der Kunst auf Politik resultiert, wie Preisendanz an Heines Prosa gezeigt hat,[45] in der Integration von ästhetischer und politisch-ideologischer Reflexion, in bewußter Grenzüberschreitung also.[46]

Heines Aktivismus ist das Ergebnis der kritischen Auseinandersetzung mit dem Modernitätsanspruch der Romantik und der Einsicht in die

---

45 Siehe Anm. 39; entscheidende Einsichten in das Verhältnis von Ästhetik, Stilistik und Politik jüngst bei Norbert Altenhofer: „Harzreise in die Zeit". In: *Schriften der Heinrich Heine Gesellschaft* (Düsseldorf, 1972). Bd. 5.

46 Es ist publikumsbewußte Schriftstellerei, nicht nur in dem Sinn, daß Heine sich von seinen Zeitungsaufsätzen eine breitere Wirkung erhoffen durfte (sein Verleger Campe berichtete ihm bald, wie sehr seine Berichte gelesen und geschätzt wurden), sondern zugleich mit der Absicht, die öffentliche Meinung in Frankreich und Deutschland im Sinne seiner Einsichten und Forderungen zu beeinflussen. Daraus resultiert gelegentlich eine Überschätzung seiner publizistischen Möglichkeiten; dazu Altenhofer, S. 42 ff.

Unhaltbarkeit der poetischen ‚Rettung' angesichts der bürgerlichen Revolution. Kunstgeschichte und Realgeschichte, so dürfen wir Heines Position zusammenfassen, mögen ihr eigenes Zeitmaß haben, doch ihre Uhren sind miteinander verbunden (vgl. 4, 53). Und so ist an der Kunst abzulesen, was sich materialisieren wird. Mit den Worten Heines: „In dem heutigen Deutschland haben sich die Umstände geändert, und die Partei der Blumen und der Nachtigallen ist eng verbunden mit der Revolution. Uns gehört die Zukunft, und es dämmert schon herauf die Morgenröte des Sieges." (3, 582) Man würde Heines Ästhetik mißverstehen, läse man aus diesem Satz primär die Mediatisierung der Kunst. Nicht dadurch wird moderne Kunst für Heine politisch, daß sie sich zum Sprachrohr der Parteiinteressen macht; ihr politischer Charakter drückt sich vielmehr in der Werkstruktur ab, der Modus der Darbietung selbst wird zum Politikum. Heines Geschichtskonzeption und besonders sein Bewußtsein, in einer revolutionären Epoche zu leben, wo die menschlichen Interessen auf dem Spiel standen, geben der literarischen Produktion Triebkraft, Thema und Tendenz:

> Nicht den Werkstätten der Parteien will ich ihren banalen Maßstab entborgen, um Menschen und Dinge damit zu messen, noch viel weniger will ich Wert und Größe derselben nach träumenden Privatgefühlen bestimmen, sondern ich will so viel als möglich parteilos das Verständnis der Gegenwart befördern, und den Schlüssel der lärmenden Tagesrätsel zunächst in der Vergangenheit suchen. Die Salons lügen, die Gräber sind wahr. Aber ach! die Toten, die kalten Sprecher der Geschichte, reden vergebens zur tobenden Menge, die nur die Sprache der Leidenschaft versteht. (3, 164)

Historische Geschehnisse verdichten sich dort zur Menschheitsgeschichte, wo sie die naturgeschichtliche Gleichförmigkeit und Wiederholbarkeit transzendieren, wo der Dichter sie deuten kann als konkrete, erfüllte Stufen auf dem Weg zur Vollendung. Der Rückblick auf die Historie der ‚Ideen' (im Unterschied zur bloßen Ereignisgeschichte) enthält Verheißung für die Zukunft[47] und weist der kritischen Poetologie den Standpunkt an.[48]

---

47 „In der Trübnis der Gegenwart schauen wir hinauf nach ihren tröstenden Standbildern und sie nicken eine glänzende Verheißung. Ja, kommen wird auch der dritte Mann, der da vollbringt was Luther begonnen, was Lessing fortgesetzt, und dessen das deutsche Vaterland so sehr bedarf – der dritte Befreier!" (3, 585) Zu Heines Geschichtsdeutung ferner Maier, S. 119 ff., zur topologischen Deutung S. 131 ff.

48 Übereinstimmungen ergaben sich in den ersten Pariser Jahren mit den Saint-Simonisten, denen Heine sich, ohne ihre Ansichten im ganzen zu teilen, verbunden fühlte, denn ihre Ideen kamen seinen Vorstellungen sehr nahe. Vgl.

(Fortsetzung der Fußnote auf Seite 60)

Nachtrag

Der Aufsatz „Geschichte und Modernität" (1973) ist unter den hier neu publizierten Beiträgen nicht nur der älteste, sondern auch derjenige, der aufgrund der neueren Forschungsliteratur am ehesten Ergänzungen und Modifikationen erfordert. Dafür gibt es zwei Gründe. Auf der einen Seite hat sich die philologische Situation infolge des ausführlichen Kommentars zur *Romantischen Schule* in der Düsseldorfer Ausgabe (DHA 8, 2, 1981) entscheidend verändert. Erst seit der vollständigeren Erfassung von Heines Quellen sind wir in der Lage, seine intertextuelle Arbeit mit größerer Präzision einzuschätzen. Zu den Werken, die Heine bei der Verfassung der *Romantischen Schule* mit Sicherheit oder möglicherweise benutzt hat, gehört neben den historischen Arbeiten von August Wilhelm und Friedrich Schlegel Karl Rosenkranz' *Geschichte der deutschen Poesie des Mittelalters* (1830). Meine damalige Annahme, Heine habe sich vor allem mit Friedrich Schlegels Wiener Vorlesungen (1814, 2. Aufl. 1822) auseinandergesetzt, ist in dieser Ausschließlichkeit nicht zu halten. Ob man freilich diese Vorlesungen gänzlich übergehen kann, ist eine andere Frage. Dagegen spricht einmal, daß Heine Schlegels Arbeit gekannt und auch geschätzt hat (sie wird ausdrücklich in der Menzel-Rezension von 1828 erwähnt), und zum anderen die hohe Bedeutung, die Heine dem Werk von Friedrich Schlegel einräumt, den er als Theoretiker ausdrücklich über seinen älteren Bruder August Wilhelm stellt. Da das Ziel meines Aufsatzes nicht so sehr der Nachweis von Einflüssen war, sondern Heines Aneignung und Auseinandersetzung mit der romantischen Literatur- und Geschichtskonzeption, durfte F. Schlegels Wiener Vorlesung als Beispiel für die frühromantische Position stehen, und zwar nicht weniger als die literaturgeschichtlichen Schriften von August Wilhelm Schlegel, die in der neueren Forschung bevorzugt behandelt worden sind.

Kuttenkeuler, S. 83. Nimmt man an, daß Heine sich der von den Schülern Saint-Simons revidierten Geschichtsauffassung anschloß, also mit ihnen den Nachdruck legte auf die Überwindung der kritischen, irreligiösen Epoche zugunsten einer organischen, dann wäre Heines Hoffnung auf eine Wiedergeburt der Kunst (nach einem Durchgangsstadium reflektierter Subjektivität) im Lichte saint-simonistischer Geschichtsphilosophie zu verstehen. Denn die Signatur des organischen Zeitalters ist die Vorherrschaft des dichterischen Geistes über den nützlich-rationalen. Der Dichter der Gegenwart, als Kind einer kritisch-analytischen Epoche, steht zwischen einer unwiderruflich vergangenen Kunstperiode und der antizipierten Restitution poetischer Weltdeutung. In der Übergangsphase, dem Zeitalter der Revolution, vermag nur die Subjektivität des Dichters die sinnhaften Momente des geschichtlichen Wandels im parabolischen Verfahren anzudeuten. Fraglich ist jedoch, ob man Heine eine solche zyklische Geschichtsauffassung im ganzen unterstellen darf.

Der Grund für diese Präferenz ist in erster Linie biographischer Natur. Durch die Forschungen von Walter Kanowsky sind wir seit 1975 sehr viel genauer über Heines Bonner Studienzeit informiert.[49] Hier tritt in erster Linie der ältere Schlegel als Heines Lehrer und literarischer Mentor in Erscheinung. Aus der Tatsache, daß der junge Heine 1819–20 mehrere Vorlesungen Schlegels belegt hat, nämlich das Kolleg über das Nibelungenlied, die Vorlesungen über die Geschichte der deutschen Sprache und Poesie sowie die Vorlesung über das akademische Studium, hat man geschlossen, er sei in seiner Auseinandersetzung mit der Romantik im wesentlichen auf A. W. Schlegel fixiert gewesen. Mir scheint dieser Schluß jedoch nicht zwingend zu sein, denn er läßt die zeitlich spätere Rezeption F. Schlegels außer Betracht. Ich sehe keinen Grund, sie als weniger bedeutsam zu betrachten, zumal Heine A. W. Schlegels Berliner (1801–1804) und Wiener (1808) Vorlesungen, die dann von der Forschung zum Vergleich mit der *Romantische Schule* herangezogen werden, nicht gehört hat, sondern nur in ihrer gedruckten Form (1809–1811) gekannt haben kann. Mein Versuch, hinter Heines antiromantischer Polemik eine tiefere Bindung an die Frühromantik zu erkennen, zielte vor allem auf gemeinsame Denkfiguren, aber auch auf die unverkennbaren Differenzen der geschichtlichen Positionierung innerhalb des Moderne-Begriffs. Es darf schließlich nicht vergessen werden, daß zwischen Schlegels Studium-Aufsatz und der *Romantischen Schule* fast vierzig Jahre liegen.

Die früheste ausführliche Diskussion meines Aufsatzes findet sich bei Herbert Clasen.[50] In seiner Studie *Heinrich Heines Romantikkritik* (1979) schließt er bei der Behandlung der *Romantischen Schule* an meine These an, um sie dann kritisch zu modifizieren. Im Unterschied zu späteren Untersuchungen hält er an der Bedeutung von F. Schlegels *Geschichte der alten und neuen Literatur* für Heine fest, wirft aber zugleich die Frage auf, warum gerade die Frühromantik Heine herausfordert und verweist mit Recht auf die veränderten gesellschaftlichen Erfahrungen, durch die sich das Problem der Kunstproduktion um 1830 neu stellte, als eines in meinem Beitrag nicht ausgeleuchteten sozialhistorischen Horizonts. Die Auseinandersetzung Heines mit F. Schlegels Literaturgeschichte, an deren Bedeutung er festhält, möchte er jedoch abwandeln, indem er an die Stelle einer Kontrafaktur bei Heine (so meine Deutung) eine radikalisierende Weiterführung der Schlegelschen Mittelalterkonzeption setzen will. Das Schwergewicht liegt dann auf dem Herausarbeiten eines auf die Gegenwart zulaufenden geschichtlichen Prozesses, in dem das Mittelalter auch für Heine

49 Walter Kanowsky: *Vernunft und Geschichte. Heinrich Heines Studium als Grundlegung seiner Welt- und Kunstanschauung* (Bonn, 1975), besonders S. 12–13.

50 Herbert Clasen: *Heinrich Heines Romantikkritik. Tradition – Produktion – Rezeption* (Hamburg, 1979).

(im hegelschen Sinn) seinen berechtigten Ort hat. Dieser Einwand wird indes meinem Aufsatz nicht ganz gerecht, da er meine Deutung von Schlegels Studium-Aufsatz im Zusammenhang mit Heines Moderne-Konzeption außer Betracht läßt, denn gerade hier wird die kritische Weiterführung der frühromantischen Position vorgeführt, d. h. die geschichtliche Notwendigkeit, das halb Verschüttete neu zu bedenken, um die eigene Modernität zu bestimmen, ohne dabei Hegels Geschichtsdialektik zu unterstellen. Bezeichnenderweise bezieht sich Clasen in seiner Behandlung von F. Schlegel im wesentlichen auf die Stellen in Heines Text, in denen dieser sich mit dem Romantiker explizit auseinandersetzt, und verliert auf diese Weise die tieferen Schichten von Heines Text, um die es letztlich geht. Clasens Bindung an ein von Lukács übernommenes Gesellschafts- und Geschichtsmodell, eine Bindung, die von späteren Arbeiten (z.B. Sandra Kerschbaumer) gelegentlich harsch kritisiert worden ist, gestattet keine große Freiheit in der Deutung der Romantik. Erst durch das Heranziehen von Benjamins Begriff der rettenden Kritik eröffnet sich für ihn die Möglichkeit, das bei Lukács als reaktionär Abgewertete anzuerkennen und zu integrieren.

Intensiv aufgegriffen wurde die von mir gestellte Frage in zwei neueren monographischen Untersuchungen, nämlich einmal der Arbeit von Marie-Christina Boerner (1998) und zum anderen der Studie von Sandra Kerschbaumer (2000).[51] Beide Untersungen übernehmen die Grundthese, modifizieren sie freilich in verschiedener Weise. Während Boerner Heines Romantik-Rezeption anhand einer Reihe von Personen, Themen und Motiven gleichsam aufblättert und dabei die Vielzahl der literarischen und philosophischen Querverbindungen berücksichtigen kann, ohne sich auf eine bestimmte Deutung der Rezeption festzulegen, läßt sich Kerschbaumer auf eine systematische Auseinandersetzung mit der Romantik-These ein, woraus sich unter anderem ein kritisches Verhältnis zu meinem Aufsatz ergibt. Aus ihrer Perspektive bleibt er zu sehr auf F. Schlegel konzentriert und ist in der Auswertung der Grundthese nicht radikal genug, insofern die Frage der Hegel-Rezeption nicht gestellt wird. Für Kerschbaumer enthält die Einsicht, daß Heine der romantischen Theorie wesentlich verpflichtet war, die Konsequenz, daß Heine nicht unter dem Einfluß von Hegels Ästhetik und Geschichtsphilosophie gewesen sei – dies mit expliziter Polemik gegen Manfred Windfuhr und andere Heine-Forscher, die die Verbindungn zu Hegel stark gemacht haben. Für Kerschbaumer führt der Weg in die Moderne von der Romantik an Hegel und seiner Schule vorbei zu Heine. Aus diesem Blickwinkel erweist sich Heines Werk, nicht zuletzt

51 Maria-Christina Boerner: *„Die ganze Janitscharenmusik der Weltqual" Heines Auseinandersetzung mit der romantischen Theorie* (Stuttgart, 1998); Sandra Kerschbaumer: *Heines moderne Romantik* (Paderborn, 2000).

seine Lyrik, als die Einlösung der romantischen Ästhetik. Hier wird Heines Aneignung der Romantik meines Erachtens aus Systemzwang überdehnt und die Differenz zwischen der romantischen Theorie und Heines Werk, insbesondere seinem Spätwerk, ausgeblendet. Kerschbaumer unterschätzt die Repositionierung Heines in Paris und damit das Umschreiben der idealistischen Ästhetik in den vierziger und fünfziger Jahren. An dieser Stelle muß ihre gründliche Untersuchung einen Preis zahlen für die rigorose Verdrängung Hegels. Man braucht Heine nicht zum Hegelianer zu machen, um zu erkennen, daß seine Auseinandersetzung mit Hegel in Berlin – einschließlich Hegels Ästhetik – in seinen Schriften tiefe Spuren hinterlassen hat. In dieser Hinsicht erlaubt der Ansatz von Boerner größere Flexibilität im Umgang mit Hegels Wirkung auf Heine. Boerners These, Heine habe nicht zuletzt Hegel benutzt, um die romantische Theorie zu kritisieren, kann sich sowohl auf die bekannten biographischen Zusammenhänge als auch auf die Spuren im Heineschen Text berufen. Allerdings wurde Heine dadurch nicht, wie auch Boerner deutlich macht, zum orthodoxen Schüler Hegels. Doch Hegels Kritik der Romantiker, namentlich der Brüder Schlegel, findet in Heines Polemik ihr Echo.

Von Heines Modernität kann in einem doppelten Sinn die Rede sein, nämlich in einem weiteren Sinn als Teil der Sattelzeit (Koselleck) um und nach 1800 oder in einem spezifischeren Sinn als Modernismus, als einer europäischen literarischen Epoche nach 1848, die durch Baudelaires Werk inauguriert wurde (so in Adornos Ästhetik). Mein früher Aufsatz verstand Heines Modernität in einem weiteren Sinn, der die deutsche Romantik einschließt. Diese Deutung wird von Kerschbaumer verschärft zur Annahme einer Fortsetzung der romantischen Modernität im Werk Heines, ohne daß sie sich auf die spätere Moderne-Diskussion einläßt. Boerne dagegen zeigt sich mit dieser Diskussion vertraut und stellt daher am Ende ihrer Untersuchung die Frage: In welchem Sinne ist Heine modern? Ausgehend von Heines Anspruch (durchaus im Anschluß an die Frühromantiker), ein moderner Dichter zu sein, kommt sie zu dem Schluß, Heine gehöre der Moderne zu, weil er sich mit der modernen Gesellschaft intensiv und kritisch auseinandergesetzt habe, und zwar in einer für die Romantiker noch nicht möglichen Form. Damit läßt sie freilich die Frage unbeantwortet, ob Heine mit seinem Werk, oder einem Teil seines Werks, Teil des Modernismus sei, eine Frage, die auch in meinem frühen Aufsatz jenseits des Horizontes lag und erst in einem späteren Essay aufgegriffen wird.

Hinter der Romantik-These verbirgt sich in der Heine-Forschung immer die Moderne-These, ob sie nun offen benannt wird oder nicht. Konstruiert man Heines Modernität im Anschluß an Hegel, liegt es nahe, seine Polemik gegen die Romantik hervorzuheben und die Romantik abzuwerten. Konstruiert man sie dagegen im Anschluß an die Frühromantik, bietet sich an, Hegel auszuschließen. Nähert man sich schließlich der Frage von der späteren Moderne (Modernismus) und konzentriert sich entsprechend auf Heines Spätwerk, rücken Romantik und Hegel wieder zusammen als gemeinsame Bedingungen von Heines Modernität.

3. Allegorische Bilder: Heine und die französische Malerei

Bei dem Thema Dichtung und bildende Kunst fallen dem Historiker der deutschen Literatur eine Reihe von Namen ein – Lessing, Goethe, Wackenroder, später Keller und Stifter, Kokoschka und Barlach; derjenige Heinrich Heines wird nicht unbedingt unter ihnen sein. Seine Berichte über den Pariser Salon von 1831 scheinen mehr das Werk eines Journalisten zu sein, der im Auftrage einer deutschen Zeitung als Auslandskorrespondent schreibt. Auch die eingestreuten Bemerkungen über Maler und Gemälde in der *Lutetia* wirken zu zufällig, zu sehr gebunden an den zeitgeschichtlichen Kontext, um als Kunstanalysen ernst genommen zu werden. Was Heine in den Zeitungsberichten der frühen vierziger Jahre über die französische Malerei zu sagen hat, gehört nach herkömmlichen Begriffen mehr zum Zusammenhang der französischen Zeitgeschichte als zu einer streng entworfenen Kunstgeschichte, geschweige denn zu einer Kunsttheorie der Malerei. Es genügt, sich Goethes Einleitung zu den *Propyläen* zu vergegenwärtigen, um diesen Unterschied zu erfassen. Dort schrieb Goethe 1795:

> Denn nur auf dem höchsten und genauesten Begriff von Kunst kann eine Kunstgeschichte beruhen, nur wenn man das Vortrefflichste kennt, was der Mensch hervorzubringen imstande war, kann der psychologisch-chronologische Gang dargestellt werden, den man in der Kunst so wie in andern Fächern nahm, wo erst eine beschränkte Tätigkeit in einer trocknen, ja traurigen Nachahmung des Unbedeutenden so wie des Bedeutenden verweilt, sich darauf ein lieblicheres, gemütlicheres Gefühl gegen die Natur entwickelte, dann, begleitet von Kenntnis, Regelmäßigkeit, Ernst und Strenge, unter günstigen Umständen, die Kunst bis zum Höchsten hinaufstieg, wo es denn zuletzt dem glücklichen Genie, das sich von allen diesen Hülfmitteln umgegeben fand, möglich ward, das Reizende, Vollendete hervorzubringen.[1]

Hier wie an anderen Stellen, wo Goethe zur bildenden Kunst Stellung nimmt, konzipiert er einen Begriff von Kunstgeschichte, in dessen Mittelpunkt der Künstler und die Frage des Stils stehen, die Entfaltung einer immanenten Bewegung also von einfachen, direkten Formen der Nachahmung bis zur Erreichung eines Stils, der „auf den tiefsten Grundfesten der

1 Goethe: *Werke. Hamburger Ausgabe*. Hg. von Erich Trunz (München, 1979). Bd. 12, S. 52.

Erkenntnis, auf dem Wesen der Dinge, insofern uns erlaubt ist, es in sichtbaren und greiflichen Gestalten zu erkennen," ruht, wie Goethe in dem Aufsatz „Einfache Nachahmung der Natur, Manier, Stil" formuliert.[2] In Goethes Einleitung zu den *Propyläen* ist wohl von dem erzieherischen und bildenden Wert der Kunst, aber kaum von der zeitgeschichtlichen Bedeutung die Rede. Und dort, wo Goethe von der Aufnahme der Kunst durch das allgemeine Publikum spricht, warnt er eher vor dem Einfluß des Zeitgeschmacks, der den nach Aufträgen suchenden Künstler von seiner wahren Aufgabe abführen und damit die Entwicklung zur höchsten Vollendung der Kunst in Frage stellen kann. Für die klassizistische Attitüde Goethes ist die Eigenständigkeit der Kunstbetrachtung eine unabdingbare Voraussetzung, um das Wesentliche der künstlerischen Bemühung zu erfassen. In dieser Hinsicht, freilich nur in dieser, stimmt er mit Wackenroders nur wenig später geschriebenen *Betrachtungen eines kunstliebenden Klosterbruders* überein, in denen die italienische Malerei, namentlich die Bilder Raffaels, als die Leistungen eines Kunstgenies gefeiert werden, welche die Praxis des Alltags so transzendieren, daß sie mit ihrer Sprache nicht zu beschreiben sind.

Mit diesen beiden Modellen war Heine selbstverständlich vertraut, als er den Plan faßte, für Cottas *Allgemeine Zeitung* über die Pariser Gemäldeausstellung zu berichten, sehr zum Ärger Ludwig Börnes, der von dem nach Paris übergesiedelten Heine Unterstützung im politischen Kampf erhofft hatte und deshalb für die scheinbar rein ästhetischen Interessen Heines wenig Verständnis zeigte. Selbst ein nur flüchtiger Blick auf die später unter dem Titel *Französische Maler* als Buch veröffentlichten Berichte läßt erkennen, daß Heine weder dem klassizistischen noch dem romantischen Modell folgte, vielmehr einen Zugang wählte, den man als feuilletonistisch bezeichnen kann. Er wählte mit anderen Worten ein Verfahren, das sich auf das Medium der Presse einstellt und zwischen dem Bereich der Kunst und der Lebenswelt des Publikums vermittelt. Auf den ersten Blick will es scheinen, als habe Heine mit seinen Berichten nur die Absicht verfolgt, seine deutschen Leser in verständlicher Sprache, d. h. ohne die Terminologie der Kunsttheorie und Kunstgeschichte, über bedeutende kulturelle Ereignisse in Paris zu informieren. Damit aber wird der gesellschaftliche und politische Kontext, den Goethe als unwesentlich beiseite schiebt und den Wackenroder in seiner Epoche als feindselig bekämpft, ein unübersehbarer, notwendiger Teil des Diskurses. Sowohl die Maler als auch ihre Bilder treten für den berichtenden Journalisten in einen weiteren Zusammenhang, der die ästhetischen Projekte der Künstler wie auch die Themen und den Stil der Kunstwerke allererst verständlich macht. Als Zeithistoriker, wie sich Heine in der *Lutetia* ausdrücklich bezeichnet, ver-

2 Ebd., S. 32.

folgt er die Verwurzelung der Kunst in ihren Lebensumständen. In den Zeitungsartikeln der vierziger Jahre ist dieses Verfahren konsequent angewendet: der Berichterstatter vermischt und kombiniert bewußt disparate Gegenstände, seine Aufsätze beschäftigen sich mit den politischen Tagesereignissen nicht weniger als mit der Mode, mit dem Spielplan der Oper wie auch mit allgemeinen gesellschaftlichen Entwicklungen. Heines feuilletonistischer Ansatz erkennt die seit dem ausgehenden 18. Jahrhundert durch die Kunsttheorie eingeführten strikten Grenzen zwischen Kunst und Leben, den besonderen Status des ästhetischen Bereichs nicht an. Vielmehr betont sein Verfahren die innere Verbindung zwischen diesen Sphären, besteht auf der Wechselwirkung und verfolgt die Übergänge. Das gleiche läßt sich freilich schon für die *Französischen Maler* sagen, wenn auch die Methode in den frühen dreißiger Jahren noch nicht mit der gleichen Virtuosität entwickelt worden ist. Die Berichte über den Pariser Salon stehen ja in enger Verbindung mit den Zeitungsartikeln, die Heine unter dem Titel *Französische Zustände* herausgegeben hat; das Erkenntnisinteresse ist das gleiche.

Worin aber besteht dieses Erkenntnisinteresse? Wodurch unterscheidet sich Heine von Goethe und den Romantikern? Beschränkt man sich auf die ästhetische Theorie, läßt sich der Unterschied nicht ohne weiteres und eindeutig formulieren. Obgleich Heine sich mehrfach nachdrücklich von den Romantikern distanziert hat, bleibt er, wie eine genauere Analyse zeigen würde[3], in mehr als einer Hinsicht der romantischen Kunsttheorie verpflichtet. Das Erkenntnisinteresse tritt dagegen klarer hervor, wenn man die Blickrichtung wechselt und von der Lebenswelt an den Bereich der Kunst herantritt. Bereits der erste Satz der *Französischen Maler* evoziert Heines zentrales Thema:

> Der Salon ist jetzt geschlossen, nachdem die Gemälde desselben seit Anfang Mai ausgestellt worden. Man hat sie im allgemeinen nur mit flüchtigen Augen betrachtet; die Gemüter waren anderwärts beschäftigt und mit ängstlicher Politik erfüllt.[4]

Wie seinen zeitgenössischen Lesern offenkundig war, spielt Heine hier auf die Juli-Revolution und ihre Folgen an, auf die unsicheren politischen Verhältnisse also, mit denen sich die *Französischen Zustände* eingehend beschäftigen. Am Ende der Schrift nimmt Heine dieses Thema erneut auf und stellt die grundsätzlichere Frage: Wie verhalten sich Kunst und Politik zueinander? In welcher Weise ist die Kunst von den politischen Zuständen

---

3 Vgl. Hohendahl: „Geschichte und Modernität. Heines Kritik der Romantik". In: *Literaturkritik und Öffentlichkeit* (München, 1974), S. 50–101.

4 Heinrich Heine: *Sämtliche Schriften*. Hg. v. Klaus Briegleb (München, 1968–1975). Bd. 3, S. 29.

abhängig? Solche Fragen waren auch Goethe nicht fremd – ich erinnere nur an seine These über den Zusammenhang von nationaler Einheit und klassischer Entfaltung der Kunst in Deutschland –, doch gibt Heine ihnen eine Wende, die weit radikaler eine innere Beziehung zwischen Kunstgeschichte und pragmatischer Geschichte unterstellt. Heine erinnert nämlich an seine Prophezeiung, daß mit der Revolution von 1830 die Kunstperiode Goethes ihr Ende gefunden habe, weil sie noch im alten Regime verankert gewesen sei. Der politische Umbruch, den Heine in Paris beobachtet hat, signalisiert zugleich eine neue Kunstperiode, über deren Gestalt sich Heine freilich nicht im einzelnen ausläßt. Seine oft zitierten Bemerkungen über die gesteigerte Subjektivität und Individualität der gegenwärtigen Kunst beziehen sich vielmehr auf eine nicht genauer definierte Zwischenperiode.

Das bisher Gesagte gibt bereits zu erkennen, daß Heine, wenn er den Stil des Feuilletons wählt, keineswegs auf weitere Perspektiven verzichtet und sich etwa darauf beschränkt, die Bilder und ihre Künstler vorzustellen. Der Rahmen seiner Darstellung macht vielmehr deutlich, wie sehr Heine daran gelegen ist, sein spezifisches Erkenntnisinteresse an der bildenden Kunst zu artikulieren, um damit auch den Unterschied zur klassischen und romantischen Tradition herauszustellen. Freilich werden wir uns zu fragen haben, wie dieses Interesse sich in der Behandlung der Sache bemerkbar macht. Es wäre zu zeigen, wie Heine verfährt, um den angedeuteten Zusammenhang zwischen Kunst und Leben in der Darstellung der Malerei sichtbar zu machen. Ich möchte Heines Vorgehen als allegorisch-emblematische Interpretation bezeichnen. Diese Methode wird ansatzweise bereits in den *Französischen Malern* entwickelt, doch erst in der *Lutetia* kommt sie zur vollen Entfaltung. Das Eigentümliche dieses Verfahrens besteht darin, daß Heine den Gehalt von Gemälden zunächst in eine erzählbare Szene übersetzt, die dann einer Deutung unterzogen wird.

Was dem formal-analytisch geschulten Kunsthistoriker an Heines Beschreibungen der ausgestellten Bilder am meisten auffallen und am ehesten befremden wird, ist die Fixierung auf die Themen und die Inhalte. Zwar fehlt es nicht an treffenden Anmerkungen zum Stil, doch sind dies eher eingeschaltete, beiläufige Bemerkungen, die nicht den Charakter einer stringent durchgeführten, formalen Beschreibung haben. Dieses Vorgehen hängt sicher auch damit zusammen, daß der Berichterstatter seinen Lesern von den ausgestellten Bildern einen Eindruck vermitteln muß, da diese das besprochene Bild nicht vor sich haben. Die Möglichkeiten der technischen Reproduzierbarkeit sind zu Heines Zeit noch beschränkt. Die verfügbaren Medien sind entweder der Kupferstich oder die Lithographie, technische Verfahren, die einen wesentlichen Teil des Gemäldes, nämlich die Farben, nicht angemessen wiedergeben können. Auf diesen Gesichtspunkt weist Heine mehrfach hin. Doch verfolgt er mit der einläßlichen Beschreibung der Themen und Inhalte gleichzeitig andere Ziele. An einem Beispiel möchte ich dies wenigstens andeuten.

Ich wähle Leopold Roberts Gemälde „Die Schnitter", auf das Heine später in der *Lutetia* im Vergleich mit einem anderen Gemälde Roberts erneut eingeht.[5] Heine liebt es, Gegensätze und Kontraste herauszuarbeiten, so stellt er auch im Falle Roberts zwei Bilder gegeneinander; auf der einen Seite behandelt er die Grablegung eines jungen italienischen Mannes, der von seiner Familie betrauert wird, auf der anderen Seite wendet er sich eingehend den „Schnittern" zu, die er sogleich, um den Kontrast zu verdeutlichen, als „die Apotheose des Lebens" (3, 54) anspricht. Die folgende Beschreibung beschäftigt sich eingehend mit den dargestellten Figuren; genauer als gewöhnlich lokalisiert Heine die Gegenstände und Personen und ihre Verteilung aus dem Bild. Die Darstellung beginnt folgendermaßen:

> Eine öde Gegend der Romagna im italienisch blühendsten Abendlichte erblicken wir auf dem Robertschen Gemälde. Der Mittelpunkt desselben ist ein Bauerwagen, der von zwei großen, mit schweren Ketten geschirrten Büffeln gezogen wird, und mit einer Familie von Landleuten beladen ist, die eben Halt machen will. Rechts sitzen Schnitterinnen neben ihren Garben und ruhen von der Arbeit, während ein Dudelsackpfeifer musiziert und ein lustiger Geselle *zu* diesen Tönen tanzt, seelenvergnügt, und es ist als hörte man die Melodie und die Worte:
>
> Damigella, tutta bella
> Versa, versa il bel vino!
>
> Links kommen ebenfalls Weiber mit Fruchtgarben, jung und schön, Blumen, belastet mit Ähren [...]. (3, 54)

Erst nachdem Heine den Stoff des Bildes gleichsam durchgearbeitet hat, wendet er sich seinem malerischen Aspekt zu und unterstreicht den besonderen Charakter der Farben, nämlich ihren leuchtenden Ausdruck. Ferner betont er die Idealisierung in der Darstellung der Robertschen Figuren.

> Robert hat die Gestalten, die ihm die Natur geliefert, erst in sein Gemüt aufgenommen, und wie die Seelen im Fegfeuer, die dort nicht ihre Individualität, sondern ihre irdischen Schlacken einbüßen, ehe sie selig hinaufsteigen in den Himmel, so wurden jene Gestalten in der glühenden Flammentiefe des Künstlergemütes so fegfeurig gereinigt und geläutert; daß sie verklärt emporstiegen in den Himmel der Kunst, wo ebenfalls ewiges Leben und ewige Schönheit herrscht [...]. (3, 55)

5 Zu Robert vgl. Pierre Gassier: *Leopold Robert* (Neuchatel, 1983); eine Reproduktion des Bildes findet sich ebd. auf S. 234 f.

Es verdient festgehalten zu werden, daß Heine, so sehr er an dem Zusammenhang von Leben und Kunst interessiert ist, sich gegen die bloße Nachahmung der Natur ausspricht und statt dessen die Robertsche Idealisierung durchaus begrüßt. Allerdings liegt ihm daran, diese Idealisierung vom Spiritualismus der älteren Malerei zu unterscheiden. Dazu dient ihm der Vergleich Roberts mit Raffael. Wenn er bemerkt, daß Robert offensichtlich von Raffaels Kompositionstechnik und Farbgebung gelernt hat, ist die Pointe dieser Beobachtung, daß Roberts Gemälde gerade nicht mehr unter dem Eindruck der christlichen Religion steht, sondern durch sein Bild die schöne Materie feiert und damit natürlich auch den schönen Menschen:

> Roberts Schnitter sind daher nicht nur sündenlos, sondern sie kennen keine Sünde, ihr irdisches Tagwerk ist Andacht, sie beten beständig, ohne die Lippen zu bewegen, sie sind selig ohne Himmel, versöhnt ohne Opfer, rein ohne beständiges Abwaschen, ganz heilig. (3, 56)

Diese Aussage bewegt sich offensichtlich nicht auf der gleichen Ebene wie die Beschreibung der Figuren; sie nimmt eine Deutung vor, durch die dem Bild sein geschichtlicher Ort zugewiesen wird. Der Unterschied zwischen dem älteren italienischen Maler und dem modernen Franzosen, so argumentiert Heine, besteht darin, daß die Bilder Raffaels von der katholisch-christlichen Weltanschauung bestimmt sind, während Roberts „Schnitter" nur auf das Diesseits bezogen sind. Unverkennbar sieht und deutet Heine das Bild, unter dem Einfluß der saint-simonistischen Lehre, als die Überwindung des christlichen Spiritualismus, mit anderen Worten: als die Gewinnung eines säkularen Humanismus, in dem der „natürliche" Mensch im Mittelpunkt steht. Die Parallelen in Heines Lyrik ließen sich unschwer aufweisen.

Heines Behandlung des Bildes beschränkt sich, wie wir gesehen haben, nicht auf die Beschreibung des Inhalts, diese ist nur der erste Schritt, an den sich die signifikatorische Deutung anschließt. Dem Kunstkritiker Heine geht es darum, das Kunstwerk, nachdem er seine materiellen Momente erfaßt hat, als die Signatur seines Zeitalters zu lesen. Im Falle Roberts bedient sich Heine des Kontrasts zwischen der Katholizität Raffaels (möglicherweise übrigens eine Anspielung auf Wackenroders Beurteilung) und die Modernität Roberts. In unserem Fall ist übrigens eines der Mittel, mit denen Heine den Schritt von der Beschreibung zur Deutung vornimmt, nämlich die narrative Transformation, wenig entwickelt. Nur an einer Stelle geht die Beschreibung der Szene in die Darstellung einer Handlung über, nämlich dort, wo Heine den Burschen singen läßt und ihm eine Melodie in den Mund legt. Man braucht freilich nur Heines Behandlung von Delaroches Darstellung von Mazarins Sterbebett heranzuziehen, um zu sehen, wie Heine die dargestellten Figuren in Bewegung setzen kann. In jedem Fall findet freilich eine Transformation statt, Heine gestaltet das Sujet des Bildes zu einer Szene um, in der die Figuren als handelnde Menschen erscheinen, und erst auf dieser Grundlage entfaltet er die allegorische Deutung.

In diesem Verfahren verwandelt sich das Gemälde zur *pictura* des Emblems.[6] Die „Schnitter“ stehen unter der *inscriptio* „Apotheose des Lebens,” und Heine fügt durch seine Beschreibung die *subscriptio* hinzu. Auf diese Weise wird das Bild zur Signatur, es exemplifiziert eine neue Lebensauffassung, in der sich der Mensch vom Stigma der Sündhaftigkeit befreit hat. Dabei spielt es für Heine genau besehen keine Rolle, ob Robert mit seinem Bild diese Absicht verfolgt hat. Die allegorische Lektüre hält sich an den Inhalt, aus dem sie den Sinn herausliest, beziehungsweise in den sie die Bedeutung hineinliest. Das aber heißt: Heine unterwirft sich nur scheinbar dem vorgefundenen Gegenstand, in letzter Instanz verfügt er über ihn in durchaus subjektiver Weise. Der Akt der kunstkritischen Sinngebung, der übrigens niemals darauf abzielt, vorgegebene ästhetische Normen und Regeln auf ein bestimmtes Kunstwerk anzuwenden, besteht in der reflexiven Vermittlung zwischen dem besonderen Kunstwerk und der Lebenswelt, in der es verwurzelt ist und auf die es zurückwirkt.

Dieses Verfahren hat Heine in der *Lutetia* zur Meisterschaft entwikkelt. Freilich müssen wir sogleich den Wechsel der Perspektive anmerken. Während in den Kunstberichten der frühen dreißiger Jahre die französische Malerei den ausschließlichen Gegenstand darstellt, beschäftigen sich die Korrespondenzberichte der frühen vierziger Jahre mit den französischen Tagesereignissen und beziehen daher die Malerei (beziehungsweise die Musik) unter diesem Gesichtspunkt in die Betrachtung ein. Damit verändert sich die Blickrichtung auf die Kunst – sie wird von vornherein als ein Teilelement eines weiteren Lebenszusammenhanges aufgenommen und dargestellt. Doch ist die Komposition und die Schreibart nicht weniger wichtig als der semantische Gehalt. Mit Recht hat Wolfgang Preisendanz hervorgehoben, daß man Heines *Lutetia* nicht gerecht wird, wenn man seine Meinungen zu bestimmten Themen und Fragen aus dem Text herauslöst, denn dessen Struktur tangiert nicht nur seine Antworten, sondern determiniert sie.[7] Es ist die Form, in der die verschiedenen Lebensbereiche, d. h. Politik und Gesellschaft, Kunst und Philosophie, verknüpft werden, in der sich Heines Stellungnahme ausdrückt. Durchaus im Stil des Feuilletons entwirft Heine lockere, assoziativ verbundene Skizzen, die

6 Zum Emblem siehe Albrecht Schöne: *Emblem und Drama im Zeitalter des Barock* (München, 1968).

7 Wolfgang Preisendanz: „Der Sinn der Schreibart in den Berichten aus Paris 1840–1843. *Lutetia*“. In: *Heinrich Heine. Werkstrukturen und Epochenbezüge* (München, 1973), S. 69–98.

bewußt auf eine stringente Argumentation verzichten und daher den Eindruck von nur durch das beobachtende und reflektierende Subjekt zusammengehaltenen Apercus vermitteln. Eine solche Bestimmung der Heineschen Schreibart übersieht indes ihren kunstvollen Charakter sowie ihre Funktion. Preisendanz spricht von einem „kunstvollen *patterning* des Mitgeteilten durch signifikante Sequenzenbildung, Schnittechnik, Verknüpfung[8], durch die dem Leser die Information in bestimmter Weise nahegebracht wird.

Welche Folgen dieses Verfahren für die Kunstkritik hat, möchte ich wieder an einem Beispiel zeigen. Ich wähle den 37. Artikel vom 11. Dezember 1841, in dem sich Heine unter anderem erneut mit Leopold Robert beschäftigt. Der Maler war zu diesem Zeitpunkt bereits tot; er hatte sich, wie der Leser erfährt, in Rom das Leben genommen – eine Mitteilung, die in der Textstruktur, wie wir sehen werden, einen hohen Signifikanzwert erhält. Der Essay berührt eine Fülle von scheinbar zusammenhanglosen Gegenständen und Themen; er beschäftigt sich mit den vorweihnachtlichen Schaufensterdekorationen, mit der gespannten politischen Lage und der bedrohlichen Situation für Guizot, daneben mit der wachsenden Unruhe der Proletarier in Paris, aber auch mit der Renaissancemode im Kunstgewerbe und schließlich mit Roberts Bild „Die Fischer", das nach dem Tod des Malers in Paris ausgestellt wurde.[9]

Wiederum geht der Beschreibung des Gemäldes ein deutender Hinweis voraus, diesmal in der Form eines Vergleichs zwischen den „Fischern" und den „Schnittern". Der Anlaß ist die Ausstellung des Kupferstichs der „Fischer" im Geschäft der Firma Goupil und Rittner am Boulevard Montmartre. Bei Heine erhält das Zufällige sogleich Signifikanz. Es veranlaßt den Vergleich mit dem älteren Bild:

> Wie dieses berühmte Bild eine sommerliche Kampagne darstellt, wo römische Landleute gleichsam auf einem Siegeswagen mit ihrem Erntesegen heimziehen, so sehen wir hier, auf dem letzten Bild von Robert, als schneidendsten Gegensatz, den kleinen winterlichen Hafen von Chioggia und arme Fischerleute, die, um ihr klägliches Tagesbrot zu gewinnen, trotz Wind und Wetter sich eben anschicken zu einer Ausfahrt ins Adriatische Meer. Weib und Kind und die alte Großmutter schauen ihnen nach mit schmerzlicher Resignation – gar rührende Gestalten, bei deren Anblick allerlei polizeiwidrige Gedanken in unserm Herzen laut werden. (5, 376)

In der Reflexion auf die Wirkung des Bildes auf seine Beschauer vollzieht sich hier der Übergang von der Beschreibung des Inhalts zur exemplarischen Deutung. Der letzte Teil des Satzes rührt an das Thema, das sich

8 Ebd., S. 73.

9 Eine Reproduktion findet sich bei Gassier [Anm. 5], S. 262 f.

als ein Leitmotiv durch die Berichte der vierziger Jahre hindurchzieht: die Verelendung der proletarischen Massen und die daraus resultierende politische Unruhe. In diesem Fall beläßt Heine es nicht bei dem indirekten Hinweis, sondern formuliert den Sinn explizit aus: „Dort [in den ‚Schnittern', PUH] malte Robert das Glück der Menschheit, hier malte er das Elend des Volks." (5, 377) Damit fügt sich die Deutung des Bildes in die Struktur des Textes ein, die auf dem Kontrast von Erfüllung und Versagung, von Leben und Tod beruht. In dieses dichotomische Modell ordnen sich die scheinbar zusammenhanglosen Textelemente ein: der Gegensatz zwischen dem Flaneur und dem armen Publikum, dem Reichen, der sich die ausgestellten Waren kaufen kann, und der Masse, die entbehren muß, sodann der Widerspruch zwischen der historischen Renaissance und der Renaissancemode im zeitgenössischen Kunstgewerbe, die die Wiederbelebung der Antike im 15. und 16. Jahrhundert zitiert, ohne die Fülle des Lebens erreichen zu können, sowie schließlich der Kontrast zwischen den Gemälden Raffaels, deren Teile harmonisch zusammenstimmen, und den späten Bildern Roberts, die zwar sorgfältig komponiert sind, aber denen die ästhetische Vollendung fehlt.

Es ist bemerkenswert, wie sich durch den veränderten zeitgeschichtlichen Kontext der vierziger Jahre, die Signifikanz der Robertschen Kunst für Heine wandelt. Der erneut gebrauchte Vergleich mit Raffael ist aufschlußreich. Während der italienische Renaissancemaler 1831 für Heine den Spiritualismus der christlichen Malerei vertrat, gegen den die moderne Sinnenfreude ausgespielt wurde, erscheint Raffael in der *Lutetia* gerade umgekehrt als die Verkörperung des lebensvollen Genies, mit dem sich der moderne Maler nicht messen kann, weil seine Begabung (und die Zeitumstände) defizient sind. So fügt sich für Heine auch der Selbstmord des Künstlers schlüssig in den Zusammenhang ein: „Der wahre Grund seines Todes war der bittere Unmut des Genremalers, der nach großartigster Historienmalerei lechzte – er starb an einer Lakune seines Darstellungsvermögens." (5, 379) Roberts „Fischern" fehlt die Harmonie, die Raffaels Bilder selbst in den dürftigsten Reproduktionen noch auszeichnen.

Heines Einstellung zur zeitgenössischen Malerei hat sich in den vierziger Jahren unverkennbar verändert. Unumwunden spricht er dies 1843 anläßlich der Gemäldeausstellung aus:

> Die Gemäldeausstellung erregt dieses Jahr ungewöhnliches Interesse, aber es ist mir unmöglich, über die gepriesenen Vorzüglichkeiten dieses Salons nur ein halbwegs vernünftiges Urteil zu fällen. Bis jetzt empfand ich nur ein Mißbehagen sondergleichen, wenn ich die Gemälde des Louvre durchwandelte. Diese tollen Farben, die alle zu gleicher Zeit auf mich loskreischen, dieser bunte Wahnwitz, der mich von allen Seiten angrinst, diese Anarchie in goldnen Rahmen, macht auf mich einen peinlichen, fatalen Eindruck. (5, 480)

Was ist der Grund für diese ablehnende Reaktion? Ist Heine konservativ geworden und lehnt die ästhetische Anarchie ab, die er 1831 gefeiert hatte? Er gibt vor, in den Bildern des Salons von 1843 die Zeitsignatur, d. h. die epochale Bedeutung, nicht finden zu können. Freilich erweist sich im Fortgang des Essays, daß Heine die Zeitsignatur der neuen Malerei sehr wohl anzugeben vermag, indes handelt es sich um eine Signatur, die ihn nicht mehr mit Hoffnung erfüllt, so wenig, wie ihm die soziale Entwicklung Frankreichs Hoffnung gibt. Durch eine Reihe von Fragen wird die Veränderung suggeriert:

> Was wird sich aber unseren Nachkommen, wenn sie einst die Gemälde der heutigen Maler betrachten, als die zeitliche Signatur offenbaren? Durch welche gemeinsame Eigentümlichkeiten werden sich diese Bilder gleich beim ersten Blick als Erzeugnisse aus unsrer gegenwärtigen Periode ausweisen? Hat vielleicht der Geist der Bourgeoisie, der Industrialismus, der jetzt das ganze soziale Leben Frankreichs durchdringt, auch schon in den zeichnenden Künsten sich dergestalt geltend gemacht, daß allen heutigen Gemälden das Wappen dieser neuen Herrschaft aufgedrückt ist? (5, 480 f.)

Was Heine zunächst in der Form der Frage angedeutet hat, führt er dann an Beispielen aus.

> Besonders die Heiligenbilder, woran die diesjährige Ausstellung so reich ist [wir erinnern uns, daß Heine 1831 triumphierend berichtete, daß religiöse Sujets kaum noch vorkämen, PUH], erregen in mir eine solche Vermutung. Da hängt im langen Saal eine Geißelung, deren Hauptfigur, mit ihrer leidenden Miene, dem Direktor einer verunglückten Aktiengesellschaft ähnlich sieht, der vor seinen Aktionären steht und Rechnung ablegen soll [...]. (5, 481)

Oder wenig später die ironischen Bemerkungen über die Portraitmalerei:

> Aber gar die Portraits! Die meisten haben einen so pekuniären, eigennützigen, verdrossenen Ausdruck, den ich mir nur dadurch erkläre, daß das lebendige Original in den Stunden der Sitzung immer an das Geld dachte, welches ihm das Portrait kosten werde, während der Maler beständig die Zeit bedauerte, die er mit dem jämmerlichen Lohndienst vergeuden mußte. (5, 481)

Was hier in der Form eines witzigen Aperçus angesprochen wird, verändert in der Tat Bedeutung und Funktion der bildenden Kunst. Wo Künstler und Auftraggeber wesentlich über den Markt verbunden sind, wandelt sich der Stellenwert des Kunstwerks; es entsteht eine Kunstindustrie, die sich, wie Heine suggeriert, auch in der Struktur des Kunstwerkes niederschlägt. Die Kommerzialisierung prägt die Form, nämlich als Diskrepanz zwischen Sujet und Stil. Damit wird aber die Malerei in ganz anderer Weise Zeitsignatur als in früheren Perioden. Während Heine dort eine expressive Übereinstimmung zwischen dem Geist der Epoche (etwa der Französischen Revolution und den Gemälden Davids) feststellte, erweist sich die Korrespondenz zwischen dem bürgerlichen Zeitalter und seiner Kunst als Reflex auf die zentrale Bedeutung des ökonomischen Systems in der Gesellschaft. Das Geld vermittelt als Medium zwischen Kunst und Lebenswelt, denn sowohl der Künstler als auch der Käufer bewerten das ästhetische Projekt als Ware. In diesem Zusammenhang wird der gemalte Gegenstand zufällig, ein religiöses Sujet ist, wie Heine nahelegt, nicht weniger verfügbar als ein weltliches. Die Folge wäre, daß die Kunst nicht mehr die führende Rolle spielen kann, die ihr Heine in den dreißiger Jahren noch zugesprochen hatte – es sei denn, sie kann sich gegen ihre Kommerzialisierung zur Wehr setzen und in der Kritik der eigenen Verdinglichung ihre Autonomie behaupten.

Welche Folgerungen ergeben sich daraus für Heines Kunstkritik? Um diesen Punkt genauer zu beleuchten, müssen wir noch einmal zu den *Französischen Malern* zurückkehren. In seinen abschließenden Betrachtungen reflektiert Heine über das Ende der angeblich noch im Feudalismus verwurzelten Goethischen Kunstperiode und die vorauszusehende Zukunft der Kunst. Unter anderem skizziert er zwei gegensätzliche Modelle. Auf der einen Seite erwägt er die Möglichkeit einer europäischen Erneuerung und damit auch die Entfaltung einer neuen Kunst, auf der anderen skizziert er das mögliche Ende der Kunst und Literatur. Heine stellt sich zu diesem Zeitpunkt auf die Seite derer, die auf die Verjüngung der Kunst hoffen, weil sich durch die politische Revolution neue Horizonte eröffnet haben. „Ich glaube", schreibt er, „daß Frankreich aus der Herzenstiefe seines neuen Lebens auch eine neue Kunst hervoratmen wird." (3, 73) Daneben bleibt freilich die andere Möglichkeit bestehen, daß sich die Kunst ihrem Ende zuneigt, eine Auffassung, die Heines Urteilen der vierziger Jahre näher steht.

> Oder hat es überhaupt mit der Kunst und mit der Welt selbst ein trübseliges Ende? Jene überwiegende Geistigkeit, die sich jetzt in der europäischen Literatur zeigt, ist sie vielleicht ein Zeichen von nahem Absterben, wie bei Menschen, die in der Todesstunde plötzlich hellsehend werden und mit verbleichenden Lippen die übersinnlichsten Geheimnisse aussprechen? (3, 73)

Neben diesen Satz muß man einen anderen aus den vierziger Jahren stellen, um zu ermessen, daß die philosophiegeschichtliche Deutung der Kunst für Heine trotz seines Bekenntnisses zur Erneuerung eine offene Frage war. Im 33. Artikel der *Lutetia* versucht Heine, unverkennbar im Geiste Hegels, ein geschichtsphilosophisches Evolutionsmodell der verschiedenen Künste und ihres inneren Zusammenhanges zu entwerfen. Er beschreibt die Abfolge der dominierenden Kunstformen als Prozeß einer zunehmenden Vergeistigung der Menschheit. Die ägyptische Architektur wird abgelöst von der griechischen Bildhauerei, und diese weicht wiederum der europäischen Malerei des späten Mittelalters wie der frühen Neuzeit. Am Ende dieser Evolution steht nun nicht mehr die Malerei, sondern die Musik. Heine bemerkt zu diesem Übergang:

> Mit der Ausbildung des Bewußtseinslebens schwindet bei den Menschen alle plastische Begabnis, am Ende erlischt sogar der Farbensinn, der doch immer an bestimmte Zeichnung gebunden ist, und die gesteigerte Spiritualität, das abstrakte Gedankentum, greift nach Klängen und Tönen, um eine lallende Überschwänglichkeit auszudrücken, die vielleicht nichts anderes ist, als die Auflösung der ganzen materiellen Welt: die Musik ist vielleicht das letzte Wort der Kunst, wie der Tod das letzte Wort des Lebens. (5, 357)

Wir dürfen das „vielleicht" des letzten Satzes nicht übersehen, Heine suggeriert hier eine Perspektive, die ihm alles andere als geheuer ist. Im folgenden Absatz spricht er unverhüllt seine Abneigung gegen das Überhandnehmen des Musikbetriebs in Paris aus, der nicht weniger kommerzialisiert ist als die Malerei. Gleichwohl stellt Heine das skizzierte Modell nicht prinzipiell in Frage. Seine Bemerkungen zur zeitgenössischen Malerei fügen sich vielmehr bruchlos in dieses pessimistische Gesamtbild der Entwicklung ein. Die Malerei hat Heine zufolge ihre kreative Kraft verloren, nachdem sie von dem kapitalistischen Geist der bürgerlichen Gesellschaft erfaßt wurde.

Was erwartet Heine von der Kunst seiner Zeit? Wie beurteilt er ihre Zukunft? Sein Kommentar zum Salon von 1841 läßt keinen Zweifel daran, daß er die in den frühen dreißiger Jahren gehegten Hoffnungen auf eine Erneuerung der bildenden Kunst aufgegeben hat.

> Fast sollte man meinen, mit dem Wiederaufblühen der bildenden Künste habe es bei uns ein Ende; es war kein neuer Frühling, sondern ein leidiger Altweibersommer. Einen freudigen Aufschwung nahm die Malerei und die Skulptur, sogar die Architektur, bald nach der Juliiusrevolution; aber die Schwingen waren nur äußerlich angeheftet, und auf den forcierten Flug folgte der kläglichste Sturz. (5, 356)

Heine erklärt dieses Versagen, wie wir gesehen haben, durch die eingetretene Abstraktheit der Lebenswelt, eine Vergeistigung, die allein der Musik zugute kommen kann. Doch diese geschichtsphilosophische Begründung übersieht, daß die Musik nicht weniger von der Kommerzialisierung ergriffen wird als die bildenden Künste. Dort, wo Heine sich mit dem Pariser Musikleben beschäftigt, etwa mit dem Schicksal der Oper, entdeckt er die gleichen Symptome: eine zunehmende Vermarktung, die nicht nur die Rezeption, sondern auch die Produktion determiniert. Angesichts solcher Erscheinungen fühlt sich Heine genötigt, von der Demokratisierung der Kunst, ihrem Eindringen in das breite Publikum, Abstand zu nehmen, denn nicht die vom Jungen Deutschland erwartete Politisierung des Publikums, sondern dessen Unterhaltung war das Ergebnis. Am Beispiel Meyerbeers verdeutlicht Heine diesen Funktionswandel. Während er den Komponisten 1837 in den *Briefen über die französische Bühne* noch als den legitimen Vertreter der neuen demokratischen Kunst gepriesen hatte, die das Element der politischen Kritik einschloß, bekämpft Heine später eben diese Volkstümlichkeit als Unterhaltung, die strengen ästhetischen Ansprüchen nicht genügen kann.[10] Es zeigt sich also, daß die an Hegel sich anlehnende geschichtsphilosophische Konstruktion nicht ausreicht, um die Bedrohung der Kunst, die Heine in den vierziger Jahren beobachtet, zu erklären. Die Einzelbeobachtungen, besonders die Verknüpfung von sozialen und ästhetischen Phänomenen, wie sie in der *Lutetia* durchgehend vorgenommen wird, weisen indessen über die geistesgeschichtliche Erklärung hinaus, indem sie die materiellen Gründe in die Betrachtung einbezieht. Das Schicksal der Kunst ist für Heine vom Schicksal der Gesellschaft, in der sie verwurzelt ist, nicht abzutrennen. Insofern bewegt sich seine Kunstkritik auf eine kritische Kunstsoziologie zu. So wenig sie systematisch ausgeführt ist und gelegentlich vorschnell Zusammenhänge zwischen ästhetischen und sozialen Entwicklungen herstellt (im Modell einer expressiven Kausalität), so geht sie doch einen entscheidenden Schritt über den idealistischen Ansatz hinaus, besonders dort, wo sich Heines Analyse am Detail festmacht.

Die Zusammenschau von Kunstgeschichte und Gesellschaftsgeschichte enthält freilich für Heine in den vierziger Jahren ein unlösbares Problem. Gerade dadurch, daß Heine in der *Lutetia* den Zusammenhang der scheinbar heterogenen Phänomene, die Verbindung zwischen den verschiedenen Lebensbereichen, unterstreicht, ergibt sich für die Zukunft der Kunst eine eher pessimistische Prognose. Heines in den vierziger Jahren immer wieder ausgesprochene Einsicht, daß die französische Gesellschaft seiner Zeit von Krisen geprägt sei und auf eine Revolution zusteuere, konnte für die Zukunft der Kunst nicht ohne Folgen bleiben. Eine politische Krise, die zum Krieg mit den konservativen Mächten Zentraleuropas führen würde, könnte, wie Heine anläßlich der bedrohlichen Situation von 1840 anmerkt, Frankreich in eine gesellschaftliche Revolution stürzen, in der die Sozialisten die Macht an sich reißen würden. (5, 324) Die Kommunisten, d. h. die französischen Frühsozialisten, bezeichnet Heine daher als die wahren Antagonisten der bestehenden Gesellschaft. „Kommunismus ist der geheime Name des furchtbaren Antagonisten, der die Proletarier-

10 Zum Problem dieses Umschwunges vgl. Hohendahl: „Kunsturteil und Tagesbericht. Zur ästhetischen Theorie des späten Heine". In: *Heinrich Heine. Artistik und Engagement*. Hg. von Wolfgang Kuttenkeuler (Stuttgart, 1977), S. 207–241, bes. S. 225 ff.

herrschaft in allen ihren Konsequenzen dem heutigen Bourgeoisieregimente entgegensetzt. Es wird ein furchtbarer Zweikampf sein.“ (5, 405) Anders als 1831 erwartet Heine von dieser bevorstehenden sozialen Revolution keine Erneuerung der Kunst; im Gegenteil, er rechnet mit ihrer Beschneidung und Verkürzung in einer von den sozialistischen Revolutionären geführten Gesellschaft.

Diese pessimistische Einstellung hat nicht selten, besonders auf der Seite der marxistischen Literaturkritik, Verwunderung ausgelöst. Warum soll die neue Klasse, wenn sie nach einer siegreichen Revolution die Führung übernimmt, nicht in der Lage sein, die Kunst zu erneuern, d. h. ihre eigenen künstlerischen Interessen zu artikulieren? Bekanntlich hat Heine seine Zweifel im 1855 verfaßten Vorwort zur *Lutetia* formuliert. Die Kunst, so argumentiert er dort, kann von den Kommunisten und der Masse des Volkes keine Förderung erwarten, weil sie ausschließlich mit den unmittelbaren, praktischen Lebensbedürfnissen befaßt sind.

> In der Tat, nur mit Grauen und Schrecken denke ich an die Zeit wo jene dunklen Ikonoklasten zur Herrschaft gelangen werden: mit ihren rohen Fäusten zerschlagen sie alsdann alle Marmorbilder meiner geliebten Kunstwelt, sie zertrümmern alle jene phantastischen Schnurrpfeifereien, die dem Poeten so lieb waren; sie hacken mir meine Lorbeerwälder um und pflanzen darauf Kartoffeln; ... Ach! das sehe ich alles voraus, und eine unsägliche Betrübnis ergreift mich, wenn ich an den Untergang denke, womit meine Gedichte und die ganze alte Weltordnung von dem Kommunismus bedroht ist. (5, 232)

Wo diese Wendungen zitiert werden, um Heine für die bürgerliche Kunst zu retten, wird meistens vergessen, daß er in den folgenden Sätzen nicht das Recht der Revolution bestreitet, sondern nur resigniert das Auseinanderklaffen der materiellen revolutionären Ziele und seiner künstlerischen Interessen konstatiert. Indem Heine das Ziel der sozialen Revolution auf die Frage des materiellen Ausgleichs verkürzt, also aus der Gesamtheit der Lebensbeziehungen die materielle Versorgung herausgreift, schafft er einen Gegensatz zwischen Lebenspraxis und Kunst, bei dem die Kunst offenkundig marginalisiert wird. Sie scheint in der neuen Gesellschaft überflüssig zu werden. Doch vergißt Heine an dieser Stelle, daß er diese Marginalisierung bereits in den vierziger Jahren bemerkt hat, nämlich als das Auftreten der Kunstindustrie. Er übersieht mit anderen Worten, daß er einen Prozeß beschreibt, der nicht an die Herrschaft einer neuen Klasse gebunden ist, sondern Teil der kapitalistischen Modernisierung ist, in der sich das gesellschaftliche System ausdifferenziert und gleichzeitig die Lebenswelt kolonisiert. Ferner rechnet Heine offensichtlich nicht damit, daß die antizipierte soziale Revolution diesen Prozeß umkehren wird, vielmehr erwartet er von den französischen Sozialisten seine Fortsetzung, so daß mit einer Blüte der Kunst und Literatur nicht mehr zu rechnen ist.

Für Heine ist die Moderne in der Malerei gleichsam beendet, bevor sie geschichtlich mit dem französischen Impressionismus begonnen hat. Wie ist dieses Urteil zu erklären? Warum sieht Heine nur in der Musik, und selbst dort nur bedingt, Chancen, die eigenständige Kraft der Kunst zu bewahren? Heine unterschätzt das Projekt der Moderne aus zwei Gründen. Einmal verbindet er den Begriff der Kunstautonomie, wie ihn die Theorie und Praxis der Goethezeit entwickelt hat, zu direkt mit der vorbürgerlichen deutschen Gesellschaft, deren Untergang er um 1830 mit Recht konstatiert. Dadurch aber wird das Prinzip der Kunstautonomie zur Signatur der Vergangenheit und nicht der Zukunft. Für die kritische Kraft dieses Prinzips gegenüber der Kommerzialisierung der Kunst bleibt in Heines Analysen kein Raum. Ferner enthält Heines sozialgeschichtliches Modell Grenzen, die ihm eine optimistischere Prognose versagen. Sowohl dort, wo er im Anschluß an Hegel oder die Saint-Simonisten philosophiegeschichtlich argumentiert, als auch dort, wo er einen sozialgeschichtlichen Ansatz wählt, unterstellt er eine expressive Kausalität, derzufolge alle zeitgeschichtlichen Phänomene aus einem zentralen Punkt zu beurteilen sind. Im Falle der sich in Frankreich entfaltenden bürgerlich-kapitalistischen Gesellschaft führt dieses Verfahren zu dem Ergebnis, daß die Kunst tendenziell auf das Niveau der Unterhaltung gedrückt wird. Diese Trivialisierung kann Heine sowohl in der Malerei als auch der Musik nachweisen. Doch es fehlt ihm das begriffliche Instrumentarium, um die gegensätzlichen Kräfte, den Protest der Moderne gegen die Kommerzialisierung, in die Betrachtung einzubeziehen. Der Rückgriff auf die idealistische Ästhetik der Goethezeit, der bei Heine in den vierziger Jahren nachweisbar ist[11], vermag gerade den kritisch-subversiven Aspekt der modernen Kunst nicht zu erfassen. Am ehesten gelingt dies, wenn Heine seine eigene Position in der Literatur überdenkt, wenn er zum Beispiel auf den Unterschied zwischen der Romantik und seinen eigenen Texten reflektiert. Das Prinzip der reflexiven Subjektivität, das Heine mit Recht für seine Texte in Anspruch nimmt, fügt sich nicht mehr in die klassische oder auch die romantische Ästhetik ein. Wäre es Heine gelungen, sein eigenes Verfahren der Textproduktion auf die Malerei anzuwenden, hätte er zu einer weniger pessimistischen Ansicht über ihre Zukunft kommen können. Freilich dürfen wir die Schwierigkeiten dieser Aufgabe nicht unterschätzen, denn der Übergang vom Medium der Sprache zum Medium der Zeichnung und Farbe forderte einen Grad der Abstraktion, der Heines theoretische Möglichkeiten überstieg. Die allegorische Deutung der Gemälde, die Heine zur Meisterschaft entwickelte, setzt den Zusammenhang zwischen dem Einzelnen und dem Ganzen, der durch das Modell der expressiven Kausalität gestiftet wird, ja bereits voraus. Ihre Einsicht findet

---

11 Siehe ebd., S. 227 ff.

daher auch dort ihre Grenze, wo dieses Modell nicht mehr ausreicht, um die Beziehung zwischen den verschiedenen Bereichen eines ausdifferenzierten sozialen Systems zu formulieren.

4. Fiktion und Kritik: Heines *Romantische Schule* im Kontext der zeitgenössischen Literaturgeschichte

I.

Die Entdeckung des Kulturkritikers und Literaturhistorikers Heinrich Heine ist jüngeren Ursprungs. Erst seit den sechziger Jahren zeichnet sich innerhalb der Literaturwissenschaft eine eingehendere Auseinandersetzung mit der *Romantischen Schule* und anderen literaturkritischen Schriften Heines ab. Es ist nicht allzu schwierig, die Gründe für diese Verspätung zu erkennen. Sie hängen eng zusammen mit der traditionellen Einschätzung Heinrich Heines, in der das poetische Werk im Vordergrund gestanden hat. Das Interesse an den kritischen Prosaschriften dagegen ist eng verbunden mit dem sozialgeschichtlichen und ideologiekritischen Ansatz der sechziger und frühen siebziger Jahre, der den oppositionellen Charakter von Heines Schriften entschieden stärker hervorhob und entsprechend auch die Bedeutung der literaturkritischen Schriften stärker betonte.[1]

In diesem Zusammenhang entdeckte die Literaturwissenschaft die *Romantische Schule* als ein Modell kritischer Intervention. Das Werk wurde zu einem wichtigen Beispiel der progressiven Kritik an konservativen und reaktionären literarischen Tendenzen im frühen 19. Jahrhundert.[2] Im großen und ganzen neigte die Forschung dieser Jahre dazu, sich mit Heines Position zu identifizieren, obgleich diese Einstellung nicht notwendig zu einer identifikatorischen Lektüre der *Romantischen Schule* führte. Da in eben diesen Jahren die Neue Linke, im Anschluß an Walter Benjamin und gegen Georg Lukács gerichtet, gleichzeitig die deutsche Frühromantik, namentlich den Jenaer Kreis, wiederentdeckte und für eine progressive geschichtliche Tradition in Anspruch nahm, stellte sich die Aufgabe, diese verschiedenen Ansätze miteinander zu vereinen. Das Problem ließ sich durch das Argument lösen, daß Heines Position derjenigen der Frühromantiker näherstand, als er in seiner Polemik gegen die Ro-

1 Siehe z.B. Albrecht Betz: *Ästhetik und Politik. Heinrich Heines Prosa* (München, 1971); Günter Oesterle: *Integration und Konflikt. Die Prosa Heinrich Heines im Kontext oppositioneller Literatur* (Stuttgart, 1972).

2 Siehe Wolfgang Kuttenkeuler: *Heinrich Heine. Theorie und Kritik der Literatur* (Stuttgart, 1972), S. 31–40.

mantiker erkennen ließ.[3] Obgleich manches für diese These spricht, gibt sie keine Antwort auf die Frage, warum Heines literaturkritische und -historische Äußerungen sich so deutlich von denen der Romantik unterscheiden.

In ihrer Auseinandersetzung mit dem ideologiekritischen Ansatz der siebziger Jahre hat die neuere Wissenschaftsgeschichte versucht, Heines *Romantische Schule* in die Geschichte der Germanistik und spezifisch in die Geschichte der Literaturgeschichte zu integrieren. Hier tritt die Schrift in den Zusammenhang der sich neu konstituierenden Gattung der Literaturgeschichte. In diesem Sinne hat zum Beispiel Jürgen Fohrmann in seiner Untersuchung *Das Projekt der deutschen Literaturgeschichte* nachzuweisen versucht, daß Heines *Romantische Schule* sich ohne große Schwierigkeiten in das neue Paradigma der Literaturgeschichtsschreibung einfügt, das sich in der ersten Hälfte des 19. Jahrhunderts in Deutschland etablierte.[4]

Es handelt sich um ein Modell, das die Bedeutung der Nation und des Nationalismus für die Strukturierung des literarischen Materials hervorhebt. Aus diesem Grunde behandelt Fohrmann Heine unter dem Titel „Varianten nationaler Entelechie". Aus der Perspektive der Geschichte der Germanistik scheint es keinen gewichtigen Grund zu geben, zwischen der *Romantischen Schule* und Gervinus' monumentaler *Geschichte der poetischen National-Literatur der Deutschen* (1835–42) prinzipiell zu unterscheiden. Die signifikanten Unterschiede zwischen beiden Texten kommen in dem Ansatz der Wissenschaftsgeschichte nicht in das Blickfeld, da er die narrativen Strukturen weitgehend außer acht läßt. Nicht anders als der neo-marxistische Ansatz der siebziger Jahre, der vor allem Heines ideologische und politische Position erkundete, bleibt auch bei dem neueren Versuch, die *Romantische Schule* als Teil der Geschichte der Literaturgeschichte zu lesen, ein Moment außer Betracht, das die zeitgenössischen Leser und Rezensenten sogleich bemerkten, nämlich Heines Stil. Diese Lücke ist nicht als ein bloßes Übersehen zu behandeln, das sich durch zusätzliche Bemerkungen über Heines sprichwörtlichen Witz und seine prononcierte Ironie ausgleichen ließe. Vielmehr verdient das Moment der Erzählhaltung unsere volle Aufmerksamkeit, denn die Form der Darstellung, so scheint mir, bestimmt weitgehend den Sinn des Textes. Seine „Botschaft" ist abhängig von seiner narrativen Struktur. Um Mißverständnissen vorzubeugen: meine These ist nicht als eine Rückkehr zu einem Formalismus zu verstehen, in dem das narratologische oder rheto-

---

3 Dazu Peter Uwe Hohendahl: „Geschichte und Modernität. Heines Kritik der Romantik". In: *Literaturkritik und Öffentlichkeit* (München, 1974), S. 50–101.

4 Jürgen Fohrmann: *Das Projekt der deutschen Literaturgeschichte* (Stuttgart, 1989).

rische Interesse mit kritisch-historischen Ansätzen im Widerspruch stand. Vielmehr geht es mir darum, in der Eigenart des Heineschen Textes seinen kritischen Anspruch zu erkennen oder, anders gesprochen, diese Eigenart mit Hilfe der Deutung des Details zu erkennen.

II.

Um einen geschichtlichen wie gattungsmäßigen Bezugspunkt herzustellen, halte ich es für hilfreich, Gervinus' *Geschichte der poetischen Nationalliteratur* heranzuziehen, denn dieses Werk, ein exemplarisches Modell für die Entwicklung der Literaturgeschichte in Deutschland und gleichzeitig ein hervorragendes Beispiel des deutschen Liberalismus, exemplifiziert in mehr als einer Hinsicht typische Strukturen der literaturgeschichtlichen Darstellungsverfahren, wie sie sich im 19. Jahrhundert durchsetzten.[5] Obgleich Gervinus' Ansatz von späteren Historikern wiederholt und zum Teil scharf kritisiert wurde und obgleich seine Urteile über bestimmte Schriftsteller und Epochen oft in Frage gestellt wurden, so behielt seine Methode der Darstellung für spätere Literaturgeschichten prägende Kraft. Sein Verfahren der Darstellung, das heißt, die Art des Erzählens, behielt ihre Wirkung auch dort, wo die Nachfolger Gervinus' Meinungen die Zustimmung versagten.

Gervinus' Methode wie auch seine Geschichtsauffassung sind oft behandelt worden, weit weniger hat man sich auf seine Form der Darstellung eingelassen. In jedem Fall jedoch hat an der Ernsthaftigkeit seines Programms nie ein Zweifel bestanden. Seine Literaturgeschichte verkörpert den neuen Typ wissenschaftlicher Darstellung, der sich von den traditionellen „Literargeschichten" des 18. Jahrhunderts bewußt absetzt. Sie steht im Dienst eines umfassenderen nationalen Programms: Sie untersucht und bestätigt durch ihre Darstellung die kollektive Identität der Deutschen, die bekanntlich zu dieser Zeit die politische Vereinigung noch nicht erreicht hatten. Aus diesem Grunde unterstreicht die Erzählung, die mit der *Germania* des Tacitus beginnt und im fünften Band mit der Darstellung der deutschen Romantik abschließt, die Kontinuität der deutschen Literatur in ihrer Entwicklung vom Mittelalter bis zur Gegenwart. In der Einleitung begründet Gervinus, warum er die Geschichte der deutschen Dichtung und nicht die der politischen Entwicklung darstellen wollte. Sie enthält die Einheit und den Zusammenhang, der im deutschen Fall der politischen

5 Dazu Fohrmann, S. 36–39 und S. 46–55; Klaus Weimar: *Geschichte der deutschen Literaturwissenschaft bis zum Ende des 19. Jahrhunderts* (München, 1989), S. 309 ff.; Michael Ansel: *G. G. Gervinus' Geschichte der poetischen National-Literatur der Deutschen* (Frankfurt a. M., 1990).

Geschichte abgeht. „Sie ist, wenn anders aus der Geschichte Wahrheiten zu lernen sind, zu einem Ziele gekommen, von wo aus man mit Erfolg ein Ganzes überblicken, einen beruhigenden, ja einen erhebenden Eindruck empfangen und die größten Belehrungen ziehen kann.“[6] Gervinus hebt insbesondere die Bedeutung des Volkes als des begründenden Subjekts dieser Literatur hervor. Entsprechend unterscheidet er im 16. und 17. Jahrhundert zwischen der Gelehrtendichtung und den volkstümlichen Strömungen, wobei seine Sympathie in der Regel auf der Seite der volkstümlichen Literatur zu finden ist.[7] Diese fundamentale Annahme determiniert den Prozeß der Erzählung in dreifacher Weise: erstens in bezug auf die Beziehung zwischen Erzähler und Leser, zweitens in bezug auf die Organisation der zeitlichen Verhältnisse des unterliegenden Materials im Text und schließlich in bezug auf Ton und Stil der Darstellung.

Die Leser, die Gervinus in seiner Literaturgeschichte anspricht und mit denen er in der Gestalt eines Dialoges verbunden bleibt, sind die Deutschen seiner eigenen Zeit, genauer gesprochen, die gebildeten Deutschen, aber keineswegs nur die Vertreter der Wissenschaft. Die Einleitung macht dies deutlich: „Ich will nicht für die Bearbeiter und gelehrten Kenner dieser Literatur schreiben, nicht für eine besondere Klasse von Lesern, sondern, wenn es mir gelingen möchte, für die Nation.“[8] Um sie zu belehren und zu erbauen, hat Gervinus die monumentale Aufgabe auf sich genommen, die Geschichte der deutschen Literatur von ihren Anfängen an zu verfolgen. Dabei erscheint vor allem die neuere Zeit Probleme aufzugeben, da sie sie bisher in ihrem größeren Zusammenhang nicht aus Quellen erschlossen worden ist:

> Die Geschichtschreiber der Nationalliteratur nahmen folgerecht fast allein Rücksicht auf die alte Zeit, fast keiner aber erschien, dessen Werk auch selbst in diesen Theilen nur ahnen ließe, wie treffliche Forscher hier vorgearbeitet hatten, geschweige daß man die dichterischen und sonstigen Werke jener Zeit aus unsern Literargeschichten hätte kennen lernen. Die neue deutsche Literatur aber, so reich, so blühend und mannigfaltig, nahm sich meist überall in diesen Geschichtswerken wie ein steriles Feld aus, auf dem nichts zu erbeuten sei.[9]

Für diese tour d'horizon hat Gervinus einen Erzähler gewählt, der die geschichtliche Entwicklung der deutschen Literatur aus der olympischen

6 G. G. Gervinus: *Geschichte der poetischen National-Literatur der Deutschen* (Leipzig, 1840). Bd. 1, S. 10.

7 Peter Uwe Hohendahl: „Gervinus als Historiker des Barockzeitalters“. In: *Europäische Barockrezeption*. Hg. von Klaus Garber (Wiesbaden, 1991), S. 561–576.

8 Gervinus, Bd. 1, S. 13.

9 Gervinus, Bd. 1, S. 5 f.

Perspektive erzählt; er ist ein allwissender Erzähler. Jedoch erscheint er nicht als eine distanzierte und desinteressierte Stimme, sondern er sympathisiert mit der Richtung des historischen Prozesses wie auch seinen einzelnen Phasen und Stadien. Folglich darf und muß in jedem Detail das Ganze in seiner Gestalt sichtbar werden.

In Gervinus' Darstellung wird dieser Gesamteindruck erreicht durch die einheitliche und stabile Position des Erzählers. Obschon dieser Erzähler gewissen Perioden näher steht als anderen und überdies einige Dichter höher einschätzt als andere, bleibt der Abstand zwischen dem Erzähler und den behandelten Werken und Autoren im großen und ganzen gleich. Das Interesse der Darstellung gilt, wie der Autor wiederholt erwähnt, dem Prozeß im ganzen und nicht so sehr den spezifischen Details. So wehrt sich Gervinus gegen den Einspruch der Liebhaber, deren Blick nur auf ihren bevorzugten Autor fixiert bleibt und dabei den weiteren Zusammenhang aus den Augen verliert:

> Wenn ich auch namentlich über einzelne Theile und Perioden weniger warm oder weniger kalt urtheile, als Mancher wünschen möchte, so erwäge man ja den Zweck des Ganzen und dränge sich nicht mit Partheiansichten an eine partheilose Geschichte.[10]

Gervinus' Stil unterstreicht die Bedeutung des Sujets und besteht entsprechend auf einer wissenschaftlich-gehobenen Diktion, ohne jedoch den allgemeinen gebildeten Leser zurückzustoßen. Die ausgefaltete akademischen Rhetorik, für die eine elaborierte syntaktische Struktur angemessen ist, verstärkt den Eindruck eines kontinuierlichen historischen Prozesses, der vom frühen Mittelalter bis in die Gegenwart des Autors reicht. So ließe sich Gervinus' Literaturgeschichte auch als der (freilich unabgeschlossene) Bildungsroman des deutschen Volks ansprechen. In diesem Sinne notiert Gervinus 1841 in seiner knappen Einleitung zum fünften Teil:

> Der Geist des Volkes steht in dieser raschen Übersicht der Bildung von Jahrhunderten wie lebendig da und spricht uns aus tausend beredten Stimmen zu Herz, Gemüth und Verstand, daß wir in ihm uns selbst liebhaben, und uns selber niemals aufgeben sollen.[11]

III.

Obleich Heines *Romantische Schule* bestimmte Eigenschaften mit dem Projekt von Gervinus teilt, zum Beispiel den Nachdruck auf dem deutschen Charakter der deutschen Literaturgeschichte sowie die Überzeugung, daß Ideen sich im historischen Prozeß materialisieren können, bietet

10 Gervinus, Bd. 1, S. 14.
11 Gervinus, Bd. 1, S. 14.

die Form der Darstellung einen prononcierten Kontrast. Zum ersten ist das Verhältnis zwischen Erzähler und implizitem Leser entschieden komplexer. *Die Romantische Schule* wurde von Heine bekanntlich im Hinblick auf ein französisches Publikum entworfen, das heißt, einen Leserkreis, der mit der deutschen literarischen Tradition wenig vertraut war und sich überdies in seinen Informationen vor allem auf Madame de Staëls *De l'Allemagne* stützte. Ferner mußte Heine in Rechnung stellen, daß seine französischen Leser ästhetische Einstellungen einbringen würden, die nicht ohne weiteres mit der deutschen Selbsteinschätzung der behandelten Werke und Autoren übereinstimmen würden. Der Erzähler tritt daher als Vermittler zwischen der Kultur seiner Leser und einer fremden, weitgehend unbekannten literarischen Welt auf. Bemerkenswert bleibt – und dies ist sicher kein Zufall –, daß Heine bei der Vorbereitung der deutschen Ausgabe des Textes die spezifischen rhetorischen Elemente, durch die der Kontrast zwischen deutscher und französischer Kultur jeweils unterstrichen wird, nicht eliminierte. Infolgedessen entstand ein Text, in dem der Erzähler die Geschichte der deutschen Literatur, die seine deutschen Leser natürlich als die Geschichte ihrer eigenen Literatur begreifen wollen, aus der Perspektive der französischen Rezipienten darstellt. Der Erzähler gibt nicht vor, Franzose zu sein; im Gegenteil, er vertritt eine deutsche Position: Wo er das kollektive „wir" gebraucht, sind die Deutschen gemeint und nicht die Franzosen, die regelmäßig mit „ihr" angeredet werden. Aber er gibt vor, sich an französische Leser zu richten, obschon er weiß, daß diese Leser seines deutschen Textes überwiegend Deutsche sind. Exemplarisch wird dieser Kontrast herausgearbeitet in der Darstellung Achim von Arnims. Heine vergleicht ihn mit dem in Frankreich bekannteren E. T. A. Hoffmann und gibt zu bedenken, daß der letztere entschieden weniger unheimlich und schrecklich sei als Arnim. „Ein Franzose hat gar keine Idee davon, wie ernsthaft wir erst im Tode sind; da sind unsere Gesichter noch viel länger, und die Würmer, die uns speisen, werden melancholisch wenn sie uns dabei ansehen."[12] Das Ergebnis dieser Strategie ist Ambivalenz. Auf der einen Seite hebt der Erzähler die Bedeutung des deutschen Projekts hervor und kritisiert explizit Madame de Staël dafür, daß sie die deutsche literarische Tradition fehlerhaft dargestellt habe, auf der anderen Seite entzieht er sich der identifizierenden Einstellung, die Gervinus' Darstellung kennzeichnet. Auf diese Weise bereitet der Erzähler die Kritik der deutschen Romantik vor.

Beginnen wir mit dem Problem der Intention des Autors. Die Wissenschaftsgeschichte sieht es als ausgemacht an, daß Heine mit seiner Darstel-

---

12 Heinrich Heine: *Sämtliche Schriften*. Hg. von Klaus Briegleb (München, 1968–76). Bd. 3, S. 458. Im folgenden werden Band- und Seitenangaben im Text gegeben, z.B. (3, 458).

lung die gleichen Absichten verfolgt wie die akademischen Literaturgeschichten. Ein Blick auf die Einleitung zum dritten Buch der *Romantischen Schule* wirft dagegen eine Reihe von wichtigen Fragen auf. Im ersten Absatz – wie es zunächst scheint, ohne jeden Bezug auf den eigentlichen Gegenstand – richtet sich der Erzähler an seine Leser mit einer Frage über China, um sie sogleich selbst zu beantworten: „Kennt Ihr China, das Vaterland der geflügelten Drachen und der porzellanenen Teekannen? Das ganze Land ist ein Raritätenkabinett, umgeben von einer unmenschlich langen Mauer und hunderttausend tartarischen Schildwachen." (3, 446) Über zwei Absätze hin wird der Leser mit pseudo-ethnographischen Einzelheiten über China regaliert, bevor ihm schließlich aufgeht, daß diese exzentrische Darstellung, die sogar Hinweise auf chinesische Märchen einschließt, als Einführung in die Behandlung des Œuvres von Clemens Brentano dient. Wo es die Aufgabe der Literaturgeschichte gewesen wäre, Brentanos Beitrag zur deutschen Literatur angemessen zu kontextualisieren und namentlich seine Stellung in der deutschen Romantik zu erläutern, unterbricht Heines Text diesen Zusammenhang. Der Text destabilisiert die Einstellung des Lesers, indem er den Blick auf die deutsche Literatur verfremdet. Es ist dort von einer Prinzessin die Rede, deren größtes Vergnügen darin besteht, seidene Stoffe zu zerreißen:

> Es war nämlich ihre höchste Wonne, wenn sie kostbare Seiden- und Goldstoffe zerreißen konnte. Wenn das recht knisterte und krackte unter ihren zerreißenden Fingern, dann jauchzte sie vor Entzücken. Als sie aber endlich ihr ganzes Vermögen an solcher Liebhaberei verschwendet, als sie all ihr Hab und Gut zerrissen hatte, ward sie, auf Anraten sämtlicher Mandarine, als eine unheilbare Wahnsinnige, in einen runden Turm eingesperrt. (3, 446 f.)

Im folgenden Absatz kehrt die Erzählung endlich zu ihrem eigentlichen Thema zurück, nämlich den Exzessen der deutschen Romantik, wenn Heine fortfährt: „Diese chinesische Prinzessin, die personifizierte Caprize, ist zugleich die personifizierte Muse eines deutschen Dichters, der in der Geschichte der romantischen Poesie nicht unerwähnt bleiben darf." (3, 447) Auf der einen Seite unterstreicht der Vergleich Brentanos mit einer kapriziösen und wahnsinnigen Prinzessin den absonderlichen und problematischen Charakter seiner Schriften, auf der anderen untergräbt die witzige und ironische Natur dieses Vergleichs offensichtlich den wissenschaftlichen Anspruch der Darstellung. Schwerlich ist bei Gervinus Platz für Seide zerreißende chinesische Prinzessinnen.

Natürlich kann man die zitierte Passage mit anderen Stellen vergleichen, in denen Heine den Ernst und die Bedeutung seines kritischen Projekts unmißverständlich verkündet, etwa im ersten Buch, wo Heine programmatisch die Romantik mit der Wiederentdeckung des Mittelalters gleichsetzt: „Sie war nichts anders als die Wiedererweckung der Poesie des

Mittelalters, wie sie sich in dessen Liedern, Bild- und Bauwerken, in Kunst und Leben manifestiert hatte." (3, 361) Aus dieser historischen Einschätzung folgerte Heine bekanntlich, daß die deutsche Romantik, im Unterschied zur französischen, ihrem Charakter nach eine Reaktion darstellt – mit problematischen politischen Konsequenzen. Auf solche Stellen hat sich die ideologiekritische Deutung der siebziger Jahre konzentriert, um Heines Intentionen zu fixieren. Gleichwohl findet sich der Leser häufig in einer Situation, wo die Absicht der Darstellung alles andere als eindeutig ist. Der Heinesche Text ist reich an Passagen, die den Erwartungen einer akademischen Literaturgeschichte widersprechen und damit eine dogmatische Lektüre problematisieren.

Als ein Beispiel möchte ich die Mitteilung biographischer Daten und Fakten erwähnen, die Heine bei der Behandlung der Autoren einstreut. In den meisten Fällen handelt es sich um einen kurzen Abriß, der das Jahr und den Ort der Geburt, die Erziehung wie die berufliche Laufbahn zusammenfaßt. Wie ist diese lexikalische Gestaltung zu bewerten? Handelt es sich darum, Information mitzuteilen? Oder dient diese Skelettierung der Biographie anderen Zwecken? Der Text gibt in der Regel keinen Hinweis, wie die Information aufzufassen ist. Doch scheint mir ein parodistischer Gebrauch nicht ausgeschlossen zu sein: ein ironisches Anschließen an ältere akademische Traditionen, die ihren Sinn verloren haben. Auffallend ist jedenfalls die Art, wie Heine die Biographie von Görres behandelt:

> Herr Görres ist geboren zu Koblenz, den 25sten Januar 1776. Die übrigen Partikularitäten seines Lebens, wie die des Lebens der meisten seiner Genossen, bitte ich mir zu erlassen. Ich habe in der Beurteilung seiner Freunde, der beiden Schlegel, die Grenze überschritten wie weit man das Leben dieser Leute besprechen darf. (3, 436)

Die scheinbare Zurückhaltung erweist sich freilich als eine Täuschung, wenn man die entsprechenden Passagen über die Brüder Schlegel heranzieht, die in der Schärfe ihrer Polemik ad hominem kaum zu übertreffen sind. Typischer ist die Information über Novalis, in der das Wichtige und Unwichtige sich eigentümlich mischen:

> Novalis wurde geboren den 2ten Mai 1772. Sein eigentlicher Name ist Hardenberg. Er liebte eine junge Dame, die an der Schwindsucht litt und an diesem Übel starb. In allem, was er schrieb, weht diese trübe Geschichte, sein Leben war nur ein träumerisches Hinsterben, und er starb an der Schwindsucht im Jahr 1801, ehe er sein neunundzwanzigstes Lebensjahr und seinen Roman vollendet hatte. (5, 441)

Im folgenden wird dann deutlich, wie sehr Heine das Motiv der Krankheit und des frühen Todes zum Ausgangspunkt seiner Deutung des Novalis macht. In jedem Fall handelt es sich bei den Kurzbiographien um Textelemente, in denen der Leser sich auf den Erzähler nicht unbedingt verlassen kann.[13]

Bei genauerem Hinsehen erweist sich, daß der Erzähler eine Reihe von verschiedenen Rollen annimmt, um mit dem Leser zu kommunizieren. Dabei wechselt er fast mühelos von der einen zu anderen. Zu ihnen gehört die des Psychologen, der den pathologischen Charakter der deutschen Romantiker analysiert; der Erzähler kann sich aber ebenfalls als der aufgeklärte Raisonneur in Szene setzen, der auf den Spuren von Lessing strenge Urteile über Autoren und Werke ausspricht. An anderen Stellen finden wir den Erzähler in der Rolle des wissenschaftlichen Anthropologen, der die Umstände eines Autors und seiner Epoche im Rahmen seiner Kultur desinteressiert beschreibt und bewertet. Prononciert finden wir diese Inszenierung zu Beginn des dritten Teils des dritten Buches, wenn der Erzähler den narrativen Fluß für eine allgemeine methodische Betrachtung unterbricht:

> Die Geschichte der Literatur ist eben so schwierig zu beschreiben wie die Naturgeschichte. Dort wie hier hällt man sich an die besonders hervortretende [sic] Erscheinungen. Aber wie in einem kleinen Wasserglas eine ganze Welt wunderlicher Tierchen enthalten ist, die eben so sehr von der Allmacht Gottes zeugen, wie die größten Bestien: so enthält der kleinste Musenalmanach zuweilen eine Unzahl Dichterlinge, die dem stillen Forscher eben so interessant dünken, wie die größten Elefanten der Literatur. (3, 465)

Sollte der Leser den ironischen Charakter der Betrachtung noch nicht bemerkt haben, hilft der emphatische Nachtrag: „Gott ist groß!" Sogleich stellt sich dann die Frage, wie das Verständnis dieser Rollen durch den angesprochenen Leser die Bedeutung des Textes berührt und gestaltet.

An einem Beispiel mochte ich dieses Problem erläutern. Im dritten Buch beschäftigt sich der Erzähler ausführlich mit dem Dramatiker Zacharias Werner. Nachdem er seine literarische Laufbahn behandelt hat, faßt er seine Bewertung des Dramatikers in folgender Weise zusammen:

> Die Werke die er in dieser späteren Zeit schrieb, sind ungenießbar. Die Gebrechen seiner früheren Schriften sind hier aufs höchste gesteigert. Seine Rittergestalten bestehen nur aus Eisen und Gemüt; sie haben weder Fleisch noch Vernunft. Seine Frauenbilder sind nur Bilder, oder vielmehr nur Puppen [...] (3, 477).

Dieses harsche, negative Urteil spiegelt offensichtlich Heines Widerwillen gegen die religiösen und metaphysischen Tendenzen unter den Romantikern. Ähnliche Äußerungen finden sich, wo Heine auf die Brüder Schlegel

---

13 Zur Frage der Erzählhaltung vgl. Wayne C. Booth: *The Rhetoric of Fiction* (Chicago, 1968).

und Schelling zu sprechen kommt. Sie unterstreichen ohne Ausnahme die Polemik Heines gegen eine spezifische philsophische und ideologische Konstellation innerhalb der deutschen Romantik, die er als regressiv beurteilt. Doch diese direkte Art der Polemik ist nicht die einzige Form der Kritik und möglicherweise nicht einmal die effektivste. *Die Romantische Schule* enthält narrative Modelle, die es Heine ermöglichen, eine scheinbar einfache und eindeutige Beziehung zwischen Erzähler und Leser für seine Zwecke auszubeuten. Zu ihnen gehört die Anekdote.

Der Erzähler liebt es, seine Leser mit Anekdoten über die romantischen Schriftsteller zu unterhalten. Unter ihnen findet sich die Nachricht über Zacharias Werners Geburt. Sie wird, um die Distanz zu vergrößern, E. T. A. Hoffmann in den Mund gelegt:

> Er [E. T. A. Hoffmann] erzählt nämlich, daß Werners Mutter gemütskrank gewesen und während ihrer Schwangerschaft sich eingebildet, daß sie die Muttergottes sei und den Heiland zur Welt bringe. Der Geist Werners trug nun, sein ganzes Leben hindurch, das Muttermal dieses religiösen Wahnsinns (3, 474).

Der allegorische Charakter dieser Anekdote ist schwer zu übersehen. Während ihre empirische Begründung bedeutungslos ist, erhält sie ihre kritische Funktion durch den Vergleich von Werners Dramen und Hoffmanns Geschichte. Die Bedeutung der Anekdote ‚erklärt' dann, in einem pseudokausalen Zusammenhang, Werners vorgeblich ‚pathologische' religiöse Einstellung.

Eine zweite, freilich benachbarte Strategie benutzt Heine in der belehrenden Geschichte. In seiner Behandlung von Tieck fügt Heine die Geschichte der alten Magd ein, die ihrer Herrin auch auf dem Wege der Verjüngung folgen wollte. In Abwesenheit der Dame nahm sie nun aus deren Toilette das Fläschchen, welches jenes Elexier enthielt, statt aber nur einige Tropfen zu trinken, tat sie einen so großen, langen Schluck, daß sie durch die höchstgesteigerte Wunderkraft des verjüngenden Tranks, nicht bloß wieder jung, sondern gar zu einem ganz kleinen Kinde wurde. (3, 376) Die Anwendung der Fabel auf Tiecks Interesse am Mittelalter wird alsbald deutlich, wenn Heine fortfährt:

> Wahrlich so ging es namentlich unserem vortrefflichen Herrn Tieck, einem der besten Dichter der Schule; er hatte von den Volksbüchern und Gedichten des Mittelalters so viel eingeschluckt, daß er fast wieder ein Kind wurde, und zu jener lallenden Einfalt herabblühte, die Frau v. Staël so sehr viele Mühe hatte zu bewundern. (3, 376)

IV.

Ich habe zu zeigen versucht, daß Heines rhetorische Strategien sich wesentlich von der Schreib- und Erzählweise von Gervinus unterscheiden.

Man ist folglich versucht, diese Differenz begrifflich als die Differenz zwischen wissenschaftlicher und journalistischer Darstellung zu erfassen. Freilich kann diese Form der Dichotomisierung leicht auf eine Reduktion hinauslaufen. Offensichtlich ist Heines *Romantische Schule* weniger gewichtig und zweifellos unterhaltsamer als der Typus der akademischen Literaturgeschichte. Auch wenn Heines Schrift versucht, ein umfassenderes narratives Muster der Geschichte zu entwerfen – welches nicht einmal wesentlich von demjenigen Gervinus' abweicht –, destruiert sie dieses Modell gleichzeitig wieder dadurch, daß der Text eine Reihe von Erzählerrollen und -positionen entwirft, die miteinander um die Vorherrschaft streiten und einander gelegentlich auch widersprechen. Durchaus bewußt und, wie mir scheint, mit großer Geschicklichkeit vermeidet Heine den einheitlichen Ton der zeitgenössischen Literaturgeschichte. Der Wechsel zwischen den Positionen impliziert nicht selten einen Wechsel in Ton und Stimmung der Darstellung – von emphatischen philosophischen und politischen Forderungen zu humoristischen Anekdoten, von trockenen biographischen Mitteilungen zu ausgesprochen impressionistischen Interpretationen einzelner Werke. Diese Technik hält den Leser gleichsam auf seinen Zehenspitzen. Er kann nicht auf die Autorität der Stimme der Geschichte selbst hoffen, wie sie Rankes Historiographie simuliert. Dort wird der Leser ermutigt, in dem narrativen Prozeß den Prozeß der Geschichte selbst zu erkennen.

Obgleich Heines Erzählerstimmen in verschiedener Weise beanspruchen, durch Literatur Geschichte zu interpretieren, darf sich der Leser nicht darauf verlassen, daß diese Stimmen sich auf eine bestimmte und gleichbleibende Deutung einigen. Heine nähert sich der akademischen Literaturgeschichte, benutzt und parodiert sie. Dieses Verfahren macht sich selbst dort bemerkbar, wo er auf die historische Methode reflektiert, beispielsweise in folgender Passage:

> Die meisten Literaturhistoriker geben uns wirklich eine Literaturgeschichte wie eine wohlgeordnete Menagerie, und immer besonders abgesperrt, zeigen sie uns epische Säugedichter, lyrische Luftdichter, dramatische Wasserdichter, prosaische Amphibien, die sowohl Land- wie Seeromane schreiben [...]. (3, 465 f.)

Das von der naturwissenschaftlichen Taxonomie ausgeborgte Schema wird ad absurdum geführt, um schließlich zu zeigen, daß Literaturgeschichte nur als dic Geschichte von Ideen geschrieben werden kann. Wollte man sich auf diese Definition freilich prinzipiell berufen, würde man bald herausfinden, daß sie nur eine unter mehreren ist, die im Text nebeneinander und gegeneinander wirksam sind.

Die Folge ist, daß die *Romantische Schule* fragmentarischer ist als Gervinus' Literaturgeschichte, obgleich Heine bemüht ist, einen übergreifenden ideologischen Rahmen zu entwerfen. Im großen und ganzen besteht Heines Text aus kleineren Erzählsequenzen, die sich zu einem Mosaik zusammenfügen. Während Gervinus' Erzählung den Eindruck einer Totalität hinterläßt, in der die Teile sich zu einem teleologisch geordneten Ganzen gestalten, besteht Heines Darstellung aus zahlreichen miteinander verbundenen, doch in sich relativ selbständigen Einheiten. Überwiegend verfährt Heine nach dem Prinzip der verknüpfenden Reihung, die jeweils durch Abschweifungen unterbrochen werden kann. So verbinden sich die Einheiten eher assoziativ als kausal. Im dritten Buch beginnt der Erzähler, wie wir gesehen haben, mit der Behandlung Brentanos, an die sich die ausführliche Darstellung der von Brentano und Arnim herausgegeben Sammlung *Des Knaben Wunderhorn* anschließt (die Heine übrigens sehr ernst nimmt). Die Deutung der Volkspoesie gibt dann das Stichwort für einen Blick auf das Nibelungenlied, dessen Edition natürlich bei der Konstitution der frühen Germanistik (Lachmann) eine wichtige Rolle spielte. Der Vergleich des Epos mit einem mittelalterlichen Bauwerk erlaubt danach die Erwähnung des Kölner Doms als des wichtigsten und meist beachteten Sakralbaus des deutschen Mittelalters. Der erste Teil des dritten Buches schließt dann mit einer Betrachtung über die Anonymität der großen Kulturdenkmäler. Nicht nur die Sprunghaftigkeit in der Behandlung der Gegenstände ist charakteristisch für die *Romantische Schule,* sondern gleichermaßen der freie Umgang mit der historischen Zeit. Nicht die Kontinuität interessiert Heine, sondern die Dialektik zwischen Vergangenheit und Gegenwart.

Die wohl gravierendste Abweichung vom Modell der akademischen Literaturgeschichte in Heines Text ergibt sich aus der Vermischung von fiktionalen und faktischen Aussagen oder, anders gesprochen, aus der Verwischung etablierter kognitiver Grenzen. Auf der einen Seite werden historische Personen, zum Beispiel Luther oder Lessing, als fiktionale Charaktere behandelt, auf der anderen Seite werden fiktionale Figuren, auf die sich Heine in seinen Werkanalysen bezieht, wie empirisch wirkliche Personen dargestellt. Gleichwohl betont Heine in theoretisch orientierten Teilen seines Werks, daß Kunst und Leben verschiedene Welten darstellen und verschiedenen Gesetzen folgen. Da die Grenzen zwischen Fiktion und empirischer Wirklichkeit im Text fließend sind, kann die kritische Darstellung von literarischen Kunstwerken entweder den Eindruck der Realität simulieren, etwa durch die Art, wie der Erzähler den Inhalt wiedergibt, oder sie kann die Bedeutung fiktionalisieren, wie dies in folgendem Beispiel geschieht:

> Dieses Gedicht ist selbst ein Kuß; der Genius der Poesie küßte den schlafenden Frühling, und dieser schlug lächelnd die Augen auf, und alle Rosen dufteten und alle Nachtigallen sangen, und was die Rosen dufteten und die Nachtigallen sangen, das hat unser vortrefflicher Fouqué in Wort gekleidet, und er nannte es: ‚Undine'. (3, 476 f.)

Schwerlich würde diese Passage einen Platz in Gervinus' Literaturgeschichte finden, denn sie verweigert die kategorische Unterscheidung zwischen Literatur und Literaturkritik. Heines Bewertung der *Undine* läuft auf eine Poetisierung der Poesie durch die Kritik hinaus. Wenn man die zitierte Stelle im Zusammenhang von Heines Auseinandersetzung mit Fouqué betrachtet, wird diese „Poetisierung" freilich in ein ironisches Licht versetzt. Der Leser kann sich nicht darauf verlassen, daß die poetische Geste vollkommen ernst gemeint ist. Die Passage enthält zugleich die Möglichkeit der Dekonstruktion des romantischen Modells der Poetisierung der Kritik. Gleichwohl würde dieser Zweifel an der Seriosität des Sprechens die kategorische Differenz zwischen fiktionaler Darstellung und dem Diskurs der Kritik nicht wiederherstellen, stattdessen würde es den Leser permanent in der Schwebe halten.

Allerdings läßt sich diese Beobachtung kaum generalisieren. Das gleiche Verfahren führt im Falle von Jean Paul, den Heine erwähnt, obgleich er nicht zur Romantischen Schule gehört, zu einem unterschiedlichen Ergebnis. Der Erzähler wirft einen Blick auf den eigentümlichen Stil seines Autors und bemerkt:

> Jean Pauls Periodenbau besteht aus lauter kleinen Stübchen, die manchmal so eng sind, daß wenn eine Idee dort mit einer anderen zusammentrifft, sie sich beide die Köpfe zerstoßen; oben an der Decke sind lauter Haken, woran Jean Paul allerlei Gedanken hängt, und an den Wänden sind lauter geheime Schubladen, worin er Gefühle verbirgt. (3, 470)

Die Charakterisierung des Jean Paulschen Stils verliert sich in mehr und mehr Einzelheiten, die aber nicht mit den Begriffen der Rhetorik benannt werden, wie es der akademischen Kritik ansteht, sondem durch die ausführlich gestaltete Gebäudemetapher veranschaulicht werden, so daß der Leser anstelle eines Begriffs einen sinnlichen Eindruck erhält. Ob dieser Eindruck zu einem eindeutigen Urteil über Jean Paul führt, ist allerdings eine andere Frage, denn gerade durch die anschauliche, die Details häufende Darstellung kann Heine der begrifflichen Festlegung ausweichen und alles offenhalten.

V.

Durch den kontrastierenden Vergleich von Heines *Romantischer Schule* und Gervinus' *Geschichte der poetischen National-Literatur* habe ich versucht, die Eigenart von Heines Form der Literaturkritik und Literaturgeschichte zu erhellen. Insbesondere ging es mir um die Klärung der narrativen Struktur. Ich glaube, daß Heines Text sich nicht ohne weiteres in das Modell einfügen läßt, das die junge Germanistik (um hier etwas pauschal zu sprechen und ohne auf die Differenzen zwischen den strengen Philologen und den Literaturhistorikern einzugehen) ausbildete. Nun hat Michael Ansel noch einmal den Versuch unternommen, Heine als wissenschaftlichen Literaturhistoriker vorzustellen, indem er die Parallele zwischen ihm und Gervinus betont.[14] Sein Argument beruft sich auf die Ähnlichkeit der geschichtsphilosophischen Grundüberzeugung. Daraus folge eine weitgehende Übereinstimmung in der Bewertung des Verlaufs der deutschen Geschichte, etwa in der Beurteilung der Reformation oder der Aufklärung. Ansel zufolge sind sich Heine und Gervinus einig in der Betonung eines universalen Humanismus, der dem deutschen Nationalismus übergeordnet bleibt. Dieser philologisch sorgfältig durchgeführte Versuch findet jedoch seine Grenze, wo er aufgrund der Parallelen Heines *Romantische Schule* die gleiche Darstellungsabsicht zuweist wie Gervinus' Literaturgeschichte. Dementsprechend mißt er Heine an Gervinus und kommt zu dem Schluß, daß Heine die Kriterien der neuen Wissenschaftlichkeit weitgehend erfüllt habe. Doch die entscheidende Frage ist nicht, ob Heine mit den Anforderungen der wissenschaftlichen Historiographie vertraut war – er war es –, sondern, was er mit diesem Wissen macht, wie er es in seiner Darstellung einsetzt. Setzt man Gervinus' Wissenschaftsauffassung als Grundlage voraus, kann man *Die Romantische Schule* nur mit Einschränkungen anerkennen (was auch Ansel schließlich im Hinblick auf das Wissenschaftsethos und den Stil einräumt), doch kommt es darauf an, die Problematik eben dieser Voraussetzung deutlich zu machen. Der Unterschied ist nicht lediglich eine Frage der Gattung und der Kommunikationsstruktur, also der Differenz zwischen wissenschaftlicher Darstellung auf der einen Seite und journalistischer Mitteilung auf der anderen. Die Differenz ergibt sich darüber hinaus aus Heines Begriff von Kritik. Wo Gervinus durch seine monumentale Erzählung die Identität zwischen dem Volk der Deutschen und ihrer Literatur hervorhebt und seinen aufsteigenden Bildungsgang beschreibt, bleibt Heine ein skeptischer und ambivalenter Beobachter, der gleichzeitig das Projekt einer nationalen Literatur affirmativ aufgreift und es problematisiert, der die romantische Literatur zelebriert und sie zerstört und der schließlich vom romantischen Begriff einer poetischen Kritik zehrt und ihn zugleich untergräbt.

So ergibt sich eine paradoxe Situation: Die Krise der akademischen Literaturgeschichte, die sich in den 1880er Jahren abzuzeichnen begann[15], wird von Heine bereits im Zeitpunkt ihrer ersten Blüte antizipiert, und zwar von einer Position, die ich als proto-modernistisch kennzeichnen

14 Michael Ansel: „Auf dem Wege zur Verwissenschaftlichung der Literaturgeschichtsschreibung: Heines Abhandlungen *Zur Geschichte der Religion und Philosophie in Deutschlandund* und *Die Romantische Schule*". In: *IASL* 17.2 (1993), S. 61–94.

mochte. Sie beerbt die Romantik, indem sie diese kritisiert. Innerhalb der wissenschaftlichen Kritik jedoch bleibt *Die Romantische Schule* eine Anomalie, weil sie den methodischen Anspruch der neuen Literaturgeschichte zwar erkennt, aber nicht dogmatisch mitvollzieht. Zwei Momente dieser Abweichung möchte ich noch einmal hervorheben: erstens fehlt Heine das feste, dogmatische Vertrauen auf Kontinuität und Teleologie des geschichtlichen Prozesses. Sein Verhältnis zur Idee des Fortschritts ist – trotz seiner wiederholten emphatischen Zustimmung – gebrochen, sein Verfahren der Darstellung unterstreicht gleichzeitig die Momente der Diskontinuität und die Faktizität der Brüche. Zweitens verletzt Heine die Regeln der wissenschaftlichen Methode. Indem er die Kritik fiktionalisiert, führt er sie in den poetisch-ästhetischen Bereich zurück, aus dem sie Gervinus gerade lösen wollte. Dieses Überschneiden von fiktionalem und philosophischem Zugriff, von zwei Zugängen, die sich nicht synthetisch integrieren lassen, macht Heines proto-modernen Charakter aus, den auch die jungdeutschen Schriftsteller, so sehr sie Heine bewunderten und ihn als den Meister der neuen Prosa feierten – zum Beispiel Ludwig Wienbarg in der 24. Vorlesung seiner *Ästhetische Feldzüge* –, nur teilweise erkannten. An dem jungdeutschen Diskurs über ihren Stil ist abzulesen[16], daß in der extensiven Diskussion der 1830er und 1840er Jahre zum guten Teil wieder verlorenging, was Heine zu seiner Schreibart führte, namlich der dialektische Charakter seiner Kritik. Die Modernität Heines tritt als Stil in Erscheinung, als Schreibart, mit der sich weder Wissenschaft noch Philosophie befreunden konnten, die aber auch in der zeitgenössischen Dichtung, sofern sie sich biedermeierlich als Poesie verstand, keine Heimat fand.

---

15 Zur Krise der Literaturgeschichte vgl. Holger Dainat: „Von der neueren Deutschen Literaturgeschichte zur Literaturwissenschaft. Die Fachentwicklung von 1890 bis 1913/14". In: *Wissenschaftsgeschichte der Germanistik im 19. Jahrhundert*. Hg. von Jürgen Fohrmann und Wilhelm Voßkamp (Stuttgart, 1994), S. 494–537.

16 Takanori Teraoka: *Stil und Stildiskurs des Jungen Deutschland* (Hamburg, 1993), besonders S. 150 ff.

5. Schwelle und Übergang: Heinrich Heines Position in der modernen europäischen Literatur

Seit mindestens zwei Jahrzehnten melden sich Stimmen in der Literaturkritik zu Worte, die Heinrich Heine in einen neuen Zusammenhang stellen, ihm literarisch und ästhetisch eine veränderte Rolle zuweisen wollen, doch letztlich das entscheidende Wort nicht aussprechen.[1] Es bleibt bei Andeutungen und Hinweisen, die den gemeinten Sachverhalt voraussetzen, ohne ihn deutlich zu nennen. Die Rede ist von der Modernität Heines, genauer gesprochen, von seiner Bedeutung für die literarische Moderne in Europa. Da die Einbürgerung des Dichters in den deutschen Kanon erst spät erfolgte und sich gegen Widerstände ideologischer wie auch ästhetischer Art durchsetzen mußte, richtete sich das Augenmerk der deutschen Heine-Kritik auf die Sicherung seines Platzes in der deutschen Literaturgeschichte.[2] Verdrängt wurde dabei, daß Heine sich selbst seit seiner Migration nach Paris durchaus im europäischen Kontext sah. Nicht ohne Grund lag ihm daran, sein *œuvre*, vermittelt durch französische Übersetzungen, einem europäischen Publikum vorzustellen. Seine Präsenz in der literarischen Welt Frankreichs seit den dreißiger Jahren, von nationalistischen deutschen Kritikern gelegentlich als Verrat gebrandmarkt, war die Voraussetzung für Heines Rolle in der modernen europäischen Literatur, von der im folgenden die Rede sein soll. Bemüht man die Terminologie einer Familiengeschichte, so wäre Heine als der rebellische Sohn der deut-

1 Hinweise finden sich bei Dolf Oehler: *Pariser Bilder I (1830–1848). Antibürgerliche Ästhetik bei Baudelaire, Daumier und Heine* (Frankfurt a.M., 1979); *Heinrich Heine*. Hg. von Luciano Zagari und Paolo Chiarini (Stuttgart, 1980); Klaus Briegleb: *Opfer Heine? Versuche über Schriftzüge der Revolution* (Frankfurt a.M., 1986); Norbert Altenhofer: „Die verlorene Augensprache. Über Heinrich Heine" (Frankfurt a.M., 1993). In: Gerhard Höhns: *Heine Handbuch* (Stuttgart, 2004) mehren sich die Hinweise auf Heines Modernität und den Zusammenhang mit der europäischen Moderne. Gegen diese Entwicklung nimmt neuerdings Stellung Jost Hermand: „Heine. Ein Vorläufer der Moderne? Ein polemischer Epilog". In: Hermand: *Heinrich Heine. Kritisch. Solidarisch. Umstritten* (Köln, 2007), S. 211–221.

2 Unverkennbar ist diese Tendenz in den Konferenzbänden anläßlich von Heine-Jubiläen, z.B. *Heinrich Heine. Streitbarer Humanist und volksverbundener Dichter* (Weimar, 1973), der die Ergebnisse einer im Dezember 1972 in Weimar abgehaltenen Konferenz zusammenträgt.

schen Romantik und der Vater des europäischen Modernismus zu bezeichnen, d.h. als Teil einer literarischen und ästhetischen Formation, die sich deutlich, gelegentlich gewaltsam, von der Romantik absetzt. Heine war sich dieser widerspruchsvollen Beziehung durchaus bewußt. Wenn er sich in den *Geständnissen* als einen *romantique défroqué* bezeichnet (6,I, 447), so ist dieser Zusammenhang pointiert festgehalten, denn Heine unterstreicht zugleich seine Polemik gegen die Romantiker als auch seine literarische Verschuldung gegenüber der Romantik, mit der er sich am Ende seiner poetischen Laufbahn erneut identifiziert, wenn auch nicht ohne einen ironischen Unterton, denn seine Bestimmung der Romantik als eines „Traumlandes," ausgezeichnet durch „holdselige Übertreibungen" und „Mondscheintrunkenheit" (6,I, 447), enthält keineswegs alle Momente seines komplexen Verhältnisses zur Romantik. Doch mit Recht besteht Heine darauf, daß mit ihm „die alte lyrische Schule der Deutschen abgeschlossen" (6,I, 447) sei; allerdings bleibt an dieser Stelle ungesagt, wodurch sich die neue Schule, „die moderne deutsche Lyrik," auszeichnet.

Wodurch wurde Heine zur Stimme und zum Vorbild der nachfolgenden Generation? Es blieb dem späten Nietzsche vorbehalten, diese Perspektive, nunmehr eine Generation nach dem Tode Heines, prägnant zu formulieren. „Den höchsten Begriff von Lyrik", heißt es 1888 im *Ecce Homo*, „hat mir Heinrich Heine gegeben. Ich suche umsonst in allen Reichen der Jahrtausende nach einer gleich süßen und leidenschaftlichen Musik. Er hat jene göttliche Bosheit, ohne die ich mir das Vollkommene nicht zu deuten vermag."[3] Daß Nietzsche Heine bewußt aus dem deutschen Zusammenhang herausnimmt, wird deutlich aus einer Bemerkung in *Nietzsche contra Wagner* (1888), wo er die französische Heine-Rezeption mit der deutschen kontrastiert. Der französischen Affinität zu Heines lyrischer Sprache wird das deutsche Unverständnis (die Deutschen als „Hornvieh") gegenübergestellt. Damit widerspricht Nietzsche seinem früheren Urteil über Heine, das, noch aus dem Zentrum eines deutschen Bildungsprojekts sprechend, dem Dichter seine Virtuosität, das heißt den Mangel an einer eigenen poetischen Sprache vorgeworfen hatte. Es ist die Rede von einem Jargon, in dem „jede Wendung verwerflich ist."[4] Es ist ein Zeugnis jener Heine-Polemik, die später Karl Kraus emphatisch vortragen wird und die noch bei Adorno ein Echo findet.[5] Nicht zufällig streitet Adorno der lyrischen Sprache Heines jede Modernität ab und rechnet den Dichter unter die romantischen Epigonen. Nietzsche vermochte sein Urteil radikal zu

3 Friedrich Nietzsche: *Sämtliche Werke. Studienausgabe*. Hg. von Giorgo Colli und Mazzino Montenari (Berlin, 1967–1973). Bd. 6, S. 286.

4 Nietzsche: *Sämtliche Werke*, Bd. 6, S. 427.

5 Theodor W. Adorno: „Die Wunde Heine". In: Adorno: *Noten zur Literatur I* (Frankfurt a.M., 1958), S. 144–152.

verändern, weil er sich von dem nationalen Bildungsprojekt gelöst hatte und – dies scheint mir entscheidend zu sein – die normative Idee einer authentischen Sprache abgestreift hatte. Der späte Nietzsche lobt an Heine die Bouffonerie und Schauspielerei. „Mit Offenbach, mit Heinrich Heine ist die Potenz der europäischen Cultur wirklich überboten.“[6]

Bei Nietzsche verschiebt sich der Gesichtspunkt des Urteils in zweifacher Hinsicht. Zum einen rückt er Heine aus dem Zusammenhang der deutschen Literatur und Kultur, um ihm in Paris und Frankreich eine neue Heimat zu geben; zum anderen wertet er die lyrische Sprache der Romantik ab, um sie durch eine moderne Diktion zu ersetzen, die das Moment des Künstlichen, Ironischen und sogar Frivolen hervorhebt. Mit Nachdruck stellt also Nietzsche Heine in den Zusammenhang der europäischen Moderne, in die Nähe von Baudelaire und der Brüder Goncourt, nicht zu reden von Richard Wagner als dem Vertreter der Dekadenz. Sieht man sich die gleichzeitige Rezeption in Deutschland an, erscheint Nietzsches Urteil als die große Ausnahme, denn in dem Streit um Heine, ob die Kritiker nun polemisch oder apologetisch Stellung nehmen, bleibt der Begriff der deutschen Nationalliteratur der unbezweifelte Hintergrund.[7] Daß diese Einordnung nicht die einzige Möglichkeit darstellte, zeigt die französische Diskussion, in der Baudelaire Heine gegen den Kritiker Jules Janin in Schutz nimmt, der als Klassizist dem deutschen Dichter das Heimatrecht in der französischen Literatur verweigern will.[8] Baudelaire erkennt nicht nur den modernen Charakter der Heineschen Lyrik, sondern bekennt sich zu ihm als dem notwendigen Schrittmacher der zeitgenössischen literarischen Produktion.

Für Heines Rolle als dem Vater der Moderne erweist sich allerdings seine intime, zwiespältige Vertrautheit mit der deutschen Romantik, sowohl ihrer Theorie als auch ihrer Praxis, als eine unverzichtbare Bedingung. Heines Selbsteinschätzung in den *Geständnissen* vermittelt von diesem komplexen Zusammenhang nur ein vereinfachtes Bild, denn er war niemals ein bloßes Mitglied der älteren romantischen Schule. Es ist seine Kritik der Romantik, in der wesentliche Momente der romantischen Ästhetik und Poetik dialektisch aufgehoben werden, die es ihm später ermöglicht, eine poetische Praxis zu entwickeln, die sich von der Romantik deut-

6 Nietzsche: *Sämtliche Werke*. Bd. 13, S. 532.

7 Dazu jetzt die ausführliche Textsammlung *Heinrich Heine und die Nachwelt. Geschichte seiner Wirkung in den deutschsprachigen Ländern*. Hg. von Dietmar Goltschnigg und Hartmut Steinecke (Berlin, 2006). Bd. 1 (1856–1906).

8 Siehe Gerhard R. Kaiser: „Baudelaire pro Heine contra Janin. Text – Kommentar – Analyse“. In: *Heine-Jahrbuch* (1983). Bd. 22, S. 135–178; ferner Alfred Opitz: „Von Heine bis Baudelaire“. In: *Aufklärung und Skepsis. Internationaler Heine Kongreß 1997*. Hg. von Joseph A. Kruse, Bernd Kortländer und Karin Füllner (Stuttgart, 1998), S. 677–690.

lich abhebt. Zugleich verweigert sich Heine dem bürgerlichen Realismus, der nach 1848 in Deutschland das Poetische in den bürgerlichen Alltag retten will und auf diese Weise seinen Frieden mit der postrevolutionären Gesellschaft macht. Daß Heine sich auch in den fünfziger Jahren nicht auf den Boden der Tatsachen stellt, sondern an einem oppositionellen Subjekt festhält, liefert ihn zwar der herben Kritik der Realisten aus, eröffnet jedoch zugleich den Blick auf eine Auseinandersetzung mit der modernen Welt, ihren ästhetischen Reizen wie ihrer sozialen Bedrohlichkeit.[9] Die widerspruchsvolle Nähe von Ästhetik und Ideologie, Kunst und Politik, die Heine bereits in den dreißiger Jahren artikulierte, stellt sich ihm als ein verschärftes Problem in den Weg, ohne die vorrevolutionäre Lösung noch zuzulassen. So steht der späte Heine vor der Aufgabe, die früheren Koordinaten seiner Weltorientierung in einer veränderten Wirklichkeit zu überprüfen, sie zu selektieren und anzupassen, ein offenkundig schwieriger und keineswegs linearer Prozeß, der Heines zeitgenössische Leser nicht selten verwirrt hat. Manches, was gesichert schien, muß in Frage gestellt werden, so z.B. das hellenische Projekt, die Überwindung des christlichen Spiritualismus im Bilde einer neuen sensualistischen Menschengemeinschaft. Die aktivistische Rolle des Schriftstellers, die Möglichkeit, das Wort in die Tat umzusetzen, erscheint weit weniger gesichert als in den dreißiger Jahren, auch wenn der Gestus nicht aufgegeben wird. Ja selbst die Parallele von poetischer und sozialer Revolution, die das Werk der vierziger Jahre charakterisiert, wird in Zweifel gezogen. So gilt es zu verstehen, daß Heine nicht durch die Lösung der selbstgestellten Aufgabe zum Vater der Moderne wird, sondern eher durch die Einsicht ihrer Ungelöstheit, möglicherweise ihrer Unlösbarkeit. Es zeigen sich Risse und Brüche, die der späte, ans Krankenlager gefesselte Heine nicht verbergen oder glätten will, sondern poetisch, aber auch im Selbstkommentar, nach außen kehrt.

Diese Gebrochenheit verbietet, wie der junge Thomas Mann erkannte, die Rettung des Dichters im Namen der Moral oder der christlichen Religiosität. Was Mann an Heine bewunderte, war der Stil, das Moment der zugleich komplexen wie rücksichtslosen Artikulation, die er in der Börne-Denkschrift fand.[10] Unverkennbar und mit Grund liest Thomas

---

9 Zur Kritik der Realisten gegen das Junge Deutschland und Heine siehe Helmuth Widhammer: *Realismus und klassizistische Tradition* (Tübingen, 1972), S. 73–106; Hermann Kinder: *Poesie als Synthese. Ausbreitung eines deutschen Realismus-Verständnisses in der Mitte des 19. Jahrhunderts* (Frankfurt a.M., 1973), S. 150–157.

10 Siehe Volkmar Hansen: *Thomas Manns Heine-Rezeption* (Hamburg, 1975); Hohendahl: „Heine-Rezeption um 1900“. In: *Literatur und Demokratie.* Festschrift für Hartmut Steinecke. Hg. von Alo Allkemper und Norbert Eke (Berlin, 2000), S. 125–146; in diesem Band Kap. 10.

Mann sie als ein Zeugnis der literarischen Moderne, nicht zuletzt als eine Apologie der Literatur gegen die Zumutungen des politische Engagements. Heines Replik auf Börnes wiederholte und sich steigernde Polemik gibt Heine die Gelegenheit, sein Selbstverständnis präzisierend zu bestimmen. Indem sich Heine gegen den engagierten politischen Schriftsteller zur Wehr setzt, markiert er zugleich den zukünftigen Pfad einer poetischen Praxis, die sich nicht aus der modernen Welt zurückzieht und damit als Thema vermeidet, was dem Begriff ästhetischer Vollendung widerspricht. Die emphatische Subjektivität des Autors, die sich in der öffentlichen Auseinandersetzung profiliert, enthält jedoch mehr als das radikale Ausformulieren des eingenommenen Standpunkts. Der Gehalt der Schrift äußert sich gleichermaßen im Stil. In der durchgehend ironischen Sprachhaltung gewinnt das poetische Programm seine Kontur. Diese Haltung trennt das Ich des Textes von der Person des Dichters, in der Sprache Börnes, die Heine in kritischer Absicht aufnimmt, das Talent von dem Charakter. So kommentiert Heine in eigener Sache:

> Den Grundsatz, daß man den Charakter eines Schriftstellers aus seiner Schreibweise erkenne, ist nicht unbedingt richtig; er ist bloß anwendbar bei jener Masse von Autoren, denen beim Schreiben nur die augenblickliche Inspiration die Feder führt und die mehr dem Worte gehorchen als befehlen. Bei Artisten ist jener Grundsatz unzuläßlich, denn diese sind Meister des Wortes, handhaben es zu jedem beliebigen Zweck, prägen es nach Willkür, schreiben objektiv, und ihr Charakter verrät sich nicht in ihrem Stil (4, 130).

Offensichtlich entwickelt Heine hier einen Begriff von Artistik, der sich querstellt zum romantischen Poesiebegriff, auf den der Inspirationsbegriff anspricht. Die Freiheit und Willkür bei der Handhabung von Sprache berührt sich auf der einen Seite mit dem (von Heine verurteilten) Virtuosen und auf der anderen mit der Idee einer ästhetischen Souveränität, die jede Bindung an die Außenwelt abgeschüttelt hat. Damit setzt sich Heine dem Vorwurf des Ästhetizismus aus, den Börne aus der Sicht seines radikalen politischen Engagements in den dreißiger Jahren in der Tat vorbringt. „Wenn, wie ihm [Heine], die Form das Höchste ist, dann muß sie auch das Einzige bleiben; denn sobald er den Rand übersteigt, fließt er ins Schrankenlose hinab, und es trinkt ihn der Sand“ (4, 133). Die so gewonnene Freiheit ist Börne zufolge eine falsche, moralisch und politisch problematische Freiheit, da sie jeder Entscheidung zugunsten des Ausdrucks ausweicht.

Hier ist allerdings daran zu erinnern, daß es Heine ist, der Börne in seiner Denkschrift ausführlich zitiert, um dessen Position wie auch seinen Stil vorzuführen. Anders gesprochen, Heines Selbstverständnis als Schriftsteller entfaltet sich in der Denkschrift in der dialektischen Auseinandersetzung mit einem Antagonisten mit beträchtlicher Affinität zu seinem eigenen Projekt. Börne hatte sich in seinen literaturkritischen Arbeiten als entschiedener Gegner der Klassik profiliert, nicht zuletzt durch seine Polemik gegen ästhetische Autonomie, die er am Beispiel von Goethe als Flucht vor der politischen Tat tadelt. Heines Replik unternimmt die nicht leichte Aufgabe, den Vorwurf des Ästhetizismus abzuwehren, ohne sein eigenes politisches Projekt aufzugeben. Kunst und Politik dürfen differenziert, aber nicht absolut getrennt werden. Seine Strategie zielt folglich darauf ab, Börnes politisches Engagement in einen Gegensatz zum Leben zu bringen. Er führt noch einmal den Sensualismus ins Feld, um Börne abzuwerten. „Alle überlieferte Heiterkeit, alle Süße, aller Blumenduft, alle Poesie wird aus dem Leben herausgepumpt werden, und es wird nichts übrig bleiben als die Rumfordsche Suppe der Nützlichkeit" (4, 140). Indem Heine Börne als Puritaner vorstellt, ordnet er ihn als einen lebensfeindlichen Spiritualisten ein, dessen politisches Engagement bestenfalls die politischen und sozialen Verhältnisse, nicht aber das Leben verändern kann. Bezeichnenderweise beruft sich Heine an dieser Stelle noch einmal auf romantische Metaphern, um die Aufgabe des Dichters zu legitimieren. Der anti-utilitäre Gestus evoziert eine Sprache, die allerdings mit Heines literarischer Praxis der vierziger Jahre nicht mehr übereinstimmt. Daher endet die Denkschrift auch nicht mit der Zusammenfassung des Arguments, sondern mit der Wiedergabe eines Traumes, der das sensualistische Projekt nicht unterstützt. Die hellenische Welt, ihre sinnliche Lebensfülle, hat in diesem Traum ihre Kraft verloren. Die Schönheit der Traumbilder ist von Trauer und Gram gezeichnet, die eher auf ein Ende als auf eine Wiederkehr hindeuten. Durch die mythologische Allegorese deutet der Text an, daß die Erneuerung des modernen Lebens durch den Mythos nicht zu realisieren ist, daß, anders gesprochen, die Synthese von Kunst, Leben und Politik (Demokratie) nicht durchzusetzen ist. Damit steht Heine an der Schwelle des Modernismus. Das Spätwerk ist die Antwort auf diese historische Einsicht, in die zugleich die Erfahrung der extremen Beschränkung durch die eigene Krankheit eingeht.

Die Herausgabe der Pariser Korrespondenzberichte aus den vierziger Jahren unter dem Titel *Lutetia* (*Lutèce*) sowohl in deutscher als auch in französischer Sprache wird 1854 der Anlaß zu intensiver Reflexion über das Verhältnis von Literatur und Politik, aber auch über die Rolle des Schriftstellers in der modernen Gesellschaft. Die Zueignung des Buches an den Fürsten Pückler-Muskau (1854) und die Vorrede zur französischen Ausgabe (1855) sind der Ort, um die nachrevolutionäre Konstellation zu überdenken. Heine legt Rechenschaft von seiner schriftstellerischen Praxis ab, d.h. dem Kampf mit der von Metternich inspirierten Zensur sowie der Aufgabe, zerstörte oder unterdrückte Textteile wiederherzustellen, um das Bild der Zeit zu vervollständigen. Doch gleichzeitig handelt es sich darum, den Sinn dieser inzwischen historischen Berichte zu erhellen. Welche Funktion hat ihre Publikation in den fünfziger Jahren? In dieser Hinsicht ist die französische Vorrede in ihren Formulierungen offener und deutlicher. Während Heine in der Zueignung den einschneidenden Charakter der Februar-Revolution zwar ausdrücklich erwähnt und zu seinen Berichten als Zeitmarkierung in Beziehung setzt, expliziert das französische Vorwort Heines komplizierte Position innerhalb des revolutionären Prozesses. Heine konstatiert hier das Auseinanderfallen von politischem Engagement und ästhetischer Verpflichtung, genauer gesagt, zwischen der Beurteilung der politischen Entwicklung, die auf eine radikale soziale Revolution zusteuerte (Kommunisten), und dem Selbstverständnis als Dichter. Durch die unüberhörbare Ironie begibt sich Heine in eine Selbstdistanzierung, die den Bruch offen einbekennt:

> Dieses Geständnis, daß den Kommunisten die Zukunft gehört, machte ich im Tone der größten Angst und Besorgnis, und ach! diese Tonart war keineswegs eine Maske! Und in der Tat, nur mit Grauen und Schrecken denke ich an die Zeit, wo jene dunklen Ikonoklasten zur Herrschaft gelangen werden: mit ihren rohen Fäusten zerschlagen sie dann alle Marmorbilder meiner geliebten Kunstwelt, die dem Poeten so lieb waren; sie hacken mir meine Lorbeerwälder um, und pflanzen darauf Kartoffeln! (5, 232).

Heines Umgang mit den vertrauten Bildern des Kunstreichs (Marmorbilder, Lorbeer) nähert sich der Satire, ohne doch den Gegenstand, eben die bedrohte Situation des Künstlers im Prozeß der Revolution, der komischen Vernichtung preiszugeben. Im Rückblick auf die radikalen vierziger Jahre entfaltet sich das neue Selbstverständnis als eine Form des Ausharrens in einer Lage, in der das alte Projekt nicht mehr zu verwirklichen ist, ohne seine Dringlichkeit verloren zu haben.

Der Eintritt in den postrevolutionären Modernismus ist dort am deutlichsten zu erkennen, wo Heine sich scheinbar auf vertraute religiöse Muster zurückzieht und sich ausdrücklich zu einem persönlichen Gott bekennt, mit dem er in ein Gespräch eintreten kann. Doch nicht zufällig ist dieses Bekenntnis begleitet von der Behauptung, die religiöse Kehre sei nicht als Konversion zu einer Kirche zu lesen. Der emphatisch vorgetragene Glaube und die damit einhergehende Kritik Hegels (genauer: der Linkshegelianer wie Feuerbach) ändert nichts an der älteren Einsicht in das Ende der Transzendenz. Daß Gott gestorben ist, wie es in *Zur Geschichte der Religion und Philosophie in Deutschland* geheißen hatte, wird nicht durchgestrichen oder zurückgenommen.[11] Die religiöse Erfahrung ist vielmehr in einem postmetaphysischen Raum angesiedelt, in dem das Individuum auf objektive ideale Inhalte nicht mehr bauen kann und ange-

---

11 Ich folge hier Hermann Lübbe: „Heinrich Heine und die Religion nach der Aufklärung". In: *Der späte Heine 1848–1856.* Hg. von Wilhelm Gössmann und Joseph Kruse (Hamburg, 1982), S. 205–218.

sichts einer Lebenswirklichkeit, die Versöhnung nicht mehr gewährt, gleichwohl an der religiösen Erfahrung festhalten will. Die jüdische und christliche Tradition ist zu einer mythologischen Variante unter mehreren geworden, nunmehr ohne den Charakter des Unbedingten. Sie steht für Heine als Deutungsmaterial zur Verfügung, nicht anders als die griechische Mythologie, mit deren Hilfe Heines sensualistisches Projekt der dreißiger Jahre Gestalt annehmen konnte.

Nach 1848 setzt sich die Arbeit am Mythos fort, nunmehr allerdings getragen von einer ironisch-skeptischen Einstellung, in der die Figuren der griechischen Mythologie in einen ausgesprochen modernen Kontext gestellt werden.[12] Der Kontrast zwischen Antike und Moderne, seit der *Querelle* im Mittelpunkt der Diskussion, verschärft sich zur schmerzlichen aber auch komischen Unvereinbarkeit. In Heines Arbeit am Mythos – und das macht sie spezifisch modern – verschwindet oder verringert sich dessen positive, aufbauende Kraft. Das Aufsuchen der mythischen Stellen im modernen Leben erweist sich als das Verzögern eines Verlusts, den die Moderne nicht wiederherstellen kann. Die griechischen Götter verkünden nicht mehr ihre bevorstehende Wiederkehr, sondern befinden sich, vom Spiritualismus verdrängt, im Exil, das sie mit dem Mythologen Heine teilen. Denn dessen Charakterisierung der verstorbenen Götter verweist zugleich auf seine eigene wachsende Fremdheit in einer Welt, die den christlichen Spiritualismus zweckrationalistisch verändert hat. In der Tat kann man daher von einer „Götterdämmerung" sprechen, die Heine in *Die Götter im Exil* darstellt.[13] Überführt in die moderne Welt und eingepaßt in zeitgenössische soziale Bedingungen erscheinen die Götter eher als humane Gestalten, die nur noch bedingt ihre Umgebung beherrschen. Die vormalige Macht ist entweder geschrumpft oder nur unter besonderen Umständen durchzusetzen. Der Nachdruck liegt freilich auf dem Verlust an Macht und Ansehen, auf der Notwendigkeit, sich zu verstellen. Heines Bericht von den heimlichen Bacchanalen des Gottes Dionysos und seiner Gefährten (basierend vermutlich auf einem Beleg in Jacob Grimms *Deutscher Mythologie*, 1844) hebt nicht nur den Gegensatz christlich-moderner und antiker Werte sondern auch die ästhetische Lebensunwirklichkeit des Bacchanals hervor. Die Schönheit der Figuren ist die von marmornen Statuen – ästhetisch vollendet, aber ohne Leben. Dionysos kann den antiken Sensualismus zwar in Ausnahmesituationen inszenieren, aber nicht restaurieren. Der Gott, vom Christentum dämonisiert, darf nicht offen in Erschei-

12 Siehe Markus Küppers: *Heinrich Heines Arbeit am Mythos* (München und New York, 1994); Markus Winkler: *Mythisches Denken zwischen Romantik und Realismus. Zur Erfahrung kultureller Fremdheit im Werk Heinrich Heines* (Tübingen, 1995).

13 Küppers: *Arbeit*, S. 273.

nung treten; er muß sich als Mönch verbergen, um überleben zu können. Gleichzeitig macht diese Doppelexistenz deutlich, daß das dionysische Element seine Wirksamkeit nicht ganz verloren hat, daß es nur verdrängt worden ist. Daher kann man von einer Traumlogik sprechen, in der der alte Mythos noch einmal Gestalt gewinnt.

Doch legt Heine in seiner Neugestaltung des Mythos den Nachdruck auf die Entfremdung von der alten Welt. Damit aber fällt ein bedenkliches Licht auf die Konzeption des geschichtlichen Fortschritts, dem sich die Moderne verschrieben hat. Heines mythologische Arbeit vermag diesen Widerspruch zwischen dem Selbstverständnis der modernen Gesellschaft, die auf soziale und technologische Veränderung setzt, und dem kulturellen Urgrund der Antike narrativ zu auszudrücken, ohne ihn begrifflich ausformulieren zu müssen. Insofern setzt er den romantischen Umgang mit der antiken Mythologie fort, hält dabei freilich die Bedingungen einer in das Stadium des Hochkapitalismus eintretenden Gesellschaft im Auge. Daß eine Generation später Friedrich Nietzsche in seiner Deutung der attischen Tragödie dem Dionysischen die Kraft verleihen wollte, um aus dem Gefängnis der modernen Welt auszubrechen, zeigt prägnant den Unterschied. Wo der junge Nietzsche die Kraft des Mythischen feiert, verweist Heine auf den unauflöslichen Widerspruch von Mythos und moderner Gesellschaft, der den Dichter in einer ambivalenten Position läßt. Bezeichnend für diese Ambivalenz, die gleichzeitig Feier und ironischen Spott ausdrückt, ist das Gedicht „Der Apollogott" aus dem *Romanzero.* Zwar ruft es in seinen drei Teilen verschiedene Situationen auf, in denen der griechische Gott in eine nachantike Welt zurückkehrt, doch der Ton des Gedichts läßt keinen Zweifel an seinem parodistischen, modernen Charakter. Die scheinbare Nähe zum Volkslied, signalisiert durch Strophenbau und Reimgebrauch sowie die der Spätromantik entlehnten sprachlichen Formeln, markieren den antilyrischen, modernen Charakter des Gedichts. Die poetische Transformation der Welt durch den Gesang wird aufgerufen in der Strophe:

> Ich sang – und wie Ambrosia
> Wohlrüche sich ergossen
> Es war von einer Gloria
> Die ganze Welt umflossen.

Allerdings ist die Evokation offenkundig nur als kulturelles Zitat verwendet, um dem Abstand von der Gegenwart zu verdeutlichen. Die folgende Strophe erinnert an die Vertreibung der antiken Götter durch das Christentum:

> Wohl tausend Jahr aus Grācia
> Bin ich verbannt, verstorben –
> Doch ist mein Herz in Grācia,
> In Grācia geblieben (6, I, 33).

Doch die Pointe der Exilierung ist die Wiederkehr Apollos im jüdischen Milieu Amsterdams, wo er als Rabbi Faibisch als Vorsänger an der deutschen Synagoge tätig ist. Diese Einbürgerung nimmt dem Gott nicht nur seine Aura, sondern auch das hellenische Element, das in Heines früherem Sensualismus eine zentrale Rolle spielte. Mehr noch, aus dem Gott wird ein Mensch, und zwar ein problematisch-moderner Künstler und Bohèmien. Hier berühren sich die Bearbeitung der Mythologie und die ironische Selbstdarstellung des Dichters, der sich (wie Heine) zum Ärger der Familie von seiner jüdischen Herkunft entfernt hat.

Diese bewußte Vulgarisierung des Mythos hebt sich deutlich ab von der klassischen und romantischen Rezeption der antiken Mythologie;[14] sie spitzt die Aneignung polemisch und aggressiv zu, um einen kulturellen Schock zu erzeugen. Heines späte Lyrik dringt damit in Lebensbereiche ein, die die Romantik als nicht poetisierbar ausgrenzen mußte und der nachfolgende deutsche Realismus als Alltag zwar einschließen will, jedoch mit dem Vorbehalt, daß sie wenigstens teilweise poetisierbar sein müssen (grüne Stellen). Dieser aggressive Umgang mit der Mythologie beschränkt sich übrigens nicht auf die griechische Antike. Heine verwertet die Geschehnisse des Alten Testaments mit gleicher Respektlosigkeit. Das Gedicht „König David" feiert nicht den jungen Helden, der den äußeren Feind besiegt, sondern den sterbenden Herrscher, der noch auf dem Totenbett den Mord eines mißliebigen Generals plant. Die Pointe ist die politische Vereinbarkeit von Moral und Verbrechen. In der Anrede an seinen Sohn Salomo spricht David:

> Du, mein Sohn, bist fromm und klug,
> Gottesfürchtig, stark genug,
> Und es wird dir leicht gelingen,
> Jenen Joab umzubringen. (6, I, 49)

Der glatte Fluß der Verse und die einfachen Paarreime täuschen formal eine Simplizität vor, zu der das Extreme des Inhalts vollkommen quersteht. Heines lyrischer Machiavellismus gibt sich populär. Das gesprochene Testament des Königs beruft sich auf Frömmigkeit und Klugheit als den Bedingungen einer Machtpolitik, die vor dem politischen Mord nicht zurückschreckt. Heines Wortwahl meidet jede Archaisierung des biblischen Materials. Davids Monolog bleibt auf dem sprachlichen Niveau der Alltagsrede. Offensichtlich wird der biblischen Geschichte hier eine ihr fremde Funktion gegeben. Gemeint ist, nicht anders als im Falle des Apollo-Gedichts, die Gegenwart der Dichters.

---

14 Zur romantischen Rezeption des Mythos siehe Manfred Frank: *Der kommende Gott. Vorlesungen über die neue Mythologie* (Frankfurt a.M., 1982).

Die Mythologie wird in diese Gegenwart hineingezogen, ohne doch ihre Andersartigkeit ganz zu verlieren. Diese Spannung charakterisiert Heines Umgang mit der Mythologie im *Romanzero* wie auch in den *Göttern im Exil*. Zweifellos enthält diese Beziehung ein Moment der Entzauberung im Sinne Max Webers, aber Heines Arbeit am Mythos, so sehr sie reflektiert und modern ist, läßt sich auf dieses Moment nicht reduzieren. Heine macht gleichzeitig Gebrauch von dem ästhetischen Potential des Mythos für die moderne Literatur.

Daß Adorno diesen wichtigen Schritt im Spätwerk Heines nicht wahrgenommen hat und den Dichter statt dessen in die epigonale Romantik eingeordnet hat, stellt ein heute kaum noch nachzuvollziehendes Maß an Blindheit dar, das nur aus der Bindung an Karl Kraus zu erklären ist. Adornos Geschichte der Moderne beginnt, wie diejenige von Walter Benjamin und Hugo Friedrich, mit Baudelaire. Erstaunlicher ist schon, daß Heines Name noch in Manfred Franks *Der kommende Gott* (1982) und dem von Karl-Heinz Bohrer herausgegebenen Band *Mythos und Moderne* (1983) fehlt. Das heißt, daß zu einem Zeitpunkt, als die Heine-Forschung die Integration des Dichters in die Geschichte der deutschen Literatur bereits weitgehend durchgesetzt hatte, die deutsche Literaturwissenschaft Heines Rolle in der Genese der modernen Literatur noch nicht wahrnahm. Der in den achtziger Jahren inaugurierte Diskurs über Mythos und Mythologie bleibt auf die Frühromantik fixiert, ohne Heines kritischen Reflexionen oder seiner poetischen Praxis Bedeutung beizumessen. Was ist der Grund für die bedenkliche Lücke? Daß dabei Antisemitismus, der Heine eine zentrale Rolle verweigern muß, eine Rolle spielen könnte, ist allenfalls zu vermuten. Näher kommt man der Sache mit dem negativen aufgeladenen Begriff des Virtuosen, denn der technisch brillante Virtuose bringt das Kunstwerk in Berührung mit der Kulturindustrie. Wenn die Grenze zwischen authentischer Dichtung und reiner Performanz nicht mehr gesichert ist, steht die Moderne in Gefahr, gleichsam auf die schiefe Ebene zu geraten. Keiner hat diese Gefahr besser erkannt als Heine, wie an seinen Urteilen über das Pariser Musikleben abzulesen ist. Nicht einmal der Komponist Meyerbeer wird ausgenommen.

Doch auch in der so positiven Einschätzung Heines in den Spätschriften Nietzsches fehlt dieses Element nicht, denn Nietzsche verweist nicht nur auf den Dichter Heine, sondern zugleich auch auf Jacques Offenbach, dessen Operetten genau an der Grenze zwischen Hoch- und Unterhaltungskultur angesiedelt sind. Durch die Annahme einer Affinität von Heine und Offenbach entwickelt der späte Nietzsche eine Konzeption der modernen Kunst, in der gegenüber der Goethezeit die Koordinaten wesentlich verschoben werden. Die ästhetische Moderne wird jenseits der Tradition und ihrer kulturellen Hierarchie zu einer Frage des Stils. Das bedeutet auch, daß für Nietzsche Heines kritische Reflexionen, zum Beispiel in dem Umgang mit dem Mythos, weit weniger wichtig sind als das Moment des (neuen) ästhetischen Ausdrucks. Für den späten Heine hingegen bleibt die dialektische Verschränkung von ästhetischem Ausdruck und kritischer Reflexion unverzichtbar. Gleichwohl berührt sich Nietzsches Versuch, den Mythos angesichts der ausufernden Rationalität der modernen Gesellschaft zu retten und für die Lebenspraxis wiederzugewinnen, mit Heines später Kunstkonzeption, ohne daß von einer Identität die Rede sein kann. Nietzsche kann anschließen und Heine weiterdenken, indem er die Konzeption stilistisch-ästhetischer Freiheit, wie wir sie in der Börne-Denkschrift gefunden haben, isoliert und verschärft.

Das Ergebnis dieser Denkbewegung ist eine grundlegende Kritik der modernen Welt, die sich mit derjenigen Heines berührt. Das Feld der Überschneidung ist der Zweifel an den Folgen des Christentums in der modernen Zivilisation. Wie Heine reagiert auch Nietzsche auf diese Folgen mit der Aktivierung der Mythologie, genauer gesprochen, mit einer radikalen Wende in der Auslegung der griechischen Mythologie und verletzt dabei in der *Geburt der Tragödie* die Regeln der Klassischen Philologie. Nicht anders als bei Heine ist diese Deutung modern; sie läßt sich nicht als Rückfall in archaische Vorstellungen deuten.[15] Allerdings ist zweifelhaft, ob Heine Nietzsches aus dem Geist Schopenhauers entworfene Restituierung des dionysischen Mythos unterschrieben hätte, denn seine Erzählung markiert historisch genauer den Verlust des mythischen Denkens in der Moderne. Nur noch in Ausnahmesituationen darf der Gott sich zeigen in einer Welt, deren Normalität eine lebensfeindliche christliche Moral ist. Zweifellos ist der junge Nietzsche rücksichtsloser im Angriff auf den Rationalismus (und seine Verbindung mit dem Christentum), so daß er schließlich die Rettung des Lebens durch den Mythos proklamiert: „Ohne Mythos aber geht jede Cultur ihrer gesunden schöpferischen Naturkraft verlustig; erst ein mit Mythen umstellter Horizont schließt eine ganze Kulturbewegung zur Einheit ab.“[16] Die Rehabilierung des Mythos in der Moderne aber führt Nietzsche nicht zur Wiederbelebung der archaischen Welt, sondern zur Kunst. In der *Geburt der Tragödie* ist seine Lösung ästhetischer Art. Nur in der Illusion des schönen Scheins wird das Dasein

---

15 Dazu bemerkt Wolfgang Lange: „Die Forderung nach dem neuen Mythos erwächst vielmehr aus den Bedrohungen und Einschränkungen des menschlichen Lebens durch das von Wissenschaft und Technik entwickelte totale Vernunftsystem, in dessen Gefolge alle beschränkten und lokalen Lebensformen aufgehoben wurden, um einem universellen Zwangszusammenhang Platz zu machen.“ Wolfgang Lange: „Tod ist bei Göttern immer nur ein Vorurteil“. In: *Mythos und Moderne*. Hg. von Karl Heinz Bohrer (Frankfurt a.M., 1983), S. 119.

16 Nietzsche: *Sämtliche Werke*. Bd. 1, S. 145.

überhaupt lebenswert. Die Frage stellt sich, ob Heine diese Kunstmetaphysik unterschrieben hätte.

Doch müssen wir uns vergegenwärtigen, daß der frühe Nietzsche wenig Lobenswertes im Werk Heines fand, daß es erst der späte Nietzsche ist, der an der Lyrik Heines den höchsten Begriff des Lyrischen entwickeln möchte. Zu diesem Zeitpunkt hat sich Nietzsche von Richard Wagners kultur-mythologischem Projekt polemisch distanziert, weil es sich als Teil der Wilhelminischen deutschen Kultur erwiesen hat. Mit Grund hat Herwig Friedl darauf verwiesen, daß sich das Interesse des späten Nietzsche an Heine nicht auf die Frage der modernen Lyrik beschränkt, sondern ein breites thematisches Feld aufnimmt, auf dem er Heine als Vorläufer seiner eigenen Philosophie betrachtet.[17] Heines Prosaschriften enthalten bereits das begriffliche Instrumentarium, mit dem Nietzsche seine kulturpsychologischen Analysen vorantreiben konnte. Gegensatzpaare wie Nazarener und Hellene, Spiritualismus und Sensualismus, Rationalität (Philosophie) und Kunst kehren bei Nietzsche in veränderter Gestalt wieder. Offenkundig ist Nietzsches Kritik des Christentums als einer lebensfeindlichen Religion Heine verpflichtet, wenngleich die Reflexionen des späten Heine über seinen persönlichen Gottesbegriff im Werk Nietzsches kein Echo finden.

Jenseits der zahlreichen Parallelen und möglichen Einflüsse geht es um die Auseinandersetzung mit Heines Konzeption der Moderne, d.h. mit der von Heine ausgemachten Zivilisationskrise.[18] Es geht um das Fortdenken angeschnittener Probleme, nicht um die Übereinstimmung der Antworten. So hat Gerhard Höhn darauf aufmerksam gemacht, daß namentlich der frühe Nietzsche Heines Konzeption des Hellenismus verharmlosend mißversteht und daraus für sich eine Sonderstellung ableitet, die ihm historisch gesehen nicht zukommt.[19] Der philologische Befund erlaubt keinen Zweifel, daß Nietzsche in Heines Schriften die Denkmuster und Themen für seine radikale Zivilisationskritik fand: die Polemik gegen die christliche Moral, die Zweifel an der progressiven Geschichtskonzeption, die Verschärfung des Kunstbegriffs und der Ästhetik durch ihre mögliche Absolutierung. In der durch Nietzsche erfolgten Umformulierung bestimmt Hei-

17 Herwig Friedl: „Heinrich Heine und Friedrich Nietzsche". In: *Heinrich Heine im Spannungsfeld von Literatur und Wissenschaft*. Hg. von Wilhelm Gössmann und Manfred Windfuhr (Essen, 1990), S. 195–214, hier S. 199.

18 Zu Parallelen und Einflüssen siehe unter anderem Hanna Spenser: „Heine und Nietzsche". In: *Heine-Jahrbuch* (1972). Bd. 11, S. 126–161; Reinhold Grimm: „Antiquity as Echo and Disguise. Nietzsches ‚Lied eines theokrischen Ziegenhirten', Heinrich Heine, and the Crucified Dionysos". In: *Nietzsche Studien* (1985). Bd. 14, S. 201–249.

19 Gerhard Höhn: „‚Farceur' und ‚Fanatiker des Ausdrucks. Nietzsche Heineaner malgré lui?" In: *Heine-Jahrbuch*. (1997). Bd. 36, S. 134–153.

nes Denken den europäischen Modernismus, selbst dort, wo sein Werk der Romantik zugeordnet wird. Diese Zuordnung, besonders wenn sie sich mit dem Vorwurf der Epigonalität verbindet, verstellt offenkundig den Blick auf Heines Modernität und seine Bedeutung für den europäischen Modernismus.

Es kam mir darauf an, Heine aus diesem konventionellen Zusammenhang herauszunehmen, um eine neue, radikalere Genealogie aufzubauen. In der Heine-Diskussion der Brüder Goncourt der achtziger und neunziger Jahre finden sich die Umschreibungen, die es den Kritikern erlauben, Heine zu europäisieren und für die eigene Epoche zu reklamieren. Der exquisite Stilist und melancholische Satanist Heine, gezeichnet von der tödlichen Krankheit, ohne jedoch seine geniale Kraft zu verlieren: dieses Bild unterstreicht den Bruch mit der literarischen Tradition und gleichzeitig den Vorbildcharakter für die moderne französischen Literatur.[20] Die Aufwertung des Stilisten und Formkünstlers öffnet den Blick auf die Artistik und Künstlichkeit der neuen Literatur. Baudelaire war einer der ersten, der diesen Übergang begriff und ausspielte. Sein Kampf gegen den Klassizismus eines Janin beruft sich auf Heinrich Heine, bei dem er „Formkult, Ich-Begriff und ästhetischen Transzendentalismus" findet.[21] Wenn man die Differenz zwischen romantischer und moderner Lyrik als eine Veränderung der Relation von Subjekt, Objekt und Sprache versteht, dergestalt daß das erlebende Subjekt seine zentrale Position verliert und diese an die Sprache übergeht,[22] dann steht Heines späte Lyrik genau an der Grenze. In ihr tritt die Möglichkeit einer kreativen Dominanz der lyrischen Sprache hervor.

Im Krisenbewußtsein der Moderne erfährt sich das erlebende Subjekt als entfremdet und verunsichert in seiner Weltdeutung. Statt dessen übernimmt die Sprache die Führung. Auf dem Wege der Sprachreflexion und des sprachlichen Experiments kann das Subjekt sich selbst erforschen. Sobald die ontologische Verankerung der Sprache, die in Heines Stilbegriff bereits in Frage gestellt wird, aufgegeben ist, erschließt sich eine unerwartete Freiheit des Bedeutens und damit die Möglichkeit von schöpferischen Weltentwürfen. Die Sprache ist zum Material geworden, dessen poetische Gestaltung die Dissonanzen hervorhebt, in denen sich die Verletzung und Erschütterung des Subjekts äußert.[23] Diese Konzeption darf indessen nicht auf romantische Vorstellungen eines Supranaturalismus zurückprojiziert werden, wie sie sich in Heines *Französische Maler* finden, denn hier ist noch ein Weltgeist vorausgesetzt, der den Künstler bewegt und dadurch

---

20 Dazu Opitz: „Von Heine bis Baudelaire" (Anm. 8).

21 Opitz, S. 685.

22 Wolfgang Matzat: „Baudelaires Exotismus. Zur Differenzierung von romantischer und moderner Lyrik". In: *GRM* (1987). Bd. 68, S. 147–165.

die erscheinende Wirklichkeit symbolisch deutet. Baudelaires Supranaturalismus, obgleich er sich auf den frühen Heine beruft, zeigt durchaus andere Merkmale, denn er unterstreicht den Gegensatz zur Natur und imaginiert künstliche Welten. So heißt es im Salon von 1859 „La nature est laide, et je préfère les monstres de ma fantaisie à la trivialité positive."[24] Damit steht er dem späten Heine näher als den Schriften der dreißiger Jahre. Zweifellos begreift sich Baudelaire als modern und führt die Bezeichnung „modern" ausdrücklich als eine ästhetische und historische Markierung ein.[25] Dem entspricht bei Heine der Begriff der „neuen Schule," die sich von der romantischen Dichtung absetzt. Indem sich Heine noch einmal auf die Romantik bezieht, um seine eigene literarische Herkunft zu erläutern, und gleichzeitig das Ende der Romantik bestätigt, fordert er für seine späteren Schriften eine veränderte Sichtweise. Vor diesem Hintergrund einer gemeinsamen, postrevolutionären Modernität hat daher Gert Sautermeister in einer vergleichenden Lektüre von Heine und Baudelaire den notwendigen Schritt vollzogen, der von dem Nachweis von Einflüssen zum Verstehen von Affinität führt.[26] Die Ähnlichkeiten, so Sautermeister, lassen sich sowohl thematisch-motivisch als auch formalstrukturell demonstrieren. Nicht zuletzt ist es das Einbüßen der Unmittelbarkeit in der Darstellung von Natur und das Schaffen „einer zeitenthobenen Ekstase,"[27] das den gemeinsamen Abstand zur Romantik markiert. Liest man Heines späte Lyrik und Baudelaires *Fleurs du Mal* in der Weise einer Engführung, wird deutlich, daß Heines Spätwerk die Schwelle zur Moderne bereits überschritten hat, auch wenn seine zeitgenössischen Leser dies nicht wahrnahmen, da sie die späten Gedichte, wie zu erwarten, in den Zusammenhang von Heines früherer Lyrik stellten. Der Vorwurf der

---

23 Siehe Johannes Hauck: „Französische Lyrik der nachromantischen Moderne: Baudelaire, Rimbaud, Mallarme". In: *Die literarische Moderne in Europa*. Hg. von Hans Joachim Piechotta, Ralph-Rainer Wuthenow und Sabine Rothemann (Opladen, 1994). Bd. 2, S. 164–187, besonders S. 165.

24 Zitiert nach Oliver Boeck: *Heines Nachwirkung und Heine-Parallelen in der französischen Dichtung* (Göppingen, 1972), S. 119.

25 Siehe Charles Baudelaire: *Le peintre de la vie moderne* (1863); dazu Hans Robert Jauß: *Literaturgeschichte als Provokation* (Frankfurt a.M., 1970), S. 11f. wie auch Boeck, S. 128–131. Die von Jauß der deutschen Literatur zugeschriebene Rückständigkeit korrigiert bereits Boeck mit dem Hinweis auf Heine. Jauß, an der französischen Literaturgeschichte orientiert, unterschätzt oder ignoriert die frühe Moderne-Diskussion Heines und der Jungdeutschen mit der Folge, daß ihm die Bedeutung Heines für Baudelaire entgeht.

26 Gert Sautermeister: „Heine und Baudelaire – eine vergleichende Lektüre". In: *Nachmärz. Der Ursprung der Moderne in einer nachrevolutionären Situation*. Hg. von Thomas Koebner und Sigrid Weigel (Opladen, 1996), S. 43–79.

27 Sautermeister, S. 67.

inauthentischen Sprache, der bis zu Adorno nachwirkte, erhält nunmehr einen veränderten Stellenwert, denn er macht endgültig den modernen Charakter Heines sichtbar, da er die Nähe der Dichtung zum Tauschwert der Ware offen ausspricht. Im Hinblick auf Baudelaire heißt es in Adornos *Ästhetischer Theorie*: „das absolute Kunstwerk trifft sich mit der absoluten Ware."[28] Heine nicht weniger als Baudelaire hat begriffen, daß Kunst in der vollentwickelten Warengesellschaft sich der Warenzirkulation nicht entziehen kann, daß die Naturreservate verloren sind und daß der Unterschied zwischen echt und künstlich seinen ästhetischen Wert eingebüßt hat. Die Entkunstung der Kunst ist in ihr erstes Stadium eingetreten.

28 Theodor W. Adorno: „Ästhetische Theorie." In: *Gesammelte Schriften* (Frankfurt a.M., 1970). Bd. 7, S. 39.

6. Über Musik sprechen: Heine als Musikkritiker

I.

Im Vergleich zu seinem Beitrag zur Literaturkritik genießt Heines Tätigkeit als Musikkritiker ein weniger hohes Ansehen. Schon zeitgenössische Beobachter meldeten Zweifel an, ob Heine über genug Kenntnisse verfüge, um über Kompositionen angemessen zu urteilen. Während ein lebendiges Bild eines musikalischen Ereignisses seiner Feder durchaus zuzutrauen sei, fehle ihm die Sachkenntnis, um in die Struktur musikalischer Werke tiefer einzudringen. Bei näherem Hinsehen wird sich herausstellen, dass dieses Urteil Heines Absichten verkennt, denn dieser hat, wie sogleich hervorzuheben wäre, als Berichterstatter musikologische Kenntnisse für sich niemals in Anspruch genommen und sich entsprechend nicht auf technische Analysen eingelassen. Diese Selbstbeschränkung wirft freilich sogleich die Frage auf, welchen Zweck Heine mit seinen Besprechungen verfolgt hat. Warum schrieb er in Paris Musikkritiken? Hinter dieser Frage tut sich dann eine zweite, prinzipielle Frage auf: Wie kann man über Musik sprechen? Welche Mittel hat die Sprache, um musikalische Werke zu beschreiben und zu beurteilen? Gibt es einen angemessenen Übergang aus dem Medium der Töne in das der Sprache? Daß Heine sich dieser Fragestellung bewußt war, zeigt eine Textstelle, in der er ironisch vorschlägt, das Urteil über Musik musikalisch auszudrücken, so wie das Urteil über Literatur sprachlich verfaßt ist.[1] Doch verfolgt Heine diesen Gedanken nicht bis zu dem Punkt, wo die Kluft zwischen den Medien zu einem fundamentalen Problem wird, so wie sich für Adorno das Verhältnis von Musik und Sprache als eine beunruhigende und nicht abweisbare Gundfrage stellt.

Allerdings ist sein Ausgangspunkt ein anderer. Für Adorno ist die Sprachähnlichkeit der Musik, d.h. die Anwendbarkeit von linguistischen Kategorien auf die Musik, das eigentliche Thema. Wenn es eine solche Ähnlichkeit gibt, kann Musik zur Sprache gebracht werden und damit aus ihrer eigenen Medialität herausgehoben werden. In seinen Überlegungen geht Adorno wohlgemerkt nicht von der Programmmusik aus, die Ereig-

---

1 Die Passage findet sich in dem neunten Brief der Briefe „Über die französische Bühne“ (3, 333 f.).

nisse oder Zustände musikalisch nachbildet, sondern von der Struktur der Musik selbst, von dem, was man ihre Grammatik nennen kann. Während Musik, Adorno zufolge, keine intentionale Bedeutung haben kann und in dieser Hinsicht von unserer Sprache verschieden ist, hat sie Teil an einer Idee von Sprache, in der Bedeutung zugleich ausgedrückt und nicht artikuliert wird. „Was sie [die Sprache der Musik, P. U. H.] sagt, ist als Erscheinendes bestimmt zugleich und verborgen."[2] Für Adorno hat Musik die Kraft, auf die wahre, nämlich theologische Sprache zu verweisen, „aber um den Preis der Eindeutigkeit."[3] Daher bleibt ihr Gehalt ohne Interpretation verschlossen; diesen aufzuschließen erfordert meinende, diskursive Sprache. Doch ist durch diesen Hinweis das Problem für Adorno nicht gelöst, denn Musikinterpretation heißt für ihn erst einmal Musik angemessen spielen. Auf diese musikalische Interpretation muß sich das meinende Deuten, d.h. das Aussprechen des Gehaltes sowie das ästhetische Urteil beziehen. Daß eine solche Sprache gefunden werden kann, steht für Adorno außer Frage, doch unterliegt sie der Einschränkung, daß sich der Gehalt dem begrifflichen Zugriff anbietet und zugleich entzieht.

Die romantische Musikästhetik hat diese Doppelheit zuerst ausgesprochen in Formulierungen, die der Instrumentalmusik (und um diese geht es vor allem) eine tiefe, ja unerhörte Bedeutung zuerkennt, aber gleichzeitig den Inhalt dieser Bedeutung nur vage umschreibt.[4] Für Wackenroder kann sich die Sprache der Musik nur in Bildern nähern. Vor allem sind es Naturbilder, durch die die neue Instrumentalmusik vorgestellt wird. Durch die Evokation visueller Vorstellungen nähert sich die Sprache der Musik. Sie dienen als Chiffren für Gemütszustände, welche durch das Aufführen der Musik hervorgebracht werden. Bei Wackenroder steht also die Wirkung auf den Hörer im Vordergrund, d.h. die Erzeugung von Affekten, die den Menschen aus seiner normalen sozialen Umwelt herausheben und in eine andere Welt versetzen, eine Welt, in der es Versöhnung gibt („schöner Zusammenhang der Menschen"[5]). Das Wesen der Musik entzieht sich bei Wackenroder, aber auch bei E. T. A. Hoffmann, der begrifflichen Formulierung, so wie Hoffmann von der Musik als einem „unbekannten Reich" spricht, „das nichts gemein hat mit der äußeren Sin-

---

2 Theodor W. Adorno: „Fragment über Musik und Sprache". In: *Gesammelte Schriften*. Hg. von Rolf Tiedemann (Frankfurt a.M., 1978). Bd. 16, S. 252.

3 Adorno, [Anm. 2], S. 252 f.

4 Carl Dahlhaus: „Klassische und Romantische Musikästhetik". In: *Gesammelte Schriften*. Hg. von Herman Danuser (Laaber, 2003). Bd. 5, S. 464–537; ferner Christine Lubkoll: *Mythos Musik. Poetische Entwürfe des Musikalischen in der Literatur um 1800* (Freiburg, 1995).

5 Wilhelm Heinrich Wackenroder: *Werke und Briefe*. Hg. v. L. Schneider (Heidelberg, 1967), S. 168.

nenwelt."[6] Musik, nach Hoffmann die eigentlich romantische Kunst, erweckt die unendliche Sehnsucht und wächst damit über sich selbst hinaus. Beethovens Musik nennt Hoffmann daher „das Reich des Ungeheuren und Unermeßlichen."[7]

Das Paradoxon an der romantischen Musikästhetik besteht demnach darin, daß sie sich außerstande erklärt, über Musik zu sprechen, aber gleichzeitig diese Unfähigkeit sprachlich ausdrückt – vornehmlich durch die Beschreibung der Wirkung auf den Hörer. Gleichzeitig jedoch entwikkelt E. T. A. Hoffmann eine zweite Form des Sprechens über Musik, die nicht von der Aufführung ausgeht, sondern von der Partitur. Hoffmann führt die genaue und detaillierte Textanalyse ein, eine Sprache, die terminologisch standardisiert werden konnte und die Musikologie prägte. In Hoffmanns berühmter Besprechung von Beethovens 5. Symphonie (1810) stehen beide Diskurse nebeneinander in der Erwartung, daß sie einander ergänzen.

II.

Als Musikkritiker ist Heine eine Generation später mit beiden Diskursen vertraut, lehnt aber ausdrücklich ab, sich auf den technisch-analytischen Diskurs einzulassen. Dafür gibt es mehrere Gründe: Auf der einen Seite fehlt ihm das notwendige Wissen, um eine musikalische Textanalyse vorlegen zu können; zum anderen verbietet der Kontext seiner Berichterstattung den Gebrauch einer Ausdrucksweise, die dem allgemeinen Publikum nicht verständlich ist. Doch gibt es auch methodische Gründe. Ausdrücklich nimmt Heine gegen ein Verfahren der Musikkritik Stellung, das das Wesen und den Wert der Musik aus (mathematischen) Gesetzen ableiten möchte. Demgegenüber stellt er fest: „Die musikalische Kritik kann sich nur auf Erfahrung, nicht auf eine Synthese stützen," um dann zu behaupten: „Das Wesen der Musik ist Offenbarung, es läßt sich keine Rechenschaft davon geben, und die wahre musikalische Kritik ist eine Erfahrungswissenschaft" (3, 333). Folglich liegt es nahe, an die Sprache der romantischen Musikästhetik anzuschließen, also auf die Wirkung der gehörten Musik einzugehen und sie sprachlich festzuhalten.

Allerdings fehlt bei Heine, wie wir sehen werden, das paradoxe Moment der romantischen Kritik, d.h. das notwendige Sprechen über die sprachliche Unfaßbarkeit der Musik. Heine zeigt ein weit größeres Vertrauen auf die Übersetzbarkeit von Musik in Sprache. Als ein in Paris lebender und schreibender Journalist versteht er sich als Teilnehmer an

6 E. T. A. Hoffmann: *Dichtungen und Schriften. Gesamtausgabe in fünfzehn Bänden*. Hg. v. Walter Ulrich. (Weimar, 1924). Bd. 12, S. 14.

7 Hoffmann [Anm. 6], S. 16.

einem kritischen Diskurs, in dem es eine Vielzahl von Stimmen gibt. Michael Mann hat gezeigt, in welch hohem Maße Heine in die Pariser Musikkritik verflochten war und sein eigenes Urteil mit ihr abstimmte.[8] Was seine deutschen Leser als die individuelle Artikulation eines Eindrucks lasen, war tatsächlich eher das Ergebnis eines komplexen Abstimmungsvorgangs, in dem Heine seine Position innerhalb der Pariser Kritik entwikkelte und formulierte.

Aus mehreren Gründen verdient der journalistische Kontext von Heines Musikkritik unsere Aufmerksamkeit. Nicht nur die Verbindung mit dem Pariser Musikbetrieb sondern auch die deutschen Zeitungen, für die Heine schrieb, gilt es zu untersuchen. Es sind keine Spezialorgane wie die Journale, für die E. T. A. Hoffmann und Schumann schrieben, sondern allgemeine Zeitschriften, in denen die Berichterstattung über das Pariser Musikleben als Teil des Feuilletons keine exklusive Aufmerksamkeit erhielt.[9] Sie fiel unter einen schon verdinglichten Begriff von Kultur, die als institutionalisierter Betrieb wahrgenommen wird. Diesen Bedingungen mußte sich die Schreibweise der Kritiker anpassen. Der Feuilleton-Stil erfordert Leichtigkeit und Witz, denn er will im gleichen Maße unterhalten wie belehren. Wie Heine sehr wohl wußte, muß das Interesse der Leser allererst durch die Schreibweise geweckt werden. Das aber bedeutet, daß das Medium der Sprache, ganz unabhängig von dem Gegenstand der Mitteilung, sein eigenes Gewicht hat. Sie steht als das selbstbewußte Instrument des Mitteilens im Vordergrund, weitgehend ohne besondere Rücksicht auf das Medium der Musik. Die anfangs aufgeworfene Frage, ob und wie Musik zur Sprache gebracht werden kann, tritt gegenüber den sprachlichen Anforderungen des Feuilletons in den Hintergrund. Offensichtlich ist unter diesen Bedingungen jede technische Analyse der Musik, wie sie Hoffmann eingeführt hatte, ausgeschlossen, denn sie würde das allgemeine Publikum überfordern. Ob die Sprache der romantischen Musikästhetik hier einen Platz hat, wird zu untersuchen sein.

Motiviert wird Heines Schreiben in der Regel durch ein Ereignis, sei es ein Konzert oder eine Opernaufführung, möglicherweise auch durch den Besuch eines Komponisten. Das Ereignis muss durch zwei Eigenschaften ausgezeichnet sein, nämlich Neuigkeit und Heraustreten aus dem großstädtischen Alltag. Ein dritter Aspekt darf nicht unerwähnt bleiben: Das Ereignis muß für die Leser in Deutschland von Interesse sein. Daher spielt die Berichterstattung über die Rezeption deutscher Komponisten und Virtuosen in Paris eine wichtige Rolle. Die Zentralität des besonderen, konkreten Ereignisses legt, wie wir sehen werden, eine Weise der An-

8 Michael Mann: *Heinrich Heines Musikkritiken* (Hamburg, 1971), S. 113–27.

9 Michael Werner: „Der Journalist Heine". In: Heinrich Heine: *Ästhetisch-politische Profile*. Hg. von Gerhard Hölin. (Frankfurt a.M., 1991), S. 295–313.

näherung und des Schreibens nahe, die sich deutlich von dem abstrakten Kunst- und Geschmacksurteil des 18. Jahrhunders unterscheidet. Für den Journalisten ist wenig gewonnen, wenn er eine Komposition oder eine Aufführung als gelungen oder mißlungen bezeichnet, denn das abstrakte Urteil vermittelt keinen sinnlichen Eindruck. Doch die sprachliche Vermittlung dieses Eindrucks muß eben so gestaltet sein, daß sie dem Leser zugänglich ist und gleichzeitig anreizt. Mit Grund hat daher Susan Bernstein darauf verwiesen, daß zwischen dem Virtuosen und dem Journalisten, der ihn beschreibt, eine enge Verbindung besteht. Der Virtuose bildet das Gegenstück zum Journalisten, denn er zeigt die gleiche Flüchtigkeit und Flatterhaftigkeit im Ausdruck.[10] Technische Meisterschaft und Brillanz des Vortrags sind die Zeichen einer Kultur, die sich ganz dem Markt anvertraut hat und folglich seinen Regeln und Konventionen folgen muß. Daß Heine dieses Faktum am Virtuosen tadelt, bedeutet nicht, daß er die eigenen Produktionsbedingungen leugnete. Man kann nach dem Gesetz des Marktes nicht spielen oder schreiben, ohne auf den öffentlichen Effekt zu achten. Doch die Rücksichtnahme auf den rhetorischen Effekt ist nicht gleichbedeutend, wie Bernstein vermutet,[11] mit Verlust an Kontrolle und Auslieferung an die Kulturindustrie. Allerdings bleibt richtig, daß es im Journalismus der dreißiger und vierziger Jahre keinen sicheren Platz der Innerlichkeit mehr gibt, den das autarke Subjekt besetzen kann. Ein solcher Versuch liegt Heine fern; als Musikkritiker versteht er sich als Dialogpartner, dessen Position nicht unbedingt sein kann. Folglich sind sowohl der Zugang als auch das Verfahren stets im Wandel begriffen.

III.

Heines Besprechung von Ferdinand Hillers Konzertmusik aus dem Jahr 1831 (erschienen im „Morgenblatt für gebildete Stände“) vermittelt einen guten Eindruck von den frühen Pariser Jahren – sowohl in der Sprachgebung als auch in der Methode. Unverzichtbar ist das Herstellen eines Kontextes für die zu besprechende Aufführung. Genannt wird einmal die Gestalt des Pariser Musiklebens mitsamt seinen Akteuren (Komponisten) und zum anderen Hillers mögliche Rolle als eines jungen deutschen Talents innerhalb dieser Welt. Es ist bezeichnend, daß sich Heine auf die öffentliche Meinung beruft, um Hillers Anerkennung in der musikalischen Welt von Paris zu kennzeichnen: „und so war für Hiller dies eine Konzert hinreichend, ihm den Ruf eines genialen jungen Komponisten zu gewin-

10 Susan Bernstein: *Virtuosity of the Nineteenth Century. Performing Music and Language in Heine, Liszt, and Baudelaire* (Stanford, 1998), S. 4.

11 Bernstein [Anm. 10], S. 17 f.

nen" (5, 125). Der Kritiker beruft sich auf die öffentliche Meinung, bevor er sich diesem Urteil anschließt und behauptet: „Er ist in der Tat voll echter, schöpferischer Kraft, und seine Symphonie [...] ist eine Musik, aus einem Quell so dichterischer Phantasie entsprungen, daß sich daraus des Komponisten Geist als ein sehr tiefer ankündigt" (5, 125f.). Die hier verwendeten Ausdrücke und Begriffe zeigen die Nähe zur romantischen Musikästhetik, eine Nähe, die in der folgenden Beschreibung der Symphonie noch deutlicher wird, insofern Heine dem musikalischen Werk nicht nur formale Einheit, sondern auch tiefere geistige Bedeutung zuerkennt, die er im einzelnen sprachlich erläutert. Heine versucht, die Sätze der Symphonie wie auch ihre Abfolge mit Hilfe einer Sprache darzustellen, die auf literarische Begriffe wie „das Romantische" oder „das Heroische" zurückgreift. Für den letzten Satz benutzt er den Ausdruck „wilder umheimlicher Jubel" (5, 126). Hier, wie auch an anderen Stellen der Beschreibung, übersetzt Heine die Musik in dramatische oder lyrische Begriffe, um die Wirkung auf den Hörer darzustellen. Am Schluß wird das Verfahren beim Namen genannt, wenn Heine schreibt: „Gern vertieft sich der Zuhörer in die Poesie solcher Darstellung und ruft durch zahlreiche Stellen das interessante Bild in sein Gedächtnis zurück" (5, 126f.). Um Anschaulichkeit zu gewinnen, überträgt Heine die Töne in den visuellen Bereich, ohne jedoch konkret werden zu können. Auch an anderen Stellen bleibt der Versuch einer visuellen Transposition (die dann eine emblematische Lektüre erlauben würde) zu unbestimmt, um klare Vorstellungen zu erzeugen.

Musik wird erst greifbar, wenn sie in Begriffe übersetzt worden ist, die eine emotionale Bewegung ausdrücken. Doch gleichzeitig markiert Heine in seiner Besprechung von Hillers Musik die Grenzen musikalischen Ausdrucks, wenn er sich kritisch gegen Hillers Faust-Ouvertüre ausspricht. Er wendet ein, daß die „Gewalt der Tragödie" nicht durch Musik dargestellt werden könne: „[D]er ‚Faust' selbst aber ist für die Musik unerreichbar" (5, 127). Kurz, Heine hält die Übersetzung einer bedeutenden literarischen Kunstwerks in das Medium der Musik für unmöglich, weil dieses Medium letztlich zu begrenzt ist und den ideellen Zusammenhang des literarischen Werks nicht angemessen wiedergeben kann. An dieser Stelle wird deutlich, daß Heine, im Unterschied zur romantischen Musikästhetik, an der Priorität der literarischen Sprache festhält. Der Ideenreichtum der Literatur übertrifft denjenigen der Musik. So erstaunt es nicht, daß Heine in seiner Bewertung Chopins 1838 diesen am Dichter mißt und ihm das „Traumreich der Poesie" (3, 353) zuordnet. Chopins musikalische Improvisationen erinnern Heine an bildlich vorgestellte poetische Motive.

Die Hiller-Besprechung nimmt in Heines Musikkritiken insofern eine Sonderstellung ein, als sie sich relativ ausführlich auf Kompositionen einläßt und den sozialen Kontext zwar erwähnt, aber nicht in den Vordergrund stellt. Weit typischer ist die Behandlung von Meyerbeers Oper „Le

Diable" in den „Französischen Zuständen" (1832). Im Bericht vom 25. März 1832 wird die Darstellung der Oper strategisch eingesetzt, um innenpolitische Spannungen in Frankreich zu illustrieren. Die Analogie geht vom Thema der Oper aus, d.h. dem inneren Konflikt des Helden zwischen guten und bösen Impulsen, zwischen konservativen und revolutionären Ideen. Die Oper Meyerbeers wird mithin als politische Allegorie gelesen, wobei das Medium der Musik kaum zur Sprache kommt. Dies geschieht erst anläßlich von Heines Besprechung der „Hugenotten" im neunten Brief der „Französischen Bühne" (1838), denn hier stellt Heine nun eine Beziehung zwischen der Kompositionstechnik Meyerbeers und dem politischen Gehalt der Oper her. Ausdrücklich wird nunmehr die formale Qualität der Musik zum Kriterium der Qualität der Oper erhoben. „Was dieses Werk besonders auszeichnet, ist das Gleichmaß, das zwischen dem Enthusiasmus und der artistischen Vollendung stattfindet" (3, 340). Von der formalen Qualität der Oper ausgehend, unterscheidet Heine zwischen exoterischer und esoterischer Bedeutung, zwischen dem Eindruck auf die emotionalisierten Massen und dem die ästhetische Vollendung bewundernden Kenner. Der esoterische Charakter des Werks ist damit freilich noch nicht ausgeschöpft. Heine spricht der Oper eine revolutionäre Dynamik zu, die hinter dem historischen Stoff nur für den Eingeweihten sichtbar wird. 1838 erwartet Heine folglich von der Musikkritik, daß ihre Sprache über die Aspekte der Beschreibung und Beurteilung hinausgehen muß. Ihre Aufgabe ist die historisch-politische Dechiffrierung der Kunst geworden.[12] Diese Aufgabe bezieht sich nicht so sehr auf die „Tagesfragen der Gesellschaft" (3, 341) und ihre Artikulation in der Musik, sondern auf den historischen Prozeß selbst, der sich gleichzeitig ästhetisch und sozial niederschlägt. Wohlgemerkt werden Meyerrbeer keine politischen Ansichten unterstellt („seine Überzeugungen [sind] nicht eigentlich politischer und noch weniger religiöser Art," 3, 341), vielmehr ein ästhetisches Credo, das ihn mit Mozart und Beethoven verbindet.

IV.

Offensichtlich hat Heine an dieser Stelle für die Musikkritik nicht nur eine neue Methode entdeckt, sondern auch eine Aufwertung der Musik. Musik hat jetzt Anteil an der Totalität der Weltgeschichte, nicht anders als Philosophie und Literatur. Anders gesprochen, ihre Geschichte, als eine Geschichte der Musik, verschränkt sich mit anderen Momenten des gesamten

12 Zum Verfahren Kunstkritik am Beispiel der Malerei siehe Hohendahl: „The Emblematic Reader. Heine and French Painting". In: *Painting on the Move*. Hg. von Susanne Zantop (Lincoln, 1989), S. 9–29.

Geschichtsprozesses. Daher ist die Frage, ob die Musik Rossinis besser sei als die Meyerbeers, die die Öffentlichkeit in den dreißiger Jahren beschäftigte, mehr als eine Geschmacksfrage. Während Heine in dieser Hinsicht Rossini den Vorzug gibt, versteht er gleichzeitig das Überwiegen der Melodie bei Rossini als eine historische Grenze, nämlich die Entsprechung zur aristokratischen Restaurationsepoche, während Meyerbeers Verstärkung der Harmonie auf ein demokratisches Zeitalter verweist. „Bei Meyerbeer hingegen finden wir die Oberherrschaft der Harmonie; in dem Strome der harmonischen Massen verklingen, ja ersäufen die Melodien, wie die besonderen Empfindungen des einzelnen Menschen untergehen in dem Gesamtgefühl eines ganzen Volkes“ (3, 335). So findet Heine in Meyerbeers Musik die „großen Fragen der Gesellschaft“ (3, 335) angesprochen.

Vergleicht man diese Sprache mit E. T. A. Hoffmanns Diskurs, dann fällt ins Auge, wieviel konkreter und zugleich kontextgebundener bei Heine die Deutung der Musik geworden ist. Wo Hoffmann Musik als ein unbekanntes Reich ansprach, in dem besondere und mächtige Affekte erzielt werden können, die aber unbestimmt bleiben, dechiffriert Heine diese Wirkung als Moment einer besonderen geschichtlichen Situation. Hoffmanns Kunstmetaphysik wird bei Heine, ohne den romantischen Hintergrund ganz aufzugeben, geschichtsphilosophisch gewendet, allerdings formuliert in der Sprache des Feuilletons. Das bedeutet, daß Heines Methode ihren eigenen philosophischen Anspruch nicht voll einlösen kann. Heine muß auf eine rigorose Durchführung notwendig verzichten, um seine Leser nicht zu verlieren; gleichwohl besteht die Absicht, den Bereich der Musik, den die romantische Ästhetik gerade ausgegrenzt hatte, auf gesellschaftliche und politische Prozesse zu beziehen. Diese Relevanz hat zwei Seiten: Auf der einen geht es um die gesellschaftliche Wirkung von Musik, d.h. um die Emotionen und Gedanken, die sie im Hörer auslöst; auf der anderen um die Komposition und Formen, die Heine allegorisch liest, zum Beispiel das Vorherrschen von Melodie oder Harmonie als Signifikanten, insofern die Melodie als Zeichen eines privaten Gebrauchs von Musik erscheint, verglichen mit einem gemeinschaftlichen, der die Harmonie in den Vordergrund stellt. Wohlgemerkt unterstellt Heine nicht dem Komponisten bestimmte politische Absichten, sondern liest die Bedeutung aus der Musik selbst heraus. So preist er an Meyerbeer die Nähe zu Mozart, Gluck und Beethoven, d.h. zu einer in sich selbst ruhenden Instrumentalmusik. Und obgleich das Werk Beethovens Heine weitgehend fremd blieb, finden sich einzelne Äußerungen, unter anderem zum Spätwerk, in denen sich eine erstaunliche Einsicht in die besondere ästhetische Natur von Beethovens späten Kompositionen im Kontext der Musikgeschichte ausspricht, welche die Grenze seines persönlichen Geschmacks deutlich überschreitet. Die Bedeutung dieser Kompositionen liegt Heine zufolge (und hier berührt er sich mit dem Urteil Adornos) jenseits des unmittelbaren Ausdrucks von Subjektivität.

V.

Dort, wo Heine konzentriert über Musik spricht – im Unterschied zu seinen Kommentaren über einzelne Künstler oder das Pariser Musikleben im ganzen – zielen seine Äußerungen auf den Gehalt von Musik, und spezifisch auf ihre Geschichtlichkeit, die Weise, wie sie in den historischen Prozeß eingebettet ist. In dem Bericht über die musikalische Saison von 1841 hebt Heine entsprechend die große geschichtsphilosophische Linie hervor.[13] In der Nachfolge Hegels beurteilt er den Erfolg der Musik als Beweis der Vergeistigung der Künste, insofern als „die gesteigerte Spiritualität, das abstrakte Gedankentum, nach Klängen und Tönen [greift], um eine lallende Überschwenglichkeit auszudrükken, die vielleicht nichts anderes ist als die Auflösung der ganzen materiellen Welt" (5, 357). Diese Spiritualisierung der Musik steht allerdings unter dem Vorbehalt „das letzte Wort des Lebens" (3, 357) zu sein.

Nur selten kommt es freilich zu einer formalen Analyse, denn Heines Bemerkungen gehen in der Regel von einem besonderen Ereignis aus, das dem Leser zu vergegenwärtigen ist, doch ist er sich als Musikkritiker des Unterschieds zwischen dem sozialen Phänomen des Musibetriebs und dem Gehalt von Musik voll bewußt, auch dort, wo sie einander berühren. Das ungleich kritischere Urteil Heines über Meyerbeer aus den vierziger Jahren rückt den Zusammenhang von Kompositionstechnik und außerästhetischer Wirkungsabsicht in der Vordergrund. Heine wirft nunmehr Meyerbeer vor, sich selbst „instrumentalisiert" und damit den Bereich der Kunst verlassen zu haben. Ob dieser Vorwurf berechtigt war, ist hier weniger wichtig als die Art, wie Heine das Werk Meyerbeers in einem veränderten Kontext neu beurteilt. Was nunmehr in den Vordergrund tritt, ist die Kommerzialisierung der Kunst, die keineswegs vor den großen Komponisten Halt macht.[14]

Die Beobachtung des kommerzialisierten Pariser Musikbetriebs stellt Heines Berichterstattung vor eine delikate Aufgabe, denn sie selbst ist Teil dieses Betriebs. Seine Aufsätze sind Teil einer überaus komplexen Kom-

---

13 Zur Geschichtsphilosophie siehe Jürgen Ferner: „‚O wer lesen könnte!'. Heines geschichtsphilosophisches Denken im Kontext von Vor- und Nachmärz". In: *Vormärz – Nachmärz. Bruch oder Kontinuität?* Hg. von Norbert Eke und Renate Werner (Bielefeld, 2000), S. 185–211.

14 Siehe auch Albrecht Betz: „‚Der Apollo-Gott'. Heinrich Heine und die Musik". In: Betz: *Ästhetik und Politik. Heinrich Heines Prosa* (München, 1971), S. 65–84.

munikationsstruktur, in der die Stimme des einzelnen Kritikers determiniert wird durch den Chor der anderen Stimmen, die alle von den etablierten Zeitungen und Zeitschriften abhängen. Als Korrespondent für eine deutsche Zeitung steht Heine ein wenig am Rand dieses Kommunikationsnetzes, doch ist er zweifellos in es verflochten und von ihm abhängig. Heine kann nicht davon absehen, daß seine eigene Meinungsbildung von dem Musikbetrieb beeinflußt ist, indem sie auf die anderen Stimmen reagiert.[15]

Das Kompositionsprinzip seiner Berichte sind die Assoziationen, die durch ein konkretes Ereignis ausgelöst werden. Die Erwähnung von Franz Liszt als Konzertpianist führt auf der einen Seite zu Beethovens Spätwerk und auf der anderen zu dem Mann, der sich auf der Visitenkarte „l'Ami de Beethoven" (5, 358) nennt. Das Extreme des Spätwerks steht der Banalität des sogenannten Freundes gegenüber, der das Genie für die eigene Popularität ausbeutet. Der Begriff der Popularität leitet dann über zu Betrachtungen über das umsichgreifende organisierte Virtuosenwesen. Heine bringt seine ironische Distanz zum Ausdruck, indem er sein eigenes Urteil ausdrücklich als die Meinung eines Beobachters vorträgt, der keinen Expertenstatus beansprucht und sich damit von dem Urteil der Musikpresse absetzt. Anläßlich eines bestimmten Violinspielers heißt es: „Ob sich unter dem zottigen Fell dieses Löwen ein wirklicher König der Bestien oder nur ein armes Grauchen verbirgt, vermag ich nicht zu entscheiden" (5, 360). Die weiteren Ausführungen erweisen die vorgegebene Bescheidenheit als pure Ironie. Die anschließende Aufzählung der Violin-Spieler wird durch ihre Charakterisierung zu einem Scherbengericht über das professionalisierte Virtuosentum, wobei die durchaus anerkannte Kunstfertigkeit des Einzelnen die sprachliche Vernichtung des Betriebs nur steigert. Heine konnte nicht entgehen, daß es zwischen dem Virtuosentum und den neuen Publikum einen Zusammenhang gab. Paris war der Ort, wo dieser Wandel sich am deutlichsten abzeichnete. Dazu gehört unter anderem die Musikkritik als Reklame für den Künstler, also die Entwertung des kritischen Urteils im Kontext einer ökonomischen Kalkulation. Heine spießt sie auf, wo er sie entdeckt, ohne seinen Lesern zu verraten, daß seine eigene Sprache sich nur durch einen extremen Balanceakt vor dem Sturz bewahren kann.

Die Pariser Musikkultur der dreißiger und vierziger Jahre weist Differenzen auf, die Heine nicht entgingen. Am Beispiel Chopins beschreibt er seinen deutschen Lesern eine ältere Form, die an die aristokratische Salonkultur des 18. Jahrhunderts anschloß. Mit Zustimmung erwähnt Heine 1838 die maßvolle, dem Virtuosentum widerstrebende Rolle Chopins und beruft sich auf den Begriff der reinen Poesie, um dessen Musik zu kenn-

15 Mann [Anm. 8], S. 127–34.

zeichnen. Damit gibt er gleichzeitig zu erkennen, daß ihm die zeitgenössische deutsche Musikkultur, in der neben dem adeligen Salon der bürgerliche Musikverein vorherrscht, näher steht als der kapitalistische Musikbetrieb Frankreichs. Diese Übereinstimmung mit der bürgerlichen Musikkultur des deutschen Biedermeier überrascht, denn sie findet in Heines literarischer Position keine Entsprechung.[16]

VI.

Heines Weise, über Musik zu schreiben, ist, wie wir gesehen haben, facettenreich und biegsam, denn sie paßt sich der Gelegenheit an und entwikkelt ihren Stil im Kontext der jeweiligen kommunikativen Rolle. Obwohl er sich niemals als Experte vorstellt und den technischen Jargon meidet, ist Musik für ihn ein wichtiger Gegenstand, dessen sprachliche Darstellung ihn immer wieder reizt. Allerdings ist die Priorität von diskursiver Sprache für Heine fraglos. Zwar kann er gelegentlich an die Grenze vorstoßen, wo sich die Übersetzbarkeit von Musik in Sprache als Grundfrage eröffnet, doch brechen diese Vorstöße schnell wieder ab und werden ersetzt durch die Suche nach der angemessenen Umschreibung, Bewertung und geschichtlichen Deutung. Adornos Gedanke, daß Musik als eine Sprache zu verstehen sei, freilich als eine Sprache ohne Referenz, findet bei Heine keine Entsprechung. Für diesen ist vielmehr die Sprache das Mittel, um in das fremde Reich der Musik einzudringen. Darin folgt er Wackenroder und E. T. A. Hoffmann. Allerdings folgt er Hoffmann nicht, wenn dieser ein Modell der technischen Musikanalyse entwickelt, denn er ist auf ein allgemeines Publikum angewiesen, das Unterhaltung verlangte. Das Ideal der *Causerie* verbietet die sprachliche Nachbildung musikalischer Techniken. Daher muß Heine für die Darstellung von Bedeutung in der Musik einen anderen Diskurs finden. Um dem Leser einen Eindruck von dem Gehörten zu vermitteln, greift er auf das romantische Vokabular zurück; beziehungsweise er versucht eine Transposition der Musik in den visuellen Bereich. Um die kulturelle Rolle von Musik zu erklären, wählt er den Diskurs der Geschichtsphilosophie, den ihm Hegel bereitstellte. Und schließlich entwickelt er ansatzweise einen soziologischen Diskurs, um ihre gesellschaftliche Funktion vorzuführen. Doch im Rahmen des Feuilletons, in dem eine dezentrierte Narration mit kurzen Sequenzen vorherrscht, bleibt dies ein prekärer Balanceakt, dessen Gelingen die äußerste sprachliche Anspannung erfordert, ohne jemals gesichert zu sein.

---

16 Dahlhaus [Anm. 4], S. 545–49.

II
Der Dichter und die Öffentlichkeit

7. Talent oder Charakter: Die Börne-Heine-Fehde und ihre Nachgeschichte

Literaturfehden erwecken im rückschauenden Betrachter nicht selten einen zwiespältigen Eindruck: In ihnen spiegelt sich die Dynamik des literarischen Lebens; die sonst nur gefühlten Konflikte und Widersprüche werden zugespitzt und auf den Begriff gebracht; gleichzeitig erinnern sie freilich an die gesellschaftliche Unwirksamkeit von Literatur überhaupt – das Rauschen im Blätterwald, dem nichts zu folgen scheint. So wird verständlich, daß die Literaturgeschichten sich dieser Fehden nicht gern annehmen. Was einst die Gemüter leidenschaftlich bewegt hat, wird in den Hintergrund verbannt zugunsten der Dichtung, welcher man eine ruhige, aber dauernde Wirkung zuschreibt. Zur Verlegenheit werden literarische Fehden zumal, wenn sich private Motive wie Stolz, Haß, Rache und Eifersucht einmischen. Um das Bild des Autors rein zu erhalten, möchte die Literaturgeschichte das oft allzu Menschliche literarischer Polemik unterdrücken.

Dies trifft auch auf die Auseinandersetzung zwischen Heinrich Heine und Ludwig Börne zu. Die Fehde erscheint in erster Linie als ein persönlicher, von beiden Seiten nicht eben fair und großzügig behandelter Streit, von dem man nicht gern Notiz nimmt. Die Börne-*Denkschrift* gehört bezeichnenderweise zu den vernachlässigten Schriften Heines, obgleich Thomas Mann ihre stilistische Meisterschaft gepriesen hat.[1] Und auch die nicht eben zahlreichen Börneforscher nehmen vom Ton der Polemik Abstand. Helmut Bock spricht in seiner Börne-Biographie mißbilligend von einer „Verflachung und Haltlosigkeit der ‚Charakter'-Kritik im konkreten Falle auf beiden Seiten."[2] Der Wunsch, die Fehde zwischen Börne und Heine möglichst zu unterdrücken, hat zwei Gründe: Vor dem moralischen Forum erscheinen die Kampfmittel Börnes wie Heines als bedenklich und

1 Es sei verwiesen auf die neueren Untersuchungen von Norbert Oellers: „Die zerstrittenen Dioskuren: Aspekte der Auseinandersetzung Heines mit Börne". In: *ZfdPh* (Berlin, 1972). Bd. 91 (Heine-Sonderheft), S. 66–90; Inge Rippmann: „Heines Denkschrift über Börne: Ein Doppelportrait". In: *Heine Jahrbuch* (1973). Bd. 12, S. 41–70; Walter Hinderer: „Nazarener oder Hellene: Die politisch-ästhetische Fehde zwischen Börne und Heine". In: *Monatshefte* (1974). Bd. 66, S. 355–364.

2 Helmut Bock: *Ludwig Börne* (Berlin, 1962), S. 350.

destruktiv, vor dem ästhetischen Forum erscheint die Fehde als zeitgebunden und daher obsolet. Und dort, wo der Versuch der Rekonstruktion unternommen wurde, ist er nicht selten von der Intention bestimmt, dieses störende politische Element zu neutralisieren. Erst die neuere Forschung hat den politischen Charakter der Fehde wieder thematisiert, wenn sie auch in der Beurteilung nicht zu einem Konsensus gelangt ist. An drei Beispielen sei die Problematik der gegenwärtigen Forschungslage vorgeführt. Es handelt sich um die Aufsätze von Norbert Oellers, Inge Rippmann und Walter Hinderer.[3] Für Norbert Oellers (1972) ist ausgemacht, daß der Streit im wesentlichen ein Zusammenstoß zweier konträrer Persönlichkeiten gewesen ist, die auf dem literarischen Markt zunehmend in ein Konkurrenzverhältnis gerieten. Dabei erscheint Heine als ein ausgesprochener Pragmatiker, der die von ihm beobachteten Situationen realistisch beurteilt, als ein undogmatischer, eher skeptischer Beobachter, der jedes Glaubensbekenntnis als drohende Gefahr für die geistige Freiheit des Menschen ansieht. So wird Oellers Rekonstruktion des Streits von dem Versuch geleitet, „weltanschaulich gelenkte Argumentationen"[4] zugunsten einer objektiven historischen Beurteilung zu vermeiden. Diese materialreiche Rekonstruktion, die die Ereignisse minutiös wiedergibt, suggeriert dann im Anschluß an Heines Börne-Schrift, daß Börne zunehmend über den literarischen Erfolg des Jüngeren verbittert gewesen sei, daß nach 1831 in Paris die politischen Differenzen nicht mehr überbrückbar gewesen seien, so daß der Konflikt sich psychologisch mit Notwendigkeit ergab. Doch Oellers Referat der politischen Auseinandersetzung bleibt auf der Ebene der Fakten und Meinungen. Ihre geschichtliche Bedeutung, d.h. der Zusammenhang mit der Vor- und Nachgeschichte, wird nicht als Problem gestellt.

Auch Walter Hinderer (1974) beschreibt einleitend den persönlichen Charakter der Fehde, d.h. den gegenseitigen Neid, das wachsende Mißtrauen, die wechselseitigen Versuche des Rufmords usw., doch betont er den politischen „Kern der Fehde"[5] und spricht, gegen Albrecht Betz polemisierend, von „symptomatischen Bewußtseinsstrukturen oder Denkhaltungen der Vormärzzeit".[6] Die von Heine in der Börne-Denkschrift angebotene Typologie aufgreifend definiert er dann die Feindschaft als den Gegensatz von Vergeistigung und Lebensgenuß, politischem Radikalismus und Sinnlichkeit. Dieser Gegensatz wird freilich so ausgelegt, daß Heinrich Heine als der eher unpolitische Poet erscheint, während Börne auf der anderen Seite die Rolle des politischen Revolutionärs zugewiesen wird. In-

3 Siehe Anm. 1.
4 Oellers, S. 79.
5 Hinderer, S. 357.
6 Hinderer, S. 357.

dem Hinderer für die politische Beurteilung Heines die Kategorien Börnes heranzieht, entsteht notwendig das Bild des Ästheten Heine, der in politischen Fragen beschlagen, aber nicht unbedingt zuverlässig ist. Die Formel für die Kontroverse liest sich dann folgendermaßen: „Börne hielt, so könnte man vereinfachend sagen, mehr auf den Primat des Politischen, Heine mehr auf den des Ästhetischen.“[7] Was durch diese Gegenüberstellung abgeschwächt wird, ist die philosophisch-politische Entwicklung, die Heine in Paris durchmachte. Die geschichtsphilosophische Radikalisierung Heines durch die Berührung mit dem Saint-Simonismus wird in dieser Perspektive fast unsichtbar, weil sie nicht als politischer Extremismus zum Ausdruck kommt; denn nicht mehr die politische, sondern die soziale Frage (als materieller Anspruch des Individuums) übernimmt im Denken Heines den Primat. So argumentiert dann Hinderer, der Heines widersprüchlichen Äußerungen nachgeht, daß Heine so wenig wie Goethe oder Wieland eine revolutionäre Umwälzung gewollt habe. Und er sieht in Heines Bemerkungen über das mögliche Ende der Kunst unter kommunistischer Herrschaft (*Lutetia*-Einleitung) das Zugeständnis des Dichters, daß politische Freiheit und ästhetische Autonomie nicht unter einen Hut zu bringen seien. Am Schluß nimmt der Interpret den so zugespitzten Gegensatz freilich wieder zurück und betont die Gemeinsamkeit von Heine und Börne, insofern als der Hellene Heine am Asketischen so gut teilhat wie der Spiritualist und Jakobiner Börne am Hellenentum. Auf diese Weise wird der epochaltypische Streit schließlich zum Gegensatz kontrastierender Bewußtseinshaltungen verwandelt, die gleichberechtigt neben einander stehen.

Bei Inge Rippmann schließlich (1973) steht weniger die Fehde als Heines Börne-Schrift im Mittelpunkt und damit gleichzeitig der Zusammenhang mit den philosophisch-politischen Schriften der dreißiger Jahre, in denen Heine seine Position ausformuliert hatte. Mit Recht unterstreicht Rippmann die Bedeutung des Saint-Simonismus für Heine, der ihm erlaubte, seine pantheistische Einstellung gegen einen konservativen Naturpantheismus (Goethe) abzugrenzen. Folglich rückt für Rippmann die Frage nach dem „sittlichen Bewußtsein“ in den Brennpunkt der Analyse, mit anderen Worten, der Gegensatz von Spiritualismus und Sensualismus. Das Ergebnis dieser Interpretation ist, daß Heine und Börne auf der Suche nach einem neuen Menschheitsideal nicht so sehr gegensätzlich vielmehr parallel gedacht hätten. Rippmann räumt ein, daß die Fehde, die offensichtlich in Heines Börne-Schrift ihren Höhepunkt erreichte, die politisch-gesellschaftliche Auseinandersetzung innerhalb des deutschen Liberalismus artikulierte, möchte jedoch das Schwergewicht auf die *geistesgeschichtliche* Problematik legen. So wendet sich die Deutung mehr und

7 Hinderer, S. 361.

mehr der existentiellen und weltanschaulichen Situation Heines zu, wobei Ludwig Börne die Rolle des Spiegels zufällt, in dem Heine seine eigene Problematik erblickt. Wie Walter Hinderer betont auch Inge Rippmann, daß ideengeschichtlich Börne und Heine in der Erwartung eines neuen Millenniums einander näherstanden, als sie glaubten. Nicht der Gegensatz, sondern die verschüttete Übereinstimmung in der Suche nach dem Dritten Testament wird hervorgehoben. So faßt Rippmann als Ergebnis zusammen: „Man würde Heine wie Börne Unrecht tun, wollte man beider Bild noch heute aus dem Blickwinkel ihrer wechselseitigen Polemik sehen.“[8] Diese einsichtsvolle Rettung verkürzt gleichwohl die geschichtliche und politische Dimension, da sie die Nachgeschichte der Fehde vergißt. Die ausschließlich entstehungsgeschichtliche Orientierung verstellt den Blick auf die Wirkung der Kontroverse, die sich von den Intentionen der Beteiligten weit entfernte.

Um diese Wirkung verfolgen zu können, soll der Streit nur skizziert werden. In der Öffentlichkeit galten Börne und Heine in den zwanziger Jahren, ja noch in den frühen dreißiger Jahren als befreundet. Ihre Namen wurden von der zeitgenössischen Literaturkritik immer wieder zusammen genannt; den jungen Schriftstellern erschienen sie als die Leitbilder einer neuen, postästhetischen, politisch engagierten Literatur. Man bemerkt zwar den Unterschied der Schreibweise und des Tons, geht aber doch davon aus, daß Heine und Börne in ihrer politischen Opposition gegen das restaurative Deutschland einig sind. In Heines *Reisebildern* und Börnes *Briefen aus Paris* schien der gleiche radikale Liberalismus zu sprechen, der der monarchischen Kleinstaaterei in Deutschland ein Ende machen möchte und die politische Freiheit ausrufen will. Auch Börne, der sich nach der Juli-Revolution in Paris zum radikalen Republikaner entwickelt hatte, ging davon aus, daß zwischen ihm und Heine ein literarisch-politisches Bündnis bestehe. Diese Annahme erwies sich als falsch. Heine entzog sich, sobald er die französische Situation besser überschaute und überdies mit dem Saint-Simonismus näher vertraut wurde, dem formalen politischen Radikalismus. In den *Französischen Zuständen* (1832) waren die ersten Spuren dieser Weiterentwicklung zu finden, die Börne zeigen mußten, daß er einen Bundesgenossen verloren hatte. Da sich vorher (1831) im persönlichen Verkehr bereits Differenzen gezeigt hatten, fiel seine Reaktion unverhältnismäßig scharf aus. Nach dem vergeblichen Werben um Heine lag Börne nunmehr daran, die gemeinsame politisch-literarische Front aufzulösen und Heine aus der radikalen politischen Position zu verdrängen. Im 109. Pariser Brief (25. 2. 1833) faßte Börne sein Urteil über Heines *Französische Zustände* zusammen. Die Polemik enthielt nicht mehr oder weniger als den grundsätzlichen Zweifel an Heines

8 Rippmann, S. 65.

politischer und literarischer Integrität. Daß Heine zur republikanischen Bewegung in Paris Distanz hält, daß er die konstitutionelle Monarchie in Frankreich bis zu einem gewissen Grade gelten läßt, wird ihm als Indifferenz und persönliche Schwäche angerechnet. Da Börne daran interessiert war, Literatur vornehmlich in den Dienst der Politik zu nehmen, kommt die Behauptung, Heine sei wesentlich ästhetisch interessiert, einer Diffamierung gleich. „Wem, wie ihm, die Form das Höchste ist, dem muß sie auch das Einzige bleiben; denn sobald er den Rand übersteigt, fließt er ins Schrankenlose hinab und ertrinkt im Sand!“[9] In polemischer Absicht wird Heine unterstellt, daß er die Kunst absolut setze, denn daraus leitet sich der Schluß ab, daß er politisch unzuverlässig sei. Seit 1833 verfolgt Börne gegen Heine eine Strategie, die an seine Argumentation gegen Goethe erinnert: die ästhetische Autonomie als die Sünde des politischen Schriftstellers.

In welchem Maße Heinrich Heine in den dreißiger Jahren die liberale Position überschreiten sollte, wurde erst 1835 nach der Veröffentlichung der großen philosophisch-literarischen Schriften über Deutschland deutlich. Börnes Besprechung im *Reformateur* fällt entsprechend ungünstig aus. Neben dem alten Vorwurf der ästhetischen Unzuverlässigkeit und der Charakterschwäche richtet sich die Kritik nunmehr gegen die angebliche Widersprüchlichkeit der Heineschen Position und insbesondere gegen Heines auf Feuerbach verweisende Religionskritik. Indem Börne die Religiosität zur Voraussetzung der politischen Emanzipation macht und, unter dem Einfluß von Lamennais, die Vormundschaft der Seele über das Fleisch als Bedingung der politischen Aktion ansieht, mußte er Heines pantheistischen Sensualismus als einen politischen wie moralischen Irrweg denunzieren.[10] Das Aufgreifen der Religionsfrage verschärft zugleich den Ton der Polemik. Angesichts der grundsätzlichen Differenzen in philosophisch-religiösen Fragen glaubt Börne sich offenbar an Gebote der Fairneß nicht mehr gebunden und provoziert damit ähnliche Ausfälle in Heines Börne-Denkschrift, in denen die moralische Polemik aufgenommen und gegen Börne gewandt wird. Die unerfreulichen, gelegentlich abstoßenden persönlichen Ausfälle können von den sachlichen Streitpunkten nicht sauber getrennt werden, weil der literarisch-politische Gegensatz im subjektiven Engagement ein moralisches Element enthält, das beide Schriftsteller sich nicht nehmen lassen.

---

9 Ludwig Börne: *Sämtliche Schriften.* Hg. von Inge und Peter Rippmann (Düsseldorf, 1964), Bd. 3, S. 810.

10 Siehe Martin Bollacher: „Aufgeklärter Pantheismus: Die Deutung der Geschichte in Heines *Zur Geschichte der Religion und Philosophie in Deutschland*“. In: *Heinrich Heine: Artistik und Engagement.* Hg. von Wolfgang Kuttenkeuler (Stuttgart, 1977), S. 144–186.

Weitere Einzelheiten der Börneschen Taktik brauchen nicht erwähnt zu werden. Bis zu seinem Tode im Jahre 1837 blieb die Fehde einseitig, da Heine aus gutem Grund davon absah, auf Börnes Provokationen einzugehen. Er hatte zu befürchten, daß die deutsche Oppositionspartei in Paris wie auch die patriotisch eingestellten Liberalen in Deutschland sich hinter Börne stellen würden. Börnes Angriffe gegen den einstigen Bundesgenossen schufen im liberalen Lager nicht wenig Verwirrung und führten sukzessiv zu einer Polarisierung dieses Lagers, noch ehe Heine selbst in den Streit eingriff. (Daß die Konservativen sich des Streites bedienten und nunmehr, besonders nach seinem Tode, den anständigen, charaktervollen Börne gegen den frivolen Heine ausspielten, lag auf der Hand.) Bezeichnend ist der Versuch Karl Gutzkows, der später zu den entschiedensten Sprechern des Börne-Lagers gehörte, die Spaltung zwischen wichtigsten Schriftstellern durch ein Abwägen des Für und Wider zu überbrücken: „Börne leidet an einer Einseitigkeit; Heine an einer Ungerechtigkeit. Börne glaubt, die einzige Frage der Zeit wäre die der Könige. Heine rächt sich an den Gärten, Besitzungen, an dem ehrlichen Namen des Mannes, der ihm seine Tochter nicht geben will ... Aber die deutsche Jugend, welche die Feder führt, wird sich hüten, eine Einseitigkeit der Grundsätze zu verfolgen, welche die Tendenz des Jahrhunderts ebensosehr wie die Literatur zu vernichten droht.“[11] Diese wohlgemeinte Absicht, zwischen Börne und Heine zu vermitteln, konnte nicht erfolgreich sein (ganz abgesehen von den persönlichen Differenzen, die sich wegen des *Schwabenspiegels* 1838 zwischen Heine und Gutzkow entwickelten), denn sie verkannte die Macht der ideologischen Konstellation, die in der Fehde bloß ihren literarischen Ausdruck fand. Es lief auf eine Entscheidung hinaus, die für die Geschichte des deutschen Liberalismus und der deutschen Literatur bedeutungsvoll werden sollte.

Forciert wurde diese Entscheidung durch Heines Entschluß, in seiner Denkschrift über Börne zu dessen Angriffen Stellung zu nehmen. Heine war sich darüber im klaren, daß wesentlich mehr zur Diskussion stand als eine persönliche Feindschaft oder auch eine moralische Auseinandersetzung. An der Form der Schrift ist abzulesen, daß es sich für Heine darum handelte; an der Person Börnes und seiner Beziehungen zu Heine die literarisch-ideologische Konstellation seiner Epoche zu verdeutlichen, und die eigene Position zu klären. Daß die Schrift klärend wirken müßte, war freilich eine Illusion Heines. Sein Verleger Campe schätzte die öffentliche Meinung richtiger ein, als er am 21. 8. 1840 schrieb: „Sie sind den Deutschen und Deutschland entfremdet, kennen die Gesinnungen nicht mehr, kennen die Launen Michels nicht! Hüten Sie sich! sonst ist Ihre Populari-

11 Karl Gutzkow: *Liberale Energie.* Hg. von Peter Demetz (Frankfurt a. M., 1974), S. 145 f.

tät ganz zum Teufel. Sie haben die Menschen auf dem empfindlichsten Fleck tief verletzt, nämlich in ihrer unschuldigen Meinung! Jeder erblickt in Börne nicht mehr den Schriftsteller, sondern einen Blutzeugen für die deutsche Freiheit [...] Sogar die ehemaligen politischen Feinde Börnes sind zu ihm desertiert; sie achten und respektieren ihn (mit britischer Noblesse) als einen ehrlichen, redlichen und unwandelbaren Charakter. Ich selbst tue es; so jeder – jeder!"[12] Campes Analyse traf den Nerv der Sache: Die Börne-*Denkschrift* wurde von der Öffentlichkeit überwiegend als posthume und daher besonders verwerfliche Denunzierung eines Freiheitskämpfers und Patrioten gelesen. Wie wenig Heines Absicht verstanden wurde, zeigen die ersten Kommentare, Besprechungen und Darstellungen in zeitgenössischen Literaturgeschichten. Die Verehrer und Biographen Börnes wie Beurmann, Reinganum und Gutzkow besonders fühlten sich provoziert und reagierten mit moralischer Emphase, die auch vor Diffamierung nicht zurückschreckte. Die Gegenüberstellung von Charakter und Talent nimmt mythische Züge an: auf der einen Seite Börne als Heros, ausgezeichnet durch „römische Charakterfestigkeit" und ein „schönes edles Gemüt" (Reinganus), auf der anderen Seite Heine als selbstsüchtiger, immoralischer Scharlatan. Heine wird im radikalen Lager zur Unperson erklärt. So schrieb Karl Gödeke im September 1840 in der *Posaune:* „Wir fürchten, die wenigen Freunde, die Heine noch in Deutschland zählt, werden sich nach diesem Buche mit Verachtung von ihm wenden und nur die Jünger eines Gentz, die Prädicanten des Princips der Genußsucht werden jauchzen über die pikante Lecture dieses pikanten Buches des pikanten Mannes."[13] Und in der *Zeitung für die elegante Welt* (1840) hieß es drohend: „Jetzt magst Du hingehen, am Nordseestrand spazieren, und wimmern von Deiner Heimathlosigkeit, und wie Du so ausgestoßen und verkannt seist. Denn jetzt hast Du eine Heimath verscherzt, die Du trotz all Deiner Sünden und Lieblosigkeiten noch in tausend reichen, warmen Herzen gehabt hast!"[14] Nicht weniger als ein Boykott des Publikums wird angedroht.

Diese Feindseligkeit hat mehr als persönliche Gründe. Von Karl Gutzkow werden sie im Vorwort seiner Börne-Biographie zur Sprache gebracht: „Herr Heine", so heißt es dort, „weiß nicht, daß man sich jetzt in Deutschland mit den wichtigsten Erörterungen über Kirche und Staat, mit den Untersuchungen über Protestantismus und jesuitische Reaktionen, über Preußen und Rußlands Zukunft, über hundert wichtige Kulturfragen, nur nicht mehr mit seinen ‚Reisebildern' beschäftigt."[15] Gutzkow wirft also

12 Zitiert nach Bock: *Ludwig Börne*, S. 7.
13 Zitiert nach Oellers, S. 75.
14 Zitiert nach Oellers, S. 76.
15 Gutzkow, S. 161.

Heine vor, hinter der Zeit zurückgeblieben zu sein. Dieser Vorwurf wird im linkshegelianischen Lager zu einer historischen Kritik entfaltet, in der Börne die Rolle eines Linkshegelianers *avant la lettre* zugeschrieben wird. Heine dagegen erscheint als der witzige Subjektivist, der unfähig ist, überhaupt einen Standpunkt zu vertreten. Arnold Ruge wäre als der wichtigste und einflußreichste Sprecher dieser Gruppe zu nennen.

Die Einstellung des Börne-Lagers hat Robert Prutz 1847 in seinen Vorlesungen prägnant zusammengefaßt: Man war Heine dankbar für seine Denkschrift über Börne, denn sie zerstörte endgültig eine Legende, die für die politische Position der radikalen Demokraten und Linkshegelianer lästig zu werden drohte – die literarische Freundschaft zwischen Börne und Heine: „Es ist eine löbliche Consequenz der Heineschen Frechheit, und das Publikum ist ihm Dank dafür schuldig, daß er den Muth besessen, auch jenes Buch über Börne zu schreiben und dadurch einen langjährigen Irrthum zu vernichten."[16] Prutz faßt nur zusammen was vor ihm Arnold Ruge, Georg Herwegh und Friedrich Engels ausgesprochen hatten. Er will zeigen, daß Börnes literarische und politische Kritik auf der Höhe der Zeit steht, also substanziell das Gleiche sagt wie die Linkshegelianer, während Heine der überwundenen Restaurationsepoche zugerechnet wird. Den Gegensatz der Charaktere, den Heine selbst in der Denkschrift hervorgehoben und allegorisch ausgelegt hatte, steigert Prutz zu einer historischen Typologie, in der Heine die Rolle des Konservativen zufällt, während Börne als der wahre Revolutionär erscheint. „Der Heinesche Weltschmerz", so kommentiert Prutz, „ist die Ironie der Romantiker, ins Sentimentale übersetzt; nur daß auch diese Sentimentalität wieder bloß ironisch gemeint ist".[17] Diese Form der Kritik ist 1847 keineswegs originell. Sie gehört seit Ruges Angriffen zum Arsenal der linken Hegelschule. Ruge nannte die bloß subjektive Freiheit des Witzes und der Ironie, die er Heine zuschreibt, geniale Willkür. Das heißt, es fehlt die Substanz. In seiner Pariser Prosa stellt sich Heine, Ruge zufolge, ganz auf den Standpunkt der französischen Verwahrlosung und Irreligiosität, einen Standpunkt, dessen einzige sittliche Funktion sein kann, daß sich der deutsche Protestantismus um so positiver von ihm abhebt. Ruge gibt Heines Witz recht, solange er sich gegen die platte Realität der Restauration richtet, doch vermißt er bei Heine den Schritt über diese Negation hinaus. „Die Ironie ist überall nicht weit genug durchgeführt, sonst müßte er [Heine] die Verspottung des wahren Inhaltes wieder verspotten und damit

16 Prutz, Vorlesungen über die deutsche Literatur der Gegenwart, zitiert nach *Heine in Deutschland. Dokumente seiner Rezeption 1834–1956.* Hg. von Karl Theodor Kleinknecht (Tübingen, 1976), S. 53.

17 Prutz, S. 52.

zur Wahrheit zurückkehren."[18] In dieses dialektische Schema wird auch der Streit zwischen Heine und Börne eingepaßt: Heine wird die größere philosophische Freiheit zugestanden, Börne dagegen die Treue als die überlegene Gesinnung: „Börne ist der Freiheit treu wie der Geliebten; Heine mißbraucht sie nach seiner Laune."[19]

Ähnlich urteilt der junge Engels. In einer Rezension von Alexander Jungs *Vorlesung über die moderne Literatur* (1842) nimmt er nach dem gleichen Schema Börne für den radikalen Hegelianismus in Anspruch (Literatur und Philosophie als politische Kritik). Das Junge Deutschland, und mit ihm Heine, gelten als historisch überholt, weil sie politisch gehalt- und ziellos sind. Engels steht 1842 fest im Börne-Lager und hält die Denkschrift für „das Nichtswürdigste, was jemals in deutscher Sprache geschrieben wurde".[20] Daß der junge Karl Marx über diese Frage anders dachte und gerade bei Börne und seinen Verehrern einen bornierten politischen Standpunkt sah, sei nur angemerkt.[21] Marx war bereit, für Heines Denkschrift einzutreten, da er die deutschen Liberalen und Demokraten ähnlich beurteilte wie der Dichter. Bereits 1844 revidierte Engels unter dem Eindruck von Heines „Weberlied" sein Urteil[22] und schloß sich später der Meinung von Marx an, daß nicht Börne, sondern Heine als der radikale Schriftsteller zu gelten habe.[23]

Was bei Engels ein kurzes Durchgangsstadium war, verfestigte sich im liberalen und demokratischen Lager, mit wenigen Ausnahmen, zur dogmatischen Position. Man scharte sich um den formalpolitischen Radikalismus Börnes, der moralisch und religiös begründet wurde, und grenzte sich gegen die angebliche Frivolität und Indifferenz, d.h. die sensualistische Gesellschaftskritik Heines ab. Die folgenden Sätze von Robert Prutz verraten, wie sehr der Gegensatz 1847 bereits zum Topos geworden ist: „Heine will die Freiheit für sich, um des Genusses willen, Börne will sie für die Völker; Heine ist die Gironde, Börne der Berg, Heine Mephisto, der ewig Zweifelnde, Börne Faust, der ewig Ringende..."[24] Die Konzeption einer demokratischen Literatur, die seit den dreißiger Jahren auf der Tagesordnung steht, wird von Prutz, aber auch von Georg Herwegh gegen Heine ausgelegt. Auf Börnes *Pariser Briefe* zurückgreifend benutzt Her-

18 Arnold Ruge: „Heinrich Heine und unsere Zeit". In: *Sämtliche Werke* (Mannheim, 1847). Bd. 2, S. 47.

19 Ruge, S. 54.

20 Karl Marx und Friedrich Engels: *Werke* (Berlin, 1958). Bd. 1, S. 441.

21 Heine: *Sämtliche Schriften.* Hg. von Klaus Briegleb (München, 1971). Bd. 4, S. 696–697.

22 Siehe Marx und Engels: *Über Kunst und Literatur* (Berlin, 1968). Bd. 2, S. 231–232.

23 Marx und Engels: *Über Kunst.* Bd. 2, S. 229–230.

24 *Heine in Deutschland*, S. 53–54.

wegh die Antithesen von Ernst und Spiel, Charakter und Talent, um Heine zu kritisieren: „Es herrscht bloß der Unterschied zwischen beiden, daß es Börne zeit seines Lebens mit jeder Silbe Ernst, fürchterlicher Ernst, gewesen, bei Heine dagegen alles Spiel, wenn auch genialisches Spiel, ist; daß Börne als unerbittlicher Sansculotte gestorben und Heinrich Heine allem Anschein nach als Adjunkt des Fürsten Pückler enden wird."[25] Indem Herwegh zwischen Pückler und Heine eine Verbindung herstellt (wiederum unter dem Einfluß von Börne), denunziert er Heines Literaturbegriff als aristokratisch und damit letztlich reaktionär. Nach dem Erscheinen der Börne-*Denkschrift* disqualifiziert Herwegh Heine als den „neuen Hellenen", d.h. als den Ästheten und Idealisten, der der politischen Entscheidung ausweicht. Dagegen stellt man im radikalen Lager eine Literatur, die als politische Kritik, das heißt als Wegbereiterin der bürgerlichen Revolution auftritt.

Die Auseinandersetzung mit diesem Programm ist der Kern der Börne-*Denkschrift.* Die Person Ludwig Börnes wird zum Anlaß, um die Schwächen des radikalen Liberalismus von einer, wie Heine für sich in Anspruch nimmt, avancierteren Position aus zu kritisieren. Daß er dabei Argumente ad hominem benutzte, erleichterte später seinen Gegnern die bewußte oder unbewußte Mißdeutung der Schrift. Heines Einwände galten dem abstrakten Liberalismus, der von der republikanischen Staatsform die Lösung der gesellschaftlichen Probleme erwartete, weil er nicht begreifen wollte, daß die Evolution von 1789 bis 1830 nicht zur Gesellschaft von freien Bürgern, sondern zur bürgerlich-kapitalistischen Gesellschaft geführt hatte. Die materielle, das sinnliche Glück der Menschen einschließende Freiheit war für Heine nicht auf dem Wege zu gewinnen, den Börne eingeschlagen hatte, denn dieser übersah den repressiven Charakter der bürgerlichen Gesellschaft, weil er ihre asketischen Wertvorstellungen teilte. Im Typus des Nazareners kritisiert Heine die „ascetischen, bildfeindlichen, vergeistigungssüchtigen Triebe" (4, 18), die in der jakobinistischen Tradition ihren politischen Ausdruck finden (Terror). Börnes Revolutionsbegriff erweist sich in zweifacher Weise als unangemessen: Er übersieht die historischen Veränderungen in Frankreich, d.h. den Übergang zur kapitalistischen Gesellschaft mit ihren sozialen Folgen und er bleibt in einer rein politischen Definition befangen. Dieser Mangel an geschichtlicher Konkretheit zeigt sich auch in Börnes Verhältnis zum deutschen Liberalismus. Börne unterschätzte als Patriot die nationalistisch-romantische Komponente der deutschen Opposition (Burschenschaften), deren reaktionäre Tendenz Heine durchschaut. „Ich will hiermit andeuten, daß jene Repräsentanten der Nationalität im deutschen Boden weit tiefer

25 Georg Herwegh: „Die neue Literatur". In: Herwegh: *Literatur und Politik.* Hg. von Katharina Mommsen (Frankfurt a.M., 1969), S. 13.

wurzeln als die Repräsentanten des Kosmopolitismus, und daß letztere im Kampfe mit jenen wahrscheinlich den Kürzern ziehen, wenn sie ihnen nicht schleunigst zuvorkommen … durch die welsche Falle". (4, 91) Die Revolution von 1848 sollte diese Prognose bestätigen. Dort wo Heine in der Denkschrift, nicht ohne eine gewisse malice gegen Börne, den Vorwurf der Charakterlosigkeit aufgreift und ihn strategisch umfunktioniert, indem er die Börnesche Charakterfestigkeit mit einer gewissen Borniertheit gleichsetzt, erläuterte er mehr als ein persönliches Problem. Ob Börne, wie Heine unterstellt, von seinen Zeitgenossen deshalb ganz verstanden worden sei, weil seine Botschaft mit den Erwartungen seiner Rezipienten übereinstimmte, mag dahingestellt bleiben. Heines Schwierigkeiten bei der Vermittlung der eigenen Botschaft hingen damit zusammen, daß die in der Denkschrift vorgetragene Kritik nicht mehr in den Rahmen des Liberalismus paßte. Seine vom Frühsozialismus und radikalen Linkshegelianismus gespeisten Visionen einer auch sinnlich befreiten Gesellschaft überforderten seine Leser. Und in dem Maße, als die deutsche Literaturgeschichte nach 1848 ihre avancierten Positionen zurücknahm und sich später zum Sprecher des neuen Reiches machte, wurde Heines Botschaft unverständlicher und damit auch die Auseinandersetzung mit Börne nur noch als persönliche Ranküne rivalisierender Schriftsteller begreiflich. Die Opposition von Talent und Charakter mußte sich verhärten und formalisieren, denn an Börne wurde nicht mehr der radikale Republikanismus geschätzt, sondern in einem sehr abstrakten Sinn der ehrliche, redliche Mann, der wenigstens bereit war, seine gefährlichen Gesinnungen einzugestehen und entsprechend die Prügel zu beziehen, während Heine perfide genug war, seinen Stil so zu handhaben, daß sein Standort schwer festzulegen war. Ein eklatantes Beispiel dieser Verhärtung und Formalisierung, die den geschichtlichen Zusammenhang aus den Augen verliert, finden wir in Karl Barthels *Die deutsche Nationalliteratur der Neuzeit* von 1853. Obgleich Barthels beide Schriftsteller als Verfechter von „zersetzenden und vernichtenden Ideen"[26] kennzeichnet und damit seinen eigenen Standpunkt hinreichend markiert, möchte er zwischen Börne und Heine unterscheiden und rekurriert auf den Gegensatz von Charakter und Talent:

> Börne war ein Charakter, ein entschiedener, ungebrochener, gradsinniger Charakter mit starker Einseitigkeit, als dessen Motto das Wort gelten könnte: ‚So bin ich, und das denk ich, und das will ich'. Heine dagegen ist ein haltungsloser Mensch, dessen Charakter eben der ist, keinen Charakter zu haben. […] Börne, so einseitig er in seinem strengen Republicanismus war und die Schäden seiner Zeit wie die Schwächen Deutschlands immer nur durch die schwarze Brille sah, meinte es doch mit seinem Schmerze darüber ehrlich und trug wirk-

26 8. Aufl. (Berlin, 1870), S. 124.

> lich zentnerschwer an demselben. Heine aber mit seinem sogenannten Weltschmerz, der im Grunde nichts weiter ist als seine eigene Zerrissenheit, treibt nur ein coquettes Spiel damit und ist in Wahrheit eines tiefen ernsten Schmerzes gar nicht fähig.[27]

Unverkennbar sind diese Sätze ein Echo der Vormärzdiskussion; die Rhetorik des Börne-Lagers ist nicht zu überhören. Die Funktion hat sich freilich gewandelt, denn die Bildung des Gegensatzes dient nicht mehr der Apologie Börnes, sondern der Abwertung des radikalen Vormärz insgesamt. Über Börne heißt es zusammenfassend:

> (Er) war doch am Ende nichts weiter, als ein schwarzsichtiger, ehrlicher Narr, der wie Don-Quicote auch wohl gegen Windmühlen statt gegen Riesen kämpfte, eine bizarre, entschieden-einseitige Natur, die mehr zerstörte als schaffte und zuletzt im Innnern selbst verkohlte.[28]

Rudolph Gottschall hält sich in seiner Literaturgeschichte, die zuerst 1855 erschien und innerhalb von fünf Jahren fünf Auflagen erlebte, an das gleiche Schema:

> Dort haben wir das Fieber eines *Talents,* hier das Fieber eines *Charakters;* dort die süßen, lieblichen Traumbilder der Phantasie aber auch bacchantische Träume mit crassen Nuditäten und nach dem holdesten Traume ein cynisches Erwachen; hier die Trunkenheit eines Prophetengeistes, dem die Zeit zu langsam fortgeht.[29]

Die Formel, daß Börne die Inkarnation des politischen Fortschritts, Heine die des sozialen Fortschritts gewesen sei, erfaßt den Gegensatz in seiner historischen Bedeutung wenigstens noch einigermaßen angemessen, doch auch für Gottschall ist die 48er Revolution die Grenzscheide, die Börnes und Heines Werk von der eigenen Zeit prinzipiell trennt. Im Anschluß an Vischer charakterisiert Gottschall Heinrich Heine als den Verwesungsprozeß der Romantik, dessen Witz die alte Epoche endgültig auflöste. Trotz gewichtiger Unterschiede berührt sich Gottschall hier mit den Vertretern des radikalen Realismus, die sich um die Zeitschrift *Grenzboten* scharten – mit Gustav Freytag und mit Julian Schmidt.

In dem Maße, als sich nach der verlorenen bürgerlichen Revolution die nationale Komponente des deutschen Liberalismus verstärkte (Priorität der Reichseinigung) und realpolitische Programme entworfen wurden (Rochau), vergrößerte sich die Distanz zur ideologischen Konstellation

---

27 Barthels, S. 121.

28 Barthels, S. 125.

29 Rudolf von Gottschall: *Die deutsche Nationalliteratur in der ersten Hälfte des neunzehnten Jahrhunderts* (Breslau, 1861), S. 46–47.

des Vormärz und damit auch zur Börne-Heine-Fehde. An Julian Schmidts Literaturgeschichten lassen sich die Folgen beispielhaft ablesen. Schmidt isoliert die Kontroverse von ihrem geschichtlichen Boden und wertet sie für seine Zwecke aus. Heine und Börne werden gegeneinander ausgespielt. Während Heine zugestanden wird, daß er in seiner Denkschrift Börne angemessen geschildert habe, übernimmt Schmidt wiederum von Börne den Vorwurf der Frivolität und Unzuverlässigkeit gegen Heine. Im Grunde ist Julian Schmidt am sachlichen Gegensatz nicht mehr interessiert, da er in beiden jüdische Verräter des Vaterlandes erblickt: „Gegen die Deutschen haben Börne, Heine und ihre Glaubensgenossen die ganze Scala von Schimpfwörtern angewendet, die einem genialen Gemüth zu Gebote stehen.“[30] Ihre Ähnlichkeit besteht Schmidt zufolge darin, „daß beide den Thatsachen nichts entgegenbringen, als die Energie ihrer Laune, die an sich leer, doch unerschöpflich ist in der Verneinung des Gegebenen!“[31] So ist es für Schmidt, den Anwalt des bürgerlichen Realismus, ausgemacht, daß Börnes und Heines Einfluß zu groß ist. Über Börne heißt es: „Man muß sich über diesen Punkt scharf aussprechen, weil die Stellung, welche Börne in unserer Literatur einnimmt, in keinem Verhältnis zu seinem wirklichen Gehalt steht.“[32] Das Urteil über Heine ist noch härter: „Seine Polemik gegen Menzel, Börne, Platen, Maßmann u.s.w. ist das Schmutzigste, was die Literatur kennt, und es ist nicht heftige Überzeugung, sondern gereizte Eitelkeit, was sie eingibt.“[33] Bemerkenswert an diesem Urteil ist nicht nur die Heftigkeit des Affektes, sondern das grundsätzliche Unverständnis für Heines literarische Polemik. Schmidt kann sich hier auf junghegelianische Kritiker wie Ruge und Prutz berufen, die Heine die politische Seriösität abgesprochen hatten. Diese Deutung setzt sich nach 1848 in der Literaturgeschichte durch. Nach der Reichsgründung zumal erscheint die Fehde endgültig als erledigt. In einem Essay über Heine bemerkt Julian Schmidt 1871: „Die Sache im allgemeinen steht noch in lebhafter Erinnerung; um die Details hat sich neuerdings wohl Niemand mehr gekümmert, und es ist auch kaum der Mühe wert. Wer es aber getan, wird sich schwer entscheiden können, wem von den Beteiligten er den Preis der Gemeinheit zuerkennen soll.“[34]

---

30 Julian Schmidt: *Geschichte der deutschen Literatur im 19. Jahrhundert* (Leipzig, 1855). Bd. 1, S. 35.

31 Schmidt: *Geschichte,* S. 38.

32 Schmidt: *Geschichte,* S. 40.

33 Julian Schmidt: *Geschichte der deutschen Literatur seit Lessings Tod* (Leipzig, 1867). Bd. 3, S. 368.

34 Julian Schmidt: *Bilder aus dem geistigen Leben unserer Zeit,* Neue Folge (Leipzig, 1871), S. 345.

Nach der vollzogenen Reichseinigung durch Bismarck, der auch die Grenzboten-Redakteure ihre Billigung nicht versagten, dürfen immerhin die alten Frontstellungen, die nunmehr als überholt erscheinen, beim Namen genannt werden: die Burschenschaftler und Nationalisten auf der einen Seite – Börne und Heine als kosmopolitische Patrioten auf der anderen. Ihnen gehört seine Sympathie nicht, aber ihre Opposition gegen den regressiven Nationalismus eines Menzel wird immerhin anerkannt. Historisch gesehen gehört Julian Schmidt eher zur Partei Börnes, oder zumindest zum Lager derer, die in den vierziger Jahren Börne gegen Heine verteidigten. Doch ist die Verschiebung nicht zu übersehen, die für den nachmärzlichen Liberalismus so bezeichnend ist: Für Robert Prutz, den gemäßigten Linkshegelianer vermag sich Schmidt noch einzusetzen, weil dieser sich als Verteidiger des Vaterlandes ausgewiesen hat. Von Börnes kosmopolitischem Patriotismus muß er sich bereits distanzieren.

Die Geschichte der Heine-Rezeption in der zweiten Hälfte des 19. Jahrhunderts, mag sie auch noch zahlreiche dunkle Stellen zeigen, ist in ihren Umrissen inzwischen erkennbar.[35] Sie läßt sich als die sukzessive Expatriierung des Dichters aus der deutschen Literatur beschreiben, genauer gesprochen, als die schrittweise Entfernung Heines aus dem Kanon der klassischen deutschen Literatur. Bereits bei Wilhelm Dilthey, dem die Institutionalisierung der Weimarer Klassik Entscheidendes verdankt, findet sich am Schluß seines Heine-Essays (1878) der ominöse Hinweis, daß Heine im Unterschied zu Goethe oder Hölderlin nicht zum bleibenden Schatz der deutschen Literatur zu zählen sei. Die Unterscheidung zwischen dem Überzeitlichen und dem bloß Historischen erlaubt Dilthey, den Autor, dessen Weltanschauung ihm gründlich zuwider ist, aus dem Kanon der Großen zu verbannen. Gewiß, ein solches vereinzeltes Urteil, und auch seine weitere Verbreitung in der Fachkritik, vermochte Heines Popularität im 19. Jahrhundert nicht anzufechten. Die zahlreichen Bemühungen seiner Verehrer, ihm ein Denkmal zu setzen, bezeugen seinen Ruhm. Daß jedoch gleichzeitig in der Öffentlichkeit schon anläßlich der Denkmalsfrage sich ein starker Widerstand bilden konnte, daß man in Düsseldorf die Errichtung eines Heine-Denkmals erfolgreich verhindern konnte, signalisiert bereits im 19. Jahrhundert, wie wenig gesichert Heines Position in Deutschland war. Auch seine liberalen Apologeten standen unter dem Eindruck der nationalistischen und antisemitischen Polemik, wie sie etwa von Heinrich von Treitschke vorgetragen wurde.[36] Der Spätliberalismus

35 Siehe Peter Uwe Hohendahl: „Erzwungene Harmonie: Bürgerliche Heine-Feiern". In: *Deutsche Feiern.* Hg. von Reinhold Grimm und Jost Hermand (Wiesbaden, 1977), S. 123–142.

36 Heinrich von Treitschke: *Deutsche Geschichte im Neunzehnten Jahrhundert* (Leipzig, 1879–1894). Bd. 3, S. 711–714; Bd. 4, S. 419–424; Bd. 5, S. 380–387.

wagte nicht mehr, sich für den politischen Schriftsteller Heine einzusetzen, ja, es ist zu fragen, ob er Heines politische Position überhaupt noch verstand.

Dieser reduzierten Liberalismus sei abschließend dargestellt an dem Versuch des dänischen Kritikers Georg Brandes, den Börne-Heine-Streit zu charakterisieren und historisch zu würdigen.[37] Während die Charakteristik zurückhaltend und gerecht ausfällt, auch die private Seite der Fehde erwähnt, aber nicht ungebührlich in den Vordergrund stellt, bleibt die historische Analyse in der Wiedergabe der Beziehungen stecken. Zwar wird die verschiedene Beurteilung der politischen Lage erwähnt, aber nur, um die unterschiedlichen Temperamente zu kennzeichnen. Schließlich läuft es bei Brandes darauf hinaus, daß Börne die menschlichen Schwächen Heines sehr wohl erkannt und mit Recht kritisiert habe, ohne jedoch Heine wirklich zu verstehen. „Börne hat hier wie in mehrerem Recht, ohne jedoch ein feineres oder tieferes Verständnis von Heines Naturell an den Tag zu legen."[38] Wenn Brandes anmerkt, daß Börnes Versagen vor der Natur Heines ihn an seine Unfähigkeit erinnert, Goethe gerecht zu werden, so schlägt er ein bedeutsames Motiv an, ohne es freilich zu verfolgen. Denn in der Tat betrifft die Abneigung in beiden Fällen letztlich die Beziehung von Ästhetik und Politik. Es geht um den Primat der Politik, dem sich die Belletristik unterzuordnen hat. Insofern mußte sich Börnes Vorbehalt gegen Heine ausweiten, sobald sich dieser in den dreißiger Jahren einem Literaturmodell zuwandte, das einen weiteren geschichtsphilosophischen Zusammenhang aufwies, der durch Begriffe wie Pantheismus und Saint-Simonismus hier nur knapp gekennzeichnet werden kann. Heines Einwände gegen den strikten literarischen Republikanismus, die „Gleichmacherei" der Demokraten, erscheint bei Brandes als Heines Aristokratismus: „Heine war zu gleicher Zeit ein großer Freiheitsanbeter und ein ausgeprägter Aristokrat [...] In Heines Seele war nicht ein konservativer Blutstropfen. Sein Blut war revolutionär. Aber ebensowenig war in seiner Seele ein demokratischer Blutstropfen."[39] Unverkennbar sympathisiert Brandes mit diesem Aristokratismus und konstatiert: „Und Heine war Genie genug zu fühlen, daß es in letzter Instanz einzig und allein auf Persönlichkeiten und Kräfte ankommt."[40] Der reine Parteistandpunkt ist Brandes zuwider. Und so ist ihm Heine lieber als Börne, in dem er primär den Parteimann erblickt.

37 Georg Brandes: *Die Hauptströmungen der Literatur des 19. Jahrhunderts* (Leipzig, 1894–1896).

38 Brandes, Bd. 6, S. 119.

39 Brandes, Bd. 6, S. 132–133.

40 Brandes, Bd. 6, S. 134.

In Brandes Darstellung hat sich unverkennbar die Form vom Inhalt gelöst. Die Frage bezieht sich nicht mehr auf die gegensätzlichen Literaturkonzeptionen von Börne und Heine, sondern auf Attitüden, in denen sich Persönliches äußert. Ungewöhnlich aber, und von der deutschen Kritik abweichend, bleibt bei Brandes das klare Eintreten für Heine, den er gegen die moralische und nationalistische Verunglimpfung des Börne-Lagers in Schutz nimmt. So heißt es gegen Börne gewandt: „Deshalb hat Börne Unrecht in der Annahme, daß Heine seine Partei in dem großen umfassenden Sinne des Wortes, den Schatz von Ideen, für welchen er gestritten, jemals verleugnet habe.“[41] Daran schließt sich die Bemerkung: „Heine war kaum weniger Patriot als Börne.“[42] Den Patriotismus Heines hervorheben hieß nach 1848 die Denunzierung der Nationalisten durchschauen, wenn sie auch nicht mehr abgewandt werden konnte. Denn im Namen einer nationalen Kultur, die sich fälschlich auf Weimar berief, wurde Heine im späten 19. Jahrhundert noch einmal expatriiert. Und im Rahmen dieser ideologischen Konstellation zwangsläufig wurde Ludwig Börne, der radikale Demokrat, der sich nicht einmal durch Lyrik als Dichter ausweisen konnte, von diesem Verdikt mitbetroffen. Wo man sich noch auf ihn berief, geschah es, um ihn als Zeugen gegen Heine in Anspruch zu nehmen. In der Nachgeschichte enthüllt sich das Verhängnis dieser Literaturdebatte, in der Börne und Heine ihren konservativen Gegnern die Waffen bereitstellten, mit denen später zerstört wurde, was ihnen, ungeachtet aller Gegensätze als politisches Ziel vorschwebte.

---

41 Brandes, Bd. 6, S. 224.

42 Brandes, Bd. 6, S. 224.

8. Heinrich Heine: Macht und Ohnmacht des Intellektuellen

Am Schluß der im Jahr 1830 geschriebenen *Englischen Fragmente* gibt Heine eine historische Anekdote wieder, die auf die Situation des modernen Intellektuellen ein bezeichnendes Licht wirft. Angeblich um eine Oktavseite zu füllen, berichtet Heine von dem Schicksal Kaiser Karls V., der von seinen Feinden gefangen genommen und in Haft gehalten wurde. Während die Hofleute sich nicht um ihn kümmerten und jede Hilfe verweigerten, nahm sich Kunz von der Rosen, der Hofnarr, des Kaisers an und „brachte ihm Trost und Rat." (2, 604) Wie zu erwarten, läßt es Heine nicht bei der Erzählung der Anekdote bewenden, sondern geht sogleich zu ihrer allegorischen Deutung über: „O, deutsches Vaterland! teures deutsches Volk! ich bin dein Kunz von der Rosen. Der Mann, dessen eigentliches Amt die Kurzweil und der dich nur belustigen sollte in guten Tagen, er dringt in deinen Kerker zur Zeit der Not; hier unter dem Mantel bringe ich dir dein starkes Zepter und die schöne Krone – erkennst du mich nicht, mein Kaiser… . Denn du, mein Volk, bist der wahre Kaiser, der wahre Herr der Lande – dein Wille ist souverain und viel legitimer als jenes purpurne Tel et notre plaisir, das sich auf ein göttliches Recht beruft …" (2, 604)

Diese allegorische Interpretation vermittelt erneut den Bezug zu einer früheren Passage der „Englischen Fragmente," in der Heine in einem kühnen Bogen den Zusammenhang zwischen der Bergpredigt und der Französischen Revolution herstellt. Unter den zahlreichen Erwähnungen dieses historischen Ereignisses in Heines Schriften ist jene eine der bedeutungsvollsten, da sie über das Ereignis und seine geschichtlichen Folgen hinausgeht und einen religiös-utopischen Bezug offen hervortreten läßt. „Ich spreche," schreibt Heine,

> von der französischen Revolution, jener Weltepoche, wo die Lehre der Freiheit und Gleichheit so siegreich emporstieg aus jener allgemeinen Erkenntnisquelle, die wir Vernunft nennen, und die, als eine unaufhörliche Offenbarung, welche sich in jedem Menschenhaupte wiederholt und ein Wissen begründet, noch weit vorzüglicher sein muß als jene überlieferte Offenbarung, die sich nur in wenigen Auserlesenen bekundet und von der großen Menge nur geglaubt werden kann. (2, 598)

Die Franzosen werden als das „auserlesene Volk der neuen Religion" gefeiert und entsprechend Paris als ein neues Jerusalem angesprochen.[1]

Die Verbindung mit der Religionskritik der Aufklärung ist kaum zu übersehen. Im Unterschied zur religiösen Offenbarung des Neuen Testaments ist die Offenbarung der Vernunft Heine zufolge demokratischer Natur und ferner durch Gewalt in die Praxis umsetzbar. Nahezu unverhüllt benutzt Heine hier die Französische Revolution als das Vorbild für eine noch in der Zukunft liegende Revolution, in der sich auch das deutsche Volk aus seinen Ketten befreien wird. Den Akt der politischen Befreiung verhüllt Heine freilich noch allegorisch: er projiziert ihn zurück in die Zeit des deutschen Kaiserreichs. Im Dialog zwischen Kaiser und Narren bestimmt sich die Gegenwart als Zeitenwende, in der die Gefangenschaft des Kaisers den Augenblick vor der Befreiung darstellt. „Kunz von der Rosen, mein Narr, was bricht und kracht da draußen? Seid still! das ist die Säge und die Zimmermannsaxt und bald brechen zusammen die Pforten eures Kerkers, und Ihr seid frei, mein Kaiser." (2, 605)

Durch die Anspielung auf die Französische Revolution definiert Heine im Schlußwort der „Englischen Fragmente" die historische Konstellation seiner Zeit und beschreibt gleichzeitig seine eigene Rolle gegenüber dem deutschen Volk, nämlich die des Narren, der in der Stunde der Not und Gefahr Trost und Rat spendet. Als Kunz von der Rosen liest Heine die Zeichen der Zeit, wächst also in eine Rolle hinein, die traditionell eher dem Propheten als dem Narren vorbehalten ist. Und in der Tat spricht Heine wenige Jahre später in der *Romantischen Schule* von den Schriftstellern des Jungen Deutschland als den Propheten einer neuen Zeit. Doch 1830 wählt er die Rolle des Narren, der die Kappe mit den Schellen trägt und die Mächtigen unterhält. Warum die Vorsicht? Warum nicht die Rolle des Ratgebers oder gar des Gesetzgebers, wie sie die *philosophes* in Frankreich entwickelt hatten? Der Text gibt eine überraschende Antwort. In den Schlußbemerkungen verkehrt sich noch einmal das Verhältnis zwischen Narr und Kaiser, zwischen Herrn und Knecht. Auf die Frage, welchen Lohn Kunz von der Rosen von dem Kaiser für seine Treue erwartet, antwortet der Narr: „Ach! lieber Herr, laßt mich nicht umbringen." (2, 605) Die Antwort überrascht, weil sie die Logik der Allegorie zu sprengen scheint. Denn während der Berater des absolutistischen Herrschers damit rechnen mußte, in Ungnade zu fallen, sollte der Berater und Helfer des Volkes als des legitimen Souverains vor solcher Behandlung sicher sein. Doch der Umgang mit dem Souverain, von dem alle Gewalt ausgeht,

1 Dazu der bahnbrechende Aufsatz von Jost Hermand: „Napoleon im Biedermeier". In: *Von Mainz nach Weimar 1793–1919* (Stuttgart, 1969), S. 99–128; ferner Hermand: *Mehr als ein Liberaler. Über Heinrich Heine* (Frankfurt a.M., 1993).

sei es nun der Kaiser oder das Volk, ist nicht ohne Risiko. Mit Dankbarkeit darf der Ratgeber nicht rechnen, folglich ist er am sichersten erneut in der Rolle des Narren, der die Wahrheit sagen darf, ohne zur Verantwortung gezogen zu werden.

Was dieser frühen Selbstdeutung Heines Interesse und Gewicht verleiht, ist ihre Gebrochenheit – der Anspruch auf eine wichtige Aufgabe gegenüber dem Volk auf der einen Seite und die Ironisierung eben dieser Aufgabe durch den Vergleich mit dem Narren auf der anderen. Überdies wird der Leser auf den subversiven Charakter des Textes eigens durch das Verfahren der Allegorisierung verwiesen – im Akt des Sprechens wirkt die Figur des Narren, in der sich der Autor verbirgt, auf den Gehalt des Textes zurück, zum Beispiel auf das Verständnis der emphatischen Rhetorik in der Beschreibung der Französischen Revolution. Was in der ersten Lektüre als Ausdruck einer metaphysischen Wahrheit erschien, erscheint nunmehr im Licht einer auf Unterhaltung eingestellten Performanz. Doch gleichzeitig ist es eben diese „heitere" Form, die es erlaubt, die Wahrheit auszusprechen, da die weltliche Gewalt ihren direkten Ausdruck, wie der Leser sehr wohl weiß, durch die Zensur unterdrückt.[2]

Angesichts dieser überaus komplexen Konfiguration, in der Sprache und Gehalt des Textes in einer unübersehbaren Spannung stehen, stellt sich erneut die Frage nach Heines Status als eines Schriftstellers und Intellektuellen. Ist er, wie Jürgen Habermas argumentiert hat, ein Vorläufer des modernen Intellektuellen, ein Autor, der aus dem Kontext einer noch vormodernen deutschen Gesellschaft herausgetreten war, aber in der Form seiner Intervention die Rolle des modernen Intellektuellen nicht vollkommen ausfüllen konnte, da es in seiner Zeit in Deutschland eine entwickelte politische Öffentlichkeit nicht gab, auf die der Intellektuelle angewiesen ist?[3] Habermas kann für seine Deutung ins Feld führen, daß der Name des Intellektuellen eine Prägung des späten neunzehnten Jahrhunderts darstellt und erst im Zusammenhang mit der Dreyfus-Affäre in Europa allgemein gebräuchlich wurde.[4] Durch die Intervention von Schriftstellern und Journalisten zugunsten des Hauptmanns Dreyfus, der des Hoch- und Landesverrats angeklagt war, verbreitete sich der Begriff

---

2 Zur Frage der Zensur bei Heine siehe Klaus Briegleb: „Schriftstellernöte und literarische Produktivität. Zum Exempel Heinrich Heine". In: *Neue Ansichten zu einer künftigen Germanistik*. Hg. von Jürgen Kolbe (München, 1973), S. 124–59.

3 Jürgen Habermas: „Heinrich Heine und die Rolle des Intellektuellen in Deutschland". In: *Eine Art Schadensabwicklung* (Frankfurt a.M., 1987), S. 25–54.

4 Zur Dreyfus-Affäre vgl. Harry R. Kedward: *The Dreyfus Affair: Catalyst for Tensions in French Society* (London, 1965); Ders.: *The Dreyfus Affair: Art, Truth, and Justice* (Berkeley, 1987).

des modernen Intellektuellen, der die öffentliche Meinung mobilisiert, da die konstitutionellen Garantien für die Verteidigung des Angeklagten in diesem Fall versagten.

Für Habermas ist der Begriff des Intellektuellen aufs engste verknüpft mit dem der demokratischen bürgerlichen Öffentlichkeit, wie sie sich in Westeuropa erst während des neunzehnten Jahrhunderts durchsetzte.[5] So bleibt Heinrich Heine für Habermas ein Vorläufer, der sich in den Dreyfusards der Jahrhundertwende wiedererkannt hätte, jedoch, wie Habermas unterstreicht, in Deutschland kaum einen Nachfolger fand (von Tucholsky einmal abgesehen). Obschon Habermas vorgibt, über Heine zu sprechen, geht es ihm, wie der Titel seines Essays andeutet, um ein deutsches Thema, nämlich den Gegensatz von Geist und Macht im Deutschland des zwanzigsten Jahrhunderts, im besonderen aber um die problematische Selbsteinschätzung des zeitgenössischen deutschen Intellektuellen. In diesem Zusammenhang fällt nun Heine die Rolle des Prototyps zu, der in der Auseinandersetzung mit der staatlichen Gewalt seiner Zeit seine Funktion und Aufgabe richtig einzuschätzen vermochte, der sich weder als Mitglied eines Geistesadels noch als das ausführende Organ einer politischen Partei mißverstand. Die Bezeichnung des Vorläufers hat also in Habermas' Argumentation einen durchaus positiven Stellenwert. Habermas nimmt Heine sogar gegen die halbherzige Verteidigung Adornos in Schutz, der Heine zugestand, in der Tradition der Aufklärung zu stehen, aber gleichzeitig bezweifelte, ob seine lyrische Sprache vor dem Gerichtshof der reinen Poesie bestehen könnte.[6] Für Habermas jedoch ist Heines enge Beziehung zur Aufklärung wichtig, weil es seine Resistenz gegen Formen des Patriotismus und Nationalismus erklärt, die im zwanzigsten Jahrhundert den Begriff des Intellektuellen in Deutschland kompromittierten. Indem Heine, Habermas zufolge, den Gegensatz zwischen Aufklärung und Romantik liquidierte, indem er, mit anderen Worten, den romantischen Begriff des Volks mit dem Begriff der Emanzipation verknüpfte, wurde er in der deutschen Tradition zur *persona non grata*, zu dem jüdischen Außenseiter, dessen Unzuverlässigkeit und Frivolität notorisch blieben. So gewiß nun Heine sich mit dem Gegensatz von Aufklärung und Romantik nicht zufriedengeben konnte – auch wenn es gelegentlich in der *Romantischen Schule* so scheint –, so wenig ist Heines Standpunkt ausschließlich aus der Liquidierung dieses Gegensatzes zu erklären. Wenn ich recht sehe, besteht die Schwierigkeit darin, daß seine Position sich nicht auf den Begriff einer Synthese bringen läßt, sondern unaufgelöste Wider-

---

5 Dazu Jürgen Habermas: *Strukturwandel der Öffentlichkeit* (Neuwied, 1962).

6 Theodor W. Adorno: „Die Wunde Heine". In: *Noten zur Literatur I* (Frankfurt a.M., 1958), S. 144–52.

sprüche und Spannungen enthält, die auf seine Rolle als Intellektuellen ein bezeichnendes Licht werfen.

Die Heine von Habermas zugeschriebene Rolle des Vorläufers verstellt bis zu einem gewissen Grade den Blick auf Heines historische Situation in der nachrevolutionären Epoche Metternichs. Die Französische Revolution bleibt für Heine (wie übrigens auch für Ludwig Börne), wie wir gesehen haben, *das* markante politische Ereignis, und zwar nicht nur für die Franzosen, sondern auch für die Deutschen, denn diese Revolution war ein europäisches Ereignis, dessen Folgen selbst zwei Generationen später nicht abzusehen waren. Sobald Heine sich auf sie bezieht, wie zum Beispiel in den „Englischen Fragmenten," verknüpft er sie mit zwei anderen Ereignissen, nämlich mit der französischen Aufklärung auf der einen Seite und der postnapoleonischen Restauration auf der anderen. Er hält die Französische Revolution für das Ergebnis der Aufklärung und sieht sie gleichzeitig als das Modell für zukünftige Revolutionen. Aus diesem Grunde genügt es nicht, mit Adorno in Heine den kritischen Aufklärer zu entdecken; es käme darauf an, seine Beziehung zur Aufklärung genauer zu bestimmen – nicht zuletzt, wenn es darum geht, Heines Rolle als eines Intellektuellen zu verstehen.

In *Zur Geschichte der Religion und Philosophie in Deutschland* (1835) hat Heine eine Skizze des geistesgeschichtlichen Prozesses entworfen, in dem die deutsche Aufklärung eine hervorragende Stellung einnimmt. Vor allem Lessing und Kant werden genannt, um die kritische, progressive Kraft der Aufklärung zu verdeutlichen.[7] Diese Darstellung hat in der Heineforschung in den Hintergrund treten lassen, wie bedeutsam für Heine gleichzeitig die französische Aufklärung war als das materialistische Pendant zur deutschen, die er als idealistisch oder pantheistisch beschrieb. Unter den französischen Schriftstellern sind es vor allem Voltaire und Rousseau, an denen Heine sein Verständnis der französischen Aufklärung entwickelte. Die Behandlung der französischen *philosophes* erlaubt Heine, seine Auffassung des modernen Schriftstellers zu erläutern.

Schon in den *Reisebildern* deutet sich die Verknüpfung von Aufklärung und Revolution an, zum Beispiel in der „Reise von München nach Genua," wenn Heine Voltaire unter den Schriftstellern nennt, die ausdrücklich die politische Emanzipation des Volkes gefördert haben. Indes läßt Heine es nicht bei der typisch liberalen Auffassung bewenden, Voltaire sei für den Fortschritt der Zivilisation eingetreten. Das anschließende

7 Aus der umfangreichen Literatur sei nur genannt Martin Bollacher: „‚Aufgeklärter Pantheismus.' Die Deutung der Geschichte in Heines Schrift *Zur Geschichte der Religion und Philosophie in Deutschland*". In: *Heinrich Heine. Artistik und Engagement.* Hg. von Wolfgang Kuttenkeuler (Stuttgart, 1977), S. 144–186.

Lob der Franzosen ironisiert gleichzeitig die Konzeption eines rein ideellen Fortschritts, wenn Heine anmerkt: „Laßt uns die Franzosen preisen! sie sorgten für die zwei größten Bedürfnisse der menschlichen Gesellschaft, für gutes Essen und bürgerliche Gleichheit; in der Kochkunst und in der Freiheit haben sie die größten Fortschritte gemacht… ." (2, 377) Dieser sensualistischen Komponente steht Voltaire näher als Rousseau, denn in dem Bild, das Heine von dem siècle des lumières entwirft, bleibt Voltaire das Moment der Heiterkeit, des Festes und des Gelächters vorbehalten, während Rousseau als der empfindsame Radikale festgehalten wird.

Doch erst nach der Juli-Revolution verstärkt sich bei Heine die Tendenz, einen kausalen Zusammenhang zwischen Aufklärung und Revolution herzustellen. In den *Französischen Zuständen* (1833), den ersten journalistischen Berichten aus dem nachrevolutionären Paris, unterstreicht Heine für seine deutschen Leser, daß die Historiographie der französischen Restauration den Zusammenhang von Aufklärung und Revolution aus politischen Motiven systematisch unterdrückt habe. „Die jetzigen Gelehrten wollten wieder bei den Großen zu Gnaden aufgenommen werden, sie suchten wieder ihr weiches Plätzchen zu den Füßen der Macht, und gebärdeten sich dabei so servil unschuldig, daß man sie nicht mehr für Schlangen ansah, sondern für gewöhnliches Gewürm. Ich kann aber nicht umhin der Wahrheit wegen zu gestehen, daß eben die Gelehrten des vorigen Jahrhunderts den Ausbruch der Revolution am meisten befördert und deren Charakter bestimmt haben." (3, 232) Die Gelehrten, von denen Heine hier spricht, sind niemand anders als die *philosophes*, unter ihnen vor allem Voltaire und Rousseau.

Die teleologische Konstruktion Heines, in der die französische Geschichte des achtzehnten Jahrhunderts mit Notwendigkeit auf 1789 zuläuft, enthält freilich eine in der offiziellen Historiographie kaum betonte Komponente, insofern als Heine zwischen den subjektiven Motiven der philosophes und ihrer öffentlichen Wirkung unterscheidet. Nicht die persönlichen und privaten Gründe für das subversive Verhalten interessieren ihn, sondern die öffentlichen Folgen. Mag Voltaire die politische Elite seiner Zeit unterstützt haben, seine Schriften blieben kritisch. Voltaire, „indem er dienstbar den Großen die Fackel vortrug, [beleuchtete er] auch damit zugleich ihre Blöße." (3, 233) Das Gleiche gilt für Rousseau, dessen persönliche Schwächen, nämlich Selbstmitleid und Eitelkeit, Heine durchaus nicht verheimlichen will. Ihm geht es vielmehr um die politischen Wirkungen der Ideen, die sich erst in den Jahren nach 1789 materialisierten. Und insbesondere geht es ihm um eine Typologie der französischen Aufklärung, in der die Voltairianer mit den Rousseauisten um die Vorherrschaft kämpfen. So heißt es in den *Französischen Zuständen*: „Der Kampf unter den Revolutionsmännern des Konvents war nichts anders als der geheime Groll des rousseauischen Rigorismus gegen die voltairesche Légèreté. Die echten Montagnards hegten ganz die Denk- und Gefühlsweise Rousseaus." Insbesondere Robespierre gilt Heine als die „Inkarnation Rousseaus." (3, 239) „Er war tief religiös, er glaubte an Gott und Unsterblichkeit, er haßte die voltairesche Religionsspötterei, die unwürdigen Possen eines Gobels, die Orgien der Atheisten, und das laxe Treiben der Esprits, und er haßte vielleicht jeden, der witzig war und gern lachte." (3, 230) Es fällt nicht schwer zu erkennen, welcher Partei Heine den Vorzug gibt. Obgleich er die historische Notwendigkeit und humane Bedeutung der Französischen Revolution niemals in Abrede stellt, fühlt er sich von dem rigorosen Moralismus eines Rousseau oder auch eines Kant weniger angezogen als von dem subversiven, mehrdeutigen und respektlosen Witze Voltaires. Die Bezeichnung des Kammerdieners, auf Voltaire zugleich wörtlich und metaphorisch angewandt, wie diejenige des Narren in der erwähnten Anekdote, verweist auf die Dialektik von Herr und Knecht, auf die verborgene Stärke der subalternen Position, in der sich Heine wiedererkannte.

Im dritten Buch der *Geschichte der Religion und Philosophie in Deutschland* versucht Heine, diese Beziehung theoretisch zu erfassen, und zwar benutzt er die Analogie der christlichen Inkarnation, um das Verhältnis zwischen Ideen und politischer Praxis auszudrücken.

> „Der Gedanke will Tat, das Wort will Fleisch werden. Und wunderbar! der Mensch, wie der Gott der Bibel, braucht nur seinen Gedanken auszusprechen, und es gestaltet sich die Welt, es wird Licht oder es wird Finsternis, die Wasser sondern sich von dem Festland, oder gar wilde Bestien kommen zum Vorschein." (3, 593)

Heine beschließt die Anwendung der neutestamentlichen Inkarnation auf den Schöpfungsbericht des Alten Testaments mit dem Satz: „Die Welt ist die Signatur des Wortes." (Ebd.) Stärker könnte Heine die Position des Intellektuellen kaum formulieren, denn in dieser Konstruktion ist es die Sprache, aus der die Realität hervorgeht, aus der also die politische Tat abzuleiten ist.

Gewiß steht dieser Satz im Widerspruch mit anderen Formulierungen Heines, denen zufolge nicht die geistigen sondern die materiellen Interessen Ausgangspunkt des politischen Handelns sind. Heine hat nicht versucht, diese Unvereinbarkeit theoretisch zu überwinden. Möglicherweise hat er sie nicht einmal bemerkt, da er von verschiedenen Gesichtspunkten an die Sache herantrat. Während menschliches Handeln im Kontext von Interessen und Strategie zu verstehen ist, bewegt sich Sprache auf mehreren Ebenen; sie kann sich (auch gegen den Willen der Sprechenden oder Schreibenden) lösen von dem pragmatischen Kontext und folglich Rahmenbedingungen für neue Handlungsentwürfe schaffen, die den Autoren nicht einmal deutlich sind. In diesem Sinne liest Heine Robespierre und die Jakobiner als die „blutige Hand von Jean Jacques Rousseau." (3, 593) Die Macht des Wortes liegt folglich nicht so sehr in der Macht des Autors, der sie benutzt (Rousseaus Ohmacht wird vielmehr von Heine betont), als in ihrer Wirkung auf Leser und Zuhörer; es ist die Macht der Rhetorik. Und zweifellos ist Heine sich bewußt, daß sein eigener Text an dieser Macht teilhat, daß sein Text erneut bestätigt, was er über die Wirkung der Literatur der Aufklärung behauptet.

Dieser Befund wirft ein neues Licht auf die Frage des Intellektuellen.[8] Habermas sah in Heine den Vorläufer des modernen Intellektuellen, dem eine entwickelte bürgerliche Öffentlichkeit noch fehlte. Auch wenn in Deutschland die politischen Institutionen noch nicht vorhanden waren, auf die sich zum Beispiel die französischen Intellektuellen in der Dreyfus-Affäre berufen konnten, so gab es doch eine literarische Öffentlichkeit, ein räsonierendes Publikum, das sich im achtzehnten Jahrhundert herausgebildet hatte.[9] Aus diesem Grund ist die Beziehung Heines zur Aufklärung nicht nur eine Frage der Ideen und ihres Einflusses auf die spätere Epoche (Ideen der Freiheit und Gleichheit), sondern eine Frage der Institution Literatur, einer Institution, in der sich unter anderem die Rolle des Autors neu bestimmte. Der von Habermas gewählte Ansatz übersieht die Verbindung des neunzehnten Jahrhunderts mit der literarischen Tradition des achtzehnten, die Heine zum Beispiel in der *Romantischen Schule* so deutlich hervorhebt. Genauer gesprochen, ist es die rhetorische Tradition (im Unterschied zur ästhetischen), an die Heine als Schriftsteller anknüpft; in ihr artikuliert sich seine intellektuelle Macht, die er der politischen Gewalt des Staates entgegenhalten kann.[10] Im Begriff des Witzes zum Beispiel, den er an Voltaire schätzt, ist diese kritische Gewalt enthalten. Doch gleichzeitig wird deutlich, daß Heine seine Lage in der Ära Metternichs nicht mit der Situation der Aufklärer verwechselt, sondern die historische Distanz markiert. Was ihn von den *philosophes* trennt, ist ein differenziertes historisches Bewußtsein, das er den Romantikern und Hegel verdankt. Die historische Rekonstruktion der frühen Neuzeit, wie er sie in der *Romantischen Schule* und in *Zur Geschichte der Religion und Philosophie in Deutschland* vorlegt, supponiert einen Begriff geschichtlicher Entwicklung, in dem der Intellektuelle der Aufklärung die Ideen seiner Zeit formulieren aber deren Horizont nicht überschreiten kann. Dieses

8 Zur Problematik des Schriftstellers Heine vgl. Klaus Briegleb: *Opfer Heine? Versuche über Schriftzüge der Revolution* (Frankfurt a.M., 1986).

9 Dazu Peter Uwe Hohendahl: *Literarische Kultur im Zeitalter des Liberalismus 1830–1870* (München, 1985), besonders S. 55–120.

10 Zur Kritik an Habermas siehe auch Lothar Jordan: „Hans-Magnus Enzensberger und Heinrich Heine". In: *Heine Jahrbuch* (1993), Bd. 32, S. 127–43.

geschichtsphilosophische Bewußtsein, das zugleich ein spezifisches narratives Verfahren enthält, trennt Heines Intellektualität von derjenigen Lessings oder Voltaires.

So bewegt sich Heine folglich gleichzeitig auf zwei Ebenen: als Schriftsteller und Kritiker seiner Zeit kann er sich auf die Aufklärer als Vorläufer und Bundesgenossen berufen, als radikaler Schüler des objektiven Idealismus jedoch sieht er sie als Teile von spezifischen historischen Konstellationen, von der sich die eigene Zeit speist aber zugleich abhebt. Im geschichtsphilosophischen Metadiskurs löst sich die Opposition des Kritikers in der Narration auf – eine Optik, welche Heine sowohl anzieht als auch abstößt. Das Anziehende liegt in der Stärke eben dieses auf Totalität zielenden Metadiskurses, in dem sich der geschichtliche Verlauf zur notwendigen progressiven Entwicklung ordnet, das abstoßende Element besteht im Verlust einer absoluten subjektiven Wahrheit: die Position des Autors und Kritikers ist stets nur eine relative.

Zygmunt Bauman hat mit Grund darauf hingewiesen, daß Soziologen und Politologen den Begriff des Intellektuellen in der Regel zu eng gefaßt haben. Fixiert auf das zwanzigste Jahrhundert haben sie allenfalls im neunzehnten nach Vorläufern gesucht, ohne zu bemerken, daß bereits im achtzehnten Jahrhundert die Muster sich herausbildeten, denen die späteren Epochen folgten. Entsprechend unterstreicht er die diskursive Seite, wenn er schreibt: „The intentional meaning of being ‚an intellectual' is to rise above the partial preoccupation of one's own profession or artistic genre and engage with the global issues of truth, judgement and taste of the time."[11]

In Hinblick auf Heinrich Heine besagt diese These, daß wir in der Tat den Blick auf das achtzehnte Jahrhundert zurückwenden müssen, um seine Intellektualität historisch abzugrenzen. Der Ausgangspunkt wäre die zweifache Form, in der die literarisch-philosophische Intelligenz des achtzehnten Jahrhunderts Heine entgegentritt: auf der einen Seite der Deismus oder Materialismus der französischen *philosophes*, auf der anderen die systematische Philosophie sowie die klassisch-romantische Poesie in Deutschland. Gemeinsam ist ihnen der Anspruch, Rolle und Aufgabe des Experten, dessen Autorität in einem überlieferten Diskurs begründet ist, zu transzendieren, das heißt „to create … a shared discourse unifying the plethora of specialized discourses; and to mount on this foundation a shared purpose and common responsibility."[12] Auf der Grundlage dieses gemeinsamen Diskurses konstitutiert sich sodann der Anspruch über die Öffentlichkeit auf das Publikum einzuwirken. Freilich handelt es sich nicht

11 Zygmunt Bauman: *Legislators and Interpreters. On Modernity, Post-Modernity and Intellectuals* (Ithaca, 1987), S. 2.

12 Ebd., S. 23.

darum, einen gemeinsamen metaphysischen Ursprung zu finden. Weder eine bestimmte Ideologie noch eine spezifische Selbstauffassung vereinigte die *philosophes*; was sie, die ständig im Streit miteinander lagen, verband, war die Idee eines kritischen Diskurses, d.h. der Gedanke, in der „république des lettres“ die Tradition kritisch zu befragen. In Deutschland berührt Kants Aufsatz „Antwort auf die Frage: Was ist Aufklärung?“ die Kernzone des kritischen Diskurses. Dem Intellektuellen, und zwar unter dem Namen des Gelehrten, bleibt bei Kant vorbehalten, die Fesseln der blinden Autorität zu zerbrechen. Doch diese Leistung ist nicht das Ergebnis besonderer im Gelehrten angelegter Tugenden, vielmehr, wie Kant hervorhebt, das Resultat des kritischen Diskurses, der, sobald er sich einmal konstituiert hat, seine eigene Macht unabhängig entfaltet. Daß dieser Diskurs aus der Sicht der staatlichen Ordnung subversiv ist, auch wenn er seine politischen Ziele verhüllt, hat bereits Reinhart Koselleck vor mehr als dreißig Jahren herausgestellt.[13] Wie Heine vor ihm – freilich mit entgegengesetzter Absicht – sieht Koselleck die *philosophes* als die Vorbereiter der Französischen Revolution.

Berater, Erzieher, Gesetzgeber, das sind die drei Rollen, in der die französischen wie die deutschen Aufklärer aufraten, in jedem Fall auf die Sprache als die Trägerin von Ideen fixiert. Mehr noch: Ideen enthalten die Möglichkeit und Bedingung der Veränderung traditioneller Lebenswelten. Aus diesem Grunde ist der von Koselleck behauptete grundsätzliche Konflikt zwischen den Intellektuellen und dem absolutistischen Staat eine problematische These, denn die Interessen des absolutistischen Staates, der seinen Einfluß durch Verwaltung ausdehnen will, und die Pläne der Intelligenz berühren und überschneiden sich, wie nicht zuletzt Foucault gegen traditionelle Interpretationen der Aufklärung eingewandt hat.[14] Die den *philosophes* gemeinsame Annahme, daß Philosophie auf Anwendung in der Welt angelegt ist und daß Ideen in die Praxis umgesetzt werden können, legt die Zusammenarbeit mit dem Staat nahe, besonders in der Rolle des Beraters und Lehrers; sie kann sich indes ebenso gegen den Staat wenden, wenn dieser sich dem Prinzip der Aufklärung widersetzt. In diesem Fall wird aus dem Berater der Kritiker und schließlich der Revolutionär und Gesetzgeber, der den Staat nach aufgeklärten Grundsätzen neu konstruiert. Entscheidend für diesen Prozeß ist das öffentliche Räsonnement, in dem sich die Vernünftigkeit der Ideen und Pläne erweisen muß.

In der neueren Debatte über die Struktur der Öffentlichkeit des achtzehnten Jahrhunderts ist Habermas von verschiedenen Seiten vorgewor-

13 Reinhart Koselleck: *Kritik und Krise. Eine Studie zur Pathogenese der bürgerlichen Welt* (Freiburg, 1959).

14 Michel Foucault: *Surveiller et punir. Naissance de la Prison* (Paris, 1975).

fen worden, daß er diese Öffentlichkeit idealisiert und ihre Ausdehnung überschätzt habe.[15] In der Tat sind die relativ engen Grenzen der historischen Öffentlichkeit kaum zu übersehen: Teilnahme war an Eigentum und Geschlecht gebunden. So sehr die *philosophes* daran glaubten, daß ökonomisches und soziales Unrecht beseitigt werden müsse, so wenig waren sie praktisch darauf vorbereitet, das Volk als gleichberechtigt anzuerkennen und ihm die gleichen Vorrechte der Bildung und Erziehung einzuräumen. Wie Harry Payne gezeigt hat, blieb das Volk (le peuple) für die Intellektuellen eine Klasse, mit der man sich nicht identifizierte.[16] Man dachte über die Verbesserung seiner Lage nach, ohne den Begriff der Gleichheit auf die Massen ernsthaft zu übertragen. Das wirkte sich auf die Erziehungspläne aus. In der Regel wollten die *philosophes* die Differenz zwischen den gebildeten Klassen und dem breiten Volk nicht aufheben „The advocates of reformed public instruction sought only the means to bring the simplest conclusions of philosophy to the level of the people. The posited success of their instruction relied not on the critical capability of the few but on the imitative faculty of the many."[17] Im Mittelpunkt dieser Erziehungsprojekte standen auf der einen Seite die Grundfähigkeiten des Lesens und Schreibens und auf der anderen die moralische Belehrung, durch die die Schüler zu brauchbaren Staatsbürgern herangebildet werden. „Diderot and Holbach similarly sought, with their catechisms, to integrate the whole range of civil, political, and moral duty, and give the man of the people a sense of his place in the general order of things."[18]

Ich hebe diese Grenzen hervor, weil sie für die Diskussion des neunzehnten Jahrhunderts, namentlich die Auseinandersetzung zwischen Liberalen und Demokraten, nicht ohne Bedeutung waren. Obgleich Heine sich in den dreißiger Jahren den Begriff des Volkes zu eigen machte und ihn in seiner Argumentation für die Notwendigkeit einer Revolution benutzte, teilte Heine – wie insbesondere in seiner Kritik Börnes deutlich wird – einige der Vorbehalte der *philosophes* gegen das gemeine Volk. Damit möchte ich freilich nicht unterstellen, daß Heine die Auffassung der *philosophes* lediglich fortsetzte und seine Rolle als Intellektueller mit der Konzeption der französischen Aufklärer legitimierte. Der Sachverhalt ist ungleich komplexer, denn erstens ist Heine überzeugt, daß die deutsche Aufklärung und besonders ihre Fortsetzung im deutschen Idealismus (Fichte und Hegel) den Materialismus der französischen Aufklärung überwunden hat und folglich eine gesteigerte Form der politischen Revolution

15 Für die neuere internationale Diskussion bezeichnend ist der Sammelband *Habermas and the Public Sphere*. Hg. von Craig Calhoun (Cambridge, 1992).

16 Harry Charles Payne: *The Philosophes and the People* (New Haven, 1976).

17 Ebd., 108.

18 Ebd., 109.

hervorbringen wird; und zweitens sah sich Heine als Teil einer geschichtsphilosophischen Entwicklung, die dem Schriftsteller und Philosophen jeweils seinen historischen Ort und Horizont zuweist.

Die Grenzen der französischen Aufklärung erblickte Heine – und das mag auf den ersten Blick überraschen – nicht im gesellschaftlichen und politischen Bereich, sondern im Bereich der Metaphysik. Der westeuropäische Materialismus, aus dem die Große Revolution hervorgegangen ist, beruhte Heine zufolge auf dem Begriff eines transzendenten Gottes, aus dem die Welt abgeleitet werden kann. Aus diesem Grund ist für Heine Kants Religionskritik der wichtigste Teil seiner Schriften. Indem Kant durch seine Kritik der Gottesbeweise den Deismus widerlegte, zerstörte er gleichzeitig die metaphysischen Grundlagen der sozialen Ordnung. In der Sprache des Mythos ausgedrückt: auf Grund von Kants Kritik bereitet sich der Gott der judäischen und christlichen Tradition zum Sterben. An seine Stelle tritt bei Heine jedoch nicht der atheistische Materialismus, sondern der Pantheismus als die neue idealistische Philosophie, welche die eigentliche, noch ausstehende Weltrevolution vorbereitet. So heißt es:

> Die politische Revolution, die sich auf die Prinzipien des französischen Materialismus stützt, wird in den Pantheisten keine Gegner finden, sondern Gehülfen, aber Gehülfen, die ihre Überzeugungen aus einer tieferen Quelle, aus einer religiösen Synthese, geschöpft haben. Wir befördern das Wohlsein der Materie, das materielle Glück der Völker, nicht weil wir gleich den Materialisten den Geist mißachten, sondern weil wir wissen, daß die Göttlichkeit des Menschen sich auch in seiner leiblichen Erscheinung kund gibt, und das Elend den Leib, das Bild Gottes, zerstört oder aviliert, und der Geist dadurch ebenfalls zu Grunde geht… . Wir stiften eine Demokratie gleichherrlicher, gleichheiliger, gleichbeseligter Götter. (3, 570)

Das „wir“ dieses emphatischen Bekenntnisses ist nicht zu übersehen; offensichtlich spricht Heine hier in eigener Sache. In diesem Moment ist die Grenze zwischen dem Ich des Schriftstellers und dem Volk (Demokratie!) verschwunden. Nicht durch gemeinsame Interessen konstituiert sich die neue Demokratie, sondern durch einen „Geist,“ der den Begriff des Menschen fundamental verändert. Durch die „Vergöttlichung“ des Leibes, der Heine hier das Wort redet, umgeht er das Problem der *philosophes*; die Beziehung des Intellektuellen zu den Massen des Volkes wird unproblematisch, denn die materiellen Bedingungen der Revolution verlieren ihre Konturen. Indem der Schriftsteller Heine sich in den geschichtsphilosophischen Prozeß einschreibt und damit am „wir“ der revolutionären Bewegung teilhat, wird der eigene soziale Ort und die persönliche Identität verschleiert. Ein sensualistisch umgedeuteter romantischer Volksbegriff verstellt den Blick auf die innergesellschaftlichen Konflikte, die auch den Standort des Intellektuellen berühren.

Heines Börne-Denkschrift, nach Börnes Tod 1840 veröffentlicht, nimmt diese Problematik wieder auf. In der Auseinandersetzung mit dem benachbarten und gleichgesinnten Kritiker und Essayisten bemüht sich Heine, der damals sowohl von den Radikalen als auch den Konservativen angegriffen wurde, die eigene Position zu erläutern. Die Beschreibung des Schriftstellers Börne liefert die Folie, von der sich das eigene Bild abhebt. Was Heine mit Börne verbindet, ist die jüdische Herkunft und damit die Lage des Außenseiters, der in einer christlichen Gesellschaft um seine Anerkennung kämpfen muß. Das Amt des Schriftstellers und Kritikers wird für beide der Weg zur öffentlichen Billigung und zur Teilhabe an der sich herausbildenden deutschen Identität. Aus diesem Grunde ist Börnes revolutionärer Patriotismus für Heine von besonderem Interesse, denn dieser Nationalismus ist der Versuch des anderen, sich durch die antizipierte deutsche Revolution eine kollektive Identität zu sichern. Heines ironische Zweifel an diesem Experiment, dem er selber freilich, wie wir gesehen haben, sehr nahe steht, wirft ein bezeichnendes Licht auf das komplizierte Verfahren der Spiegelung, Identifizierung und Abgrenzung, die der Text vornimmt.

Börnes Rolle als Schriftsteller und Agitator im Paris der dreißiger Jahre ist für Heine der Anlaß, um über die Rolle des politisierten Intellektuellen zu reflektieren. Unter dem Eindruck der Juli-Revolution hatte sich Börnes politische Position verändert.[19] Aus dem Befürworter der konstitutionellen Monarchie war ein radikaler Republikaner geworden, der mit dem Ergebnis der Juli-Revolution keineswegs zufrieden war, sondern sich ideologisch zunehmend an dem radikalen Flügel der Revolution von 1789 orientierte. Der Liberalismus Börnes, mit dem Heine weitgehend sympathisierte, verschärfte sich zum demokratischen Radikalismus, von dem Heine sich rhetorisch distanzierte. Dabei mögen taktische Gründe eine Rolle gespielt haben, etwa die Absicht, der konservativen Kritik in Deutschland den Wind aus den Segeln zu nehmen, doch ist Heines Kritik an Börne mit solchen Motiven keineswegs vollkommen zu erklären, denn gleichzeitig ist unverkennbar, daß Heine sich mit der Person und dem Stil Börnes partiell identifiziert. Der Kern der heineschen Kritik richtet sich gegen Börnes Selbstverständnis als eines intellektuellen Agitators, als des Sprechers des radikalen deutschen Exils, das sich in Paris versammelte. Die Idee eines Bündnisses mit den radikalen deutschen Handwerkern, die sich im Ausland, nicht zuletzt in Paris organisierten, irritiert Heine, weil sie seiner Auffassung des freien Schriftstellers widerspricht.

---

19 Siehe Peter Uwe Hohendahl: „Kosmopolitischer Patriotismus. Ludwig Börne und die Identität Deutschlands". In: ‚*Die Kunst – eine Tochter der Zeit.*' Neue Studien zu Ludwig Börne. Hg. von Inge Rippmann und Wolfgang Labuhn (Bielefeld, 1988), S. 170–200.

Die Differenz zwischen Börne und Heine, die in der deutschen Publizistik der Zeit ausführlich diskutiert wurde, ist nicht nur eine ideologische, denn in der Beurteilung liberaler Grundforderungen stimmte Heine auch 1840 noch mit Börne überein; er lobt ausdrücklich Börnes Eintreten für die politische Emanzipation und unterstreicht die Wichtigkeit seiner harschen Polemik gegen den Chauvinismus eines Menzel, der seine liberale Vergangenheit verriet, als er die jungdeutschen Schriftsteller öffentlich angriff.[20] Nicht weniger kann Heine mit Börnes Festhalten an den Ideen der europäischen Aufklärung sympatisieren – allerdings nur, solange diese Bindung historisch vermittelt bleibt. Die Unterschiede werden daher deutlicher, wo Börne sich in seinen eigenen politischen Plänen an den Jakobinern der Französischen Revolution orientiert, denn für Heine stellt sich dann sogleich die Frage, ob der historische Abstand eine solche Orientierung noch erlaubt. Ist es möglich, in den dreißiger Jahren des neunzehnten Jahrhunderts die Position von Robespierre und St. Just wieder zu beleben?

Heines Antwort besteht nicht in einer politisch-ideologischen oder historiographischen Widerlegung; sie scheint auf den ersten Blick eher ad personam gerichtet, insofern sie Börnes Verhalten und seine späten Schriften ironisiert. Es ist der voltairesche Witz, den Heine gegen den rousseauistischen Moralismus und Radikalismus ins Feld führt. Dazu gehört der ätzende Spott über das Volk, das Heine wenige Jahre zuvor in seiner Apologie für die Revolution als den politischen Souverain in Anspruch genommen hatte. Seine Beschreibung von Börnes politischen Freunden in Paris verwandelt die politische Szene in eine Komödie, in der die handelnden Figuren zwischen ihren größenwahnsinnigen Ansprüchen und der politischen Realität nicht zu unterscheiden wissen. Das heißt, Heine verwandelt Fragen der politischen Praxis in Literatur. Für Heine ist das Milieu der politischen Agitation und Aktion, auf das sich Börne einließ, schmutzig und wird erträglich nur in seiner literarischen Transformation: „Man muß in wirklichen Revolutionszeiten das Volk mit eignen Augen gesehen, mit eigener Nase gerochen haben, man muß mit eignen Ohren anhören, wie dieser souveräne Rattenkönig sich ausspricht, um zu begreifen, was Mirabeau andeuten will mit den Worten: ‚Man macht keine Revolution mit Lavendelöl.'" (4, 75) Voltaire hatte nicht anders geurteilt. Doch wo sieht sich Heine in dieser Szene, wenn er die Position Börnes ablehnt, ja ridikulisiert? Wo ist, mit anderen Worten, der Platz des Intellektuellen?

Heines radikale Leser in den vierziger Jahren – unter ihnen der junge Friedrich Engels – haben ihm diesen Spott verübelt, weil sie ihn als Rufmord an einem ehemaligen Bundesgenossen auslegten.[21] In der Regel

20 Zum Streit um Menzel siehe die Dokumentation *Politische Avantgarde 1830–1840*. Hg. von Alfred Estermann (Frankfurt a.M., 1972). Bd. 1., besonders S. 41–116.

Übersahen sie, daß Heine sich selber in die politische Komödie einschrieb, und zwar als der verunglückte Volksredner. Mit dem rhetorischen Kunstgriff, daß er dem Leser im Vertrauen ein Geständnis machen will, führt sich Heine als einen ehrgeizigen jungen Mann ein, der durchaus ein Volksredner werden wollte, aber an der banalen Tatsache scheiterte, daß in deutschen Volksversammlungen angeblich intensiv geraucht wurde und er sich an die rauchenden Massen nicht gewöhnen konnte. Der zukünftige Agitator scheiterte an seiner ästhetischen Sensibilität.

Diese Selbstironie ist ein nicht unerheblicher Teil des Gesamtbildes. Die Distanzierung von Börnes populistischem Radikalismus enthält zugleich die Kritik an dem eigenen, wenigstens hypothetisch vorgestellten Entwurf einer Rolle als politischer Agitator. Was in der Konzeption der französischen Aufklärung eng verbunden war, nämlich der Diskurs der Literatur und die politische Praxis, trennt sich wieder: „Solange wir die Revolutionen", schreibt Heine im Anschluß an die zitierte Passage,

> in den Büchern lesen, sieht das alles sehr schön aus, und es ist damit, wie mit jenen Landschaften, die, kunstreich gestochen auf dem weißen Velinpapier, so reich, so freundlich aussehen, aber nachher, wenn man sie in Natura betrachtet, vielleicht an Grandiosität gewinnen, doch einen sehr schmutzigen und schäbigen Anblick in den Einzelheiten gewähren; die in Kupfer gestochenen Misthaufen riechen nicht, und der in Kupfer gestochene Morast ist leicht mit den Augen zu durchwaten. (4, 75)

Die Macht der Sprache, von Heine wenige Jahre zuvor gefeiert, erscheint als ein Danaergeschenk, denn die emphatisch beschriebene Revolution verwandelt sich empirisch in etwas anderes, weit weniger Wünschbares. Doch indem Heine die Macht des Wortes hier ausdrücklich zurücknimmt, postuliert er sie erneut, eben in der Formulierung, mit der er sie zurücknimmt. Die Sprache erweist sich als die Quelle und die Grenze der Radikalität, die dem Intellektuellen zur Verfügung steht. Darauf zielt letztlich Heines Kritik an Börne: Dieser, so unterstellt die Börne-Denkschrift, verwechselte in seinem Pariser Exil Literatur und Politik, evozierte in naiver Form die französischen *philosophes* und Revolutionäre als Modelle des Handelns, ohne zu bemerken, daß die geschichtliche Bewegung sie längst überholt hatte. Ob dieser Vorwurf den historischen Börne tatsachlich trifft, ob Börne in der Tat der verblendete Jakobiner war, als den ihn Heine hinstellt, ist für mein Argument ohne Belang, da ich vornehmlich an dem Moment der Spiegelung interessiert bin. In der Börne-Denkschrift nimmt Heine nicht nur von der eigenen früheren Revolutionsromantik Abschied, sondern auch von der Auffassung, daß der Intellektuelle durch direkte In-

21 Zur zeitgenössischen Rezeption siehe *Heinrich Heine und die Zeitgenossen. Geschichtliche und literarische Befunde* (Berlin und Weimar, 1979).

tervention sein Ziel erreichen kann. So wird aus dem „Propheten" der dreißiger Jahre der skeptische, wiewohl engagierte Berichterstatter des folgenden Jahrzehnts, der in Paris die wachsenden sozialen und politischen Spannungen verfolgt.

Freilich vereinfacht ein solches Entwicklungsschema den Sachverhalt, denn, wie wir gesehen haben, führt sich Heine schon 1830 in der Rolle des Narren ein, den die Angst vor der eigenen Intervention überfällt und damit rechnet, daß der von ihm befreite Souverän (das Volk) ihn schließlich töten wird. Die Rolle des Hofnarren ist doppeldeutig: auf der einen Seite ist sie ein institutionalisiertes Amt, darin dem des Mundschenken vergleichbar, auf der anderen Seite ist sie zweifellos subversiv, nämlich darauf angelegt, etablierte Hierarchien durch die witzige Rede zu untergraben. Im Gebrauch des Witzes (hier im Sinne des achtzehnten Jahrhunderts verstanden), der die Begriffsverknüpfung der traditionellen Logik in Frage stellt – im Wortspiel, in der Metapher und in der Allegorie – liegt die Macht des Narren. Als Schriftsteller, als Autor von rhetorischen Texten, vergleicht sich Heine deshalb mit dem Narren.

Der Charakter seiner Texte entzieht sich nicht selten der Festlegung; namentlich die Grenze zwischen fiktionalen und nicht-fiktionalen Darstellungen ist häufig verwischt. Ist *Über Religion und Philosophie in Deutschland* eine historische oder eine fiktionale Erzählung? Wie ist die *Romantische Schule* einzuordnen, in der gelegentlich literarisch-ästhetische Kritik in der Form von Anekdoten vorgeführt wird? Will Heine ernst genommen werden, wenn er sein witziges Spiel mit seinen romantischen Gegnern (z.B. Tieck oder A. W. Schlegel) treibt und sie der Lächerlichkeit preisgibt? Verglichen mit dem objektiven Wahrheitsanspruch der sich gleichzeitig konstituierenden Geschichtswissenschaft erscheint Heine in seinem Verfahren als methodisch nicht gründlich und daher als unzuverlässig – kurz, als literarisch. Aus der Sicht der Wissenschaft besteht sein Problem darin, daß er seine Begriffe gleichzeitig wörtlich und übertragen gebraucht. Der wörtliche Gebrauch aber supponiert eine empirisch nachweisbare Bedeutung, während er figurative Konnotationen entwirft, die neue Sinnkonstellationen erschließen. Für Heine ist der Wechsel zwischen den Ebenen jedoch nur eine Frage der literarisch-rhetorischen Praxis. Genau dadurch aber wird seine Sprache – unerwartet – politisch, nämlich eine Irritation für die etablierten Diskurse. Das zeigt sich nicht zuletzt in der Art, wie Heine sozial- oder geistesgeschichtliche Entwicklungen darstellt.

Bekanntlich stehen Heines Entwürfe in der Schuld der idealistischen Geschichtsphilosophie, in der auch das kritische Individuum seinen jeweils relativen Ort in der Gesamtentwicklung einnehmen muß.[22] Die Macht des

22 Jean Pierre Lefebre: *Der gute Trommler. Heines Beziehung zu Hegel* (Hamburg, 1986).

historischen Diskurses, in den sich Heine einschreibt, besteht darin, daß er dem historischen Prozeß Sinn und Notwendigkeit zuschreibt. Doch läßt Heine es nicht dabei bewenden, die (populäre) Feder des Weltgeistes zu führen (so sehr er diese Rolle liebt). Gleichzeitig macht er sich bewußt als Autor und Subjekt geltend, und zwar durch seine Schreibart, die den *grand recit* durch persönliche Anmerkungen, biographische Kommentare und historische Anekdote unterbricht. So verschränken sich das subjektive Bekenntnis und die historische Erzählung, ohne jedoch harmonisch zu verschmelzen. In diesem Verfahren des abrupten Wechsels muß der Leser seinen eigenen Standort überprüfen, denn er kann sich nicht darauf verlassen, daß der Erzähler ihm den Sinn zuverlässig übermittelt. Dadurch wird allerdings auch der in dem Projekt der Aufklärrung angelegte Bezug auf die soziale Praxis betroffen. Die Anwendung des Gedankens in der empirischen Welt verliert ihre eindeutige Richtung, ohne freilich irrelevant zu werden.

So sehr Heine daran liegt, sich als Nachfolger der europäischen Aufklärung vorzustellen, so kann er sich doch nicht mehr uneingeschränkt mit den *philosophes* identifizieren. Sein Modell des Intellektuellen, das heißt des Schriftstellers, der mit der Absicht schreibt zu intervenieren, ist an die Sprache gebunden. Doch die in der Aufklärung vorausgesetzte Transparenz der Sprache ist bereits aufgegeben. Folglich hat sich auch das Selbstverständnis und die Aufgabe des Intellektuellen verändert. Heine hält daran fest, über die „Menschheitsfragen" zu schreiben, aber seine Waffen sind literarischer und komplexer geworden, nicht zuletzt dann, wenn er auf die Wirklichkeit verweist und zur Tat drängt – ein Sachverhalt, der ihm auch unter politischen Weggefährten wiederholt den Ruf der Unzuverlässigkeit einträgt.

9. Kritische Eingriffe: Der Intellektuelle als Dichter

Heinrich Heine – dies ist in der Forschung nahezu ein Gemeinplatz – verstand sich als ein Schriftsteller, der durch seine Texte in der Öffentlichkeit interveniert, der sogar auf die eigene Epoche einwirken will. Doch wie drückte sich dieser Eingriff aus? Hat Heine vornehmlich als Dichter oder als Intellektueller gewirkt? Während Heines Leser und Kritiker im 19. Jahrhundert seinen Beitrag zur deutschen und europäischen Kultur als eine poetische Leistung verstanden, ist im 20. Jahrhundert, vor allem in den letzten drei Jahrzehnten, das Pendel in die andere Richtung umgeschlagen. Nunmehr wurde Heine vor allem als einer der ersten und wichtigsten deutschen Intellektuellen gefeiert. Jürgen Habermas rückte diesen Aspekt in seinem provokativen Essay „Heinrich Heine und die Rolle des Intellektuellen in Deutschland“ in den Vordergrund.[1] Habermas, der seinerseits in die zeitgenössische Diskussion über das Schicksal der Intellektuellen eingriff, als er den Text 1985 öffentlich vortrug, diente Heine als Beispiel für eine verantwortungsvolle öffentliche Rolle des Schriftstellers, die in der modernen deutschen Kultur unterentwickelt blieb. Habermas zufolge unterschied sich Heine von anderen Schriftstellern seiner Zeit wie auch späterer Epochen durch das genaue Verständnis der Aufgabe des Intellektuellen, namentlich der Verpflichtung, an öffentlichen Diskussionen teilzunehmen und sie zu steuern, allerdings nicht im Namen einer politischen Partei oder als Sprecher einer besonderen sozialen Gruppe. Diese Annäherung an Heines *œuvre*, die an die kritische Forschung der siebziger Jahre anschließen konnte, legt den Nachdruck ganz auf Heines Prosa. Die Frage, ob Heine ein bedeutender lyrischer Dichter war oder ob und in welchem Maße seine Lyrik zu dieser Leistung beitrug, bleibt in Habermas' Aufsatz unerörtert. Doch Heine begriff sich selbst ebenfalls als Dichter. In den *Geständnissen* findet sich das immer wieder zitierte Bekenntnis:

> Ein geistreicher Franzose – vor einigen Jahren hatten diese Worte einen Pleonasmus gebildet – nannte mich einst einen romantique défroqué. Ich hege eine Schwäche für alles was Geist ist, und so boshaft die Benennung war, hat sie mich dennoch höchlich ergötzt. Sie ist treffend. Trotz meiner exterminatori-

---

1 Jürgen Habermas: „Geist und Macht – ein deutsches Thema. Heinrich Heine und die Rolle des Intellektuellen in Deutschland“. In: *Das Junge Deutschland. Kolloquium zum 150. Jahrestag des Verbots vom 10. Dezember 1835*. Hg. von Joseph Kruse und Bernd Kortländer (Hamburg, 1987), S. 15–38.

> schen Feldzüge gegen die Romantik, blieb ich doch selbst immer ein Romantiker, und ich war es in einem höheren Grade, als ich selbst ahnte. Nachdem ich dem Sinne für romantische Poesie in Deutschland die tödlichsten Schläge beigebracht, beschlich mich selbst wieder eine unendliche Sehnsucht nach der blauen Blume im Traumlande der Romantik, und ich ergriff die bezauberte Laute und sang ein Lied, worin ich mich allen holdseligen Übertreibungen, aller Mondscheintrunkenheit, allem blühenden Nachtigallen-Wahnsinn der einst so geliebten Weise hingab. Ich weiß, es war „das letzte freie Waldlied der Romantik," und ich bin ihr letzter Dichter: mit mir ist die alte lyrische Schule der Deutschen geschlossen, während zugleich die neue Schule, die moderne deutsche Lyrik, von mir eröffnet ward. (6, I, 447)

In der Rückschau auf die eigene Entwicklung sieht sich Heine als ein unerbittlicher Kritiker der Romantik, der gleichwohl der Sprache und dem Stil der angegriffenen Epoche verpflichtet blieb. Gegen Ende seiner Entwicklung als Autor unterstreicht Heine also emphatisch die Bedeutung seines poetischen Schaffens. Er bezeichnet sich als Dichter und nicht als Prosa-Schriftsteller. Überdies – worauf wir zurückkommen müssen – beansprucht er, eine Übergangsfigur zwischen romantischer und moderner Poesie zu sein. Dieser Anspruch ist meines Erachtens ernst zu nehmen, nicht zuletzt im Zusammenhang der Themenstellung dieses Aufsatzes. Doch Heine bietet hier seinen Lesern keine Definition der neuen Lyrik an. Daher bedarf diese Frage einer genaueren und eingehenderen Untersuchung, nachdem das Verhältnis zwischen der Rolle des Dichters und der des Intellektuellen in Heines Autorperson intensiver befragt worden ist.[2]

Heines zitierte Selbsteinschätzung mag wichtig und ansprechend sein, aber es stellt sich sogleich die Frage: Trifft sie zu? Können wir tatsächlich den Autor der *Französischen Zustände* und der *Lutetia* als einen geheimen Romantiker beschreiben, für den die Lyrik den wesentlichen Teil seines Werkes darstellt? Mit gleichem Nachruck und Überzeugung hat Heine die Auffassung vertreten, daß er der erste und entschiedenste Kämpfer für die Emanzipation der Menschen gewesen sei, ein Streiter, der wenig Verständnis für Dichter aufbringen konnte, deren vornehmste Sorge die formale Vollendung ihrer Kunstwerke ist, eine Kritik des Ästhetischen, die selbst Goethe einschloß. Das späte Gedicht „Enfant perdu," 1852 als Teil des *Romanzero* veröffentlicht, vermittelt den emphatischen Ausdruck von Heines Rolle in der politischen Öffentlichkeit:

---

2 Eine ausführlichere Analyse der Problematik des Intellektuellen findet sich in Peter Uwe Hohendahl: „Heinrich Heine. Macht und Ohnmacht des Intellektuellen". In: *Responsibility and Committment. Ethische Postulate der Kulturvermittlung.* Hg. von Klaus Berghahn, Robert Holub und Klaus Scherpe (Frankfurt a.M., 1991), S. 91–107; in diesem Band Kap. 8.

Enfant perdu

Verlorner Posten in dem Freiheitskriege,
Hielt ich seit dreißig Jahren treulich aus.
Ich kämpfte ohne Hoffnung, daß ich siege,
Ich wußte, nie komm ich gesund nach Haus. (6,I 120)

Das Leben des Autors stellt sich dar als das eines Kämpfers im Krieg der Geschichte. Es ist ein fortwährender Krieg zwischen den Mächten des Fortschritts und der Reaktion. Der Schriftsteller muß zwischen diesen Kräften wählen und muß folglich auch bereit sein, den Feind zu töten oder den tödlichen Streich von Feindes Hand zu erhalten. So lautet der letzte Vers:

Ein Posten ist vacant! – Die Wunden klaffen –
Der eine fällt, die andern rücken nach –
Doch fall ich unbesiegt, und meine Waffen
Sind nicht gebrochen – Nur mein Herze brach. (6,I 121)

In diesem Gedicht erscheint Heine der Idee eines kritisch eingreifenden Intellektuellen, wie ihn Habermas beschrieb, näher zu stehen als der Vorstellung eines verborgenen Romantikers, der nach der blauen Blume sucht. Doch ist daran zu erinnern, daß diese Äußerung nicht in der Form eines theoretischen Diskurses sondern der Gestalt eines Gedichtes vorgetragen wird, dessen Überzeugungskraft sich der Bildlichkeit verdankt. Es war eben die rhetorische Natur von Heines poetischer Sprache, die Adorno, der im übrigen den kritischen Geist Heines durchaus zu loben bereit ist, problematisch fand.[3] Beim Vergleich mit früherer romantischer Lyrik kam Adorno zu dem Schluß, daß Heines lyrische Sprache weniger rein und authentisch sei, da sie sich vornehmlich in dem Rahmen poetischer Konventionen bewegte. Man konnte also den Intellektuellen Heine gegen den Dichter ausspielen; man konnte seine kritische Prosa gegen seine Lyrik ins Feld führen.

Die Spannungen und Widersprüche, die sich in Heines Aussagen zu seinem eigenen Werk und seiner öffentlichen Rolle finden, führen zu der zentralen Frage, mit der sich dieser Aufsatz beschäftigen wird. Wie verstehen wir Heines Identität als Autor? Wie verstehen wir die verschiedenen Seiten, die Heine als Autor vorführt? Insbesondere geht es um die Beziehung zwischen dem Anspruch, im wesentlichen ein verspäteter romantischer Dichter gewesen zu sein, und dem gleich starken Anspruch, vor allem ein Kämpfer in dem Kampf für die Emanzipation der Menschheit

3 Theodor W. Adorno: „Die Wunde Heine". In: Adorno: *Noten zur Literatur I*, (Frankfurt a.M., 1958), S. 144–152; dazu Hohendahl: *Prismatic Thought. Theodor W. Adorno* (Lincoln und London, 1995), S. 105–118.

gewesen zu sein. Allerdings wird sich herausstellen, daß die Bestimmung von Heines Autorschaft nicht auf ein Entweder-oder verkürzt werden kann. Überdies sind weitere Aspekte in Betracht zu ziehen, so zum Beispiel die Spannung zwischen Heines deutscher und seiner jüdischen Selbstbeschreibung. Auch Fragen der sozialen und politischen Identität können nicht ausgeschlossen werden. Allerdings werden diese Aspekte in meine Analyse nur eingehen sofern sie die Frage berühren, wie sich Heine als Autor versteht.[4]

Nach den vorliegenden Zeugnissen blieb für Heine die Frage seiner Identität ein ihn immer wieder bedrängendes Problem. Zu verschiedenen Zeitpunkten versucht er, auf diese Frage eine Antwort zu finden, indem er seine eigene Position öffentlich artikuliert, nicht selten in polemischer Form. Um sich abzugrenzen, greift er entweder andere zeitgenössische Schriftsteller an oder beruft sich auf historische Beispiele (Lessing und Voltaire unter ihnen) als Vorbilder für die eigene Arbeit. Der öffentliche Charakter dieser Äußerungen ist hier von Bedeutung, denn für Heine ist der angemessene Platz des Schriftstellers das Forum und nicht die Innerlichkeit des privaten Lebens, auch wenn private Beziehungen durchaus der Gegenstand seiner Arbeit werden konnten. Dieser Nachdruck ist die Folge einer erhöhten Sensibilität für die Transformation des geschichtlichen Raums, der seine Lebenswelt bestimmt. Heine kann sich der Einsicht nicht entziehen, daß die Rolle des Schriftstellers/Autors im frühen 19. Jahrhundert instabil blieb, weil im sozialen Raum mit steigender Beschleunigung Wandlungen eintraten, die auf das literarische System zurückwirkten. Diese Unruhe macht sich auch in seiner Selbstbestimmung bemerkbar. Ein Entwurf, der 1830 angemessen erscheint, kann bereits fünf Jahre später als überholt erscheinen, und eine Lösung, die 1840 befriedigt, kann um 1850 ihren Wert verloren haben. So steht Heine unter dem Druck der Geschichte, sich jeweils neu zu definieren, und unter dem Zwang, kontinuierlich über seine sich sowohl objektiv als auch subjektiv wandelnde Positionalität nachzudenken. Für ihn sind die Revolutionen von 1830 und 1848 die entscheidenden und beachtenswerten Markierungen. Durch diese Ereignisse fühlt er sich ermutigt, ja sogar gezwungen, die Grenzen wie auch den Schwerpunkt seiner Arbeit und seines Selbstverständnisses in der Öffentlichkeit neu zu bestimmen, wobei diese beiden Aspekte im Falle Heines eng verbunden, wenn nicht gar identisch sind. Überdies ist Heine sich bewußt, daß diese Form der radikalen Selbstprofilierung – von seinen Gegnern oft als Eitelkeit kritisiert – nicht nur seine persönlichen Bedürfnisse zum Aus-

---

4 Dazu unter anderem Jost Hermand: „One Identity is not Enough. Heine's Legacy to Germans, Jews, and Liberals". In: *Heinrich Heine and the Occident*. Hg. von Peter Uwe Hohendahl und Sander Gilman (Lincoln und London, 1995), S. 19–41.

druck bringt, um auf diese Weise seine widerspruchsvolle und möglicherweise fragile Persönlichkeit zu stabilisieren, sondern ebenfalls Veränderungen in der historischen Konstellation der Öffentlichkeit anzeigt.

Daraus folgt, daß für Heine die Rolle des Schriftstellers/Autors bis ins letzte geschichtlich geprägt ist; sie kann nicht außerhalb der Geschichte konzipiert werden. Folglich ist auch die Beziehung zwischen der Rolle des Intellektuellen und des Dichters nicht konstant. Es wäre daher problematisch anzunehmen, daß Heines Äußerungen in seinem Frühwerk mit Bemerkungen in seinem Spätwerk übereinstimmen. Die Frage der Kontinuität wäre sogar prinzipiell zu stellen. Wir müssen wenigstens einräumen, daß die Einheit von Heines *œuvre* möglicherweise eine Fiktion darstellt. Doch gleichzeitig ist daran zu erinnern, daß Heine ausdrücklich darauf besteht, daß seine ganze schriftstellerische Laufbahn als eine, wenn auch widerspruchsvolle Einheit verstanden werden könne und müsse, obgleich er die Möglichkeit der Selbsterkenntnis skeptisch beurteilt.

Die folgende Untersuchung wird sich auf eine Reihe von Beispielen aus verschiedenen Stationen von Heines Werk beschränken. Das Augenmerk wird sich auf drei signifikante Wendepunkte in Heines Selbstdarstellung richten.[5] Der erste ist die Revolution von 1830 und die Entscheidung, nach Paris zu gehen, wodurch er als Autor zum Kosmopolit wird und bewußt die Grenzen des nationalen (deutschen) Literatursystems überschreitet. Der zweite Wendepunkt ist festgehalten in der Börne-Denkschrift von 1840, in der Heine den Unterschied zwischen dem bloß politischen Intellektuellen und dem „wahren" Dichter hervorhebt. Der dritte Wendepunkt ist um 1848 anzusetzen, als historische und private Entwicklungen sich gegenseitig beeinflussen mit der Folge, daß sich das Verhältnis von Dichter und Intellektuellem in der Person Heines erneut verändert. Heine bezieht nicht nur innerhalb der politischen Diskussion der fünfziger Jahre eine modifizierte Position, sondern revidiert auch den Begriff des Dichters.

Obgleich das Spätwerk Heines seit einigen Jahren intensiver und gründlicher untersucht worden ist, muß es immer noch als der Teil des Gesamtwerks gelten, wo die Forschung noch nicht den endgültigen Grund gefunden hat, vor allem wenn man die bisherigen Ergebnisse mit der Erforschung der frühen und mittleren Schaffensperiode vergleicht, die im Zentrum der Heine-Forschung der siebziger Jahre stand.[6] In diesen Arbei-

---

5 Die ausführlichste Darstellung zu Heines Selbstverständnis als Schriftsteller findet sich bei Sabine Bierwirth: *Heines Dichterbilder. Stationen seines ästhetischen Selbstverständnisses* (Stuttgart, 1995). Bierwirth unterscheidet sieben Phasen in der Entwicklung Heines zwischen 1820 und 1856.

6 Zu verweisen ist hier auf Ernst Pavel: *Heinrich Heine's Last Years in Paris* (New York, 1995); Henner Montanus: *Der kranke Heine* (Stuttgart, 1995); Sabine Schneider: *Die Ironie in der späten Lyrik Heines* (Würzburg, 1995).

ten wurden politische Fragen zum ersten Mal das zentrale Thema. Ich möchte zeigen, daß Heines Schriften nach 1848 sich durch eine entschiedene Revision mit der frühen Konzeption von Dichtung und Dichter auszeichnen. Die auffallende Tendenz in der späten Lyrik, mythologische Elemente in den Mittelpunkt zu rücken, darf als Index dieses Wandels angesehen werden, denn diese Tendenz, wie wir sie in „Vitzliputzli" oder „Bimini" beobachten können, deutet darauf hin, daß der Eingriff der Poesie spezifisch ist und sich qualitativ von dem des Intellektuellen unterscheidet. Dies nicht nur in dem Sinn, daß das Gedicht als Kunstwerk autonom ist und daher nicht auf die historisch-faktische Ebene reduziert werden kann (ein Argument, welches Heine bereits in seiner Börne-Schrift vorträgt), sondern in dem emphatischen Sinn, daß das Gedicht eine Sphäre der Bedeutung eröffnet, die dem (politischen) Intellektuellen verschlossen bleibt. Auf den ersten Blick scheint es, daß sich nach 1848 bei Heine die Rolle des Dichters und des Intellektuellen stärker voneinander trennen. Bedeutet dies, daß der späte Heine sich von dem Anspruch zurückzieht, in die öffentlichen Diskussionen seiner Zeit einzugreifen? Hat die Idee des Intellektuellen ihre zentrale Bedeutung für den späten Heine verloren? Diese Fragen erfordern eine eingehende Untersuchung.

Während der zwanziger Jahre wurde Heine vor allem als der Autor der *Reisebilder* und des *Buchs der Lieder* gefeiert, d.h. als Reiseschriftsteller und Lyriker. Die Entscheidung, nach der Revolution von 1830 seinen Wohnsitz nach Paris zu verlegen, enthielt zugleich den Entschluß, sein Profil als Autor zu verändern. In den folgenden Jahren konzentriert sich Heine auf kritische Prosa mit der Absicht, zwischen den zurückgebliebenen deutschen Verhältnissen und dem avancierten politischen und kulturellen Bewußtsein der französischen Metropole eine Verbindung herzustellen. Allerdings stellt sich heraus, daß die Aufgabe, die deutschen Leser über die französischen Zustände zu informieren, Hand-in-Hand gehen muß mit dem Bemühen, sein französisches Publikum über die literarische und philosophische Revolution zu unterrichten, die sich während des späten 18. und frühen 19. Jahrhunderts in Deutschland vollzogen hatte, denn Hegels Idee des sich entwickelnden Weltgeists, dem Heine zu diesem Zeitpunkt nahesteht, macht es notwendig, über den historischen Gesamtprozeß zu reflektieren. Dieser Prozeß schließt sowohl die politischen Ereignisse in Frankreich sowie ihre sozialen Folgen ein als auch die intellektuelle Entwicklung in Deutschland, wo die fortbestehende politische Repression die Veränderungen blockierten, die auf der anderen Seite des Rheins schon stattgefunden hatten. Heines neue Rolle als Mittler zwischen Frankreich und Deutschland erfordert eine Modifikation in der Positionsbestimmung. Wie Ludwig Börne, den Heine in Paris erneut traf, übernimmt auch Heine die Aufgabe, die eigene wie die fremde Nation zu repräsentieren. Während Heine sich gegenüber den Franzosen als Historiker des deutschen Geistes darstellt, übernimmt er gegenüber Deutschland die Rolle des Beobachters und Kritikers des öffentlichen Lebens in Frankreich. In beiden Fällen wird die Prosa das angemessene Medium für die neue Aufgabe. Dies ist genau die Konstellation, auf die sich Habermas bezieht, wenn er Heine als einen Intellektuellen vor dem Hintergrund einer erstarkenden literarischen Öffentlichkeit beschreibt.

Sehr bald bemerkt Heine, daß das neue Projekt auch seinen Dichtungsbegriff beeinflußt. Vor allem in seinen Abhandlungen zur deutschen Geschichte, etwa in *Die romantische Schule* und *Über die Geschichte der Religion und Philosophie in Deutschland* versucht er, die radikale Verwandlung, die der Begriff um 1770 und erneut um 1830 erfuhr, herauszuarbeiten. Besonders die Analyse von Goethes Bedeutung innerhalb der deutschen Literaturgeschichte und die kritische Auseinandersetzung mit den deutschen Romantikern erlaubt Heine, den Begriff des Dichters historisch zu bestimmen, um auf diese Weise sich selbst von der älteren literarischen Tradition Deutschlands abzusetzen.

Heines Einschätzung Goethes stellt weniger seine Biographie und sein Werk in den Mittelpunkt als seine Rezeption durch das deutsche Publikum sowie seine Rolle als der zentralen literarischen Figur seiner Epoche. Im dritten Buch der *Romantischen Schule* versucht Heine, die Dynamik der literarischen Evolution um 1800 zu erklären, als die Brüder Schlegel in ihren kritischen Arbeiten Goethe unterstützten, um, wie Heine kritisch anmerkt, eine neue Literaturtheorie durchzusetzen. Während Heine im großen und ganzen dem Projekt der Romantiker, namentlich den Versuchen der Brüder Schlegel, distanziert gegenübersteht, stimmt er mit ihnen hinsichtlich der Goethe zugesprochenen Position durchaus überein. Doch ist selbst diese Zustimmung nicht ohne Vorbehalte. Gerade die Feier der ästhetischen Qualitäten des Goetheschen Werks und die Behauptung, daß das Kunstwerk seinen eigenen Raum habe (eine eigene Realität), erfüllt ihn mit Zweifel. So heißt es:

> Indem die Goetheaner von solcher Ansicht ausgehen, betrachten sie die Kunst als seine unabhängige zweite Welt, die sie so hoch stellen, daß alles Treiben der Menschen, ihre Religion und ihre Moral, wechselnd und wandelbar, unter ihr hin sich bewegt. Ich kann aber dieser Ansicht nicht unbedingt huldigen; die Goetheaner ließen sich dadurch verleiten die Kunst selbst als das Höchste zu proklamieren, und von den Ansprüchen jener ersten wirklichen Welt, welcher doch der Vorrang gebührt, sich abzuwenden. (3, 393)

Wie Heine einige Absätze später ausführt, gleichen die Worte Goethes schönen Plastiken, doch fehlt ihnen das Leben. „[D]ie Goethischen Dichtungen bringen nicht die Tat hervor, wie die Schillerschen. Die Tat ist das Kind des Wortes, und die Goetheschen schönen Worte sind kinderlos." (3, 395) Auffällig ist die Unterscheidung zwischen Goethe und Schiller. Schillers Werken, zum Beispiel seinen Dramen, wird die Kraft zugeschrieben, die „Tat" zu zeugen, d.h. die Kraft, Realität zu verändern. Mit anderen Worten, Kunst und Literatur sind nicht notwendig dazu bestimmt, „kinderlos" zu bleiben. Doch gibt es Heine zufolge eine besondere Art der Kunst und eine besondere Art des Künstlers, die ausschließlich mit ästhetischer Perfektion beschäftigt sind und daher nicht an der Aufgabe der menschlichen Emanzipation interessiert sind. So sehr Heine Goethes künstlerische Leistungen bewundernd anerkennt, so sehr erkennt er gleichzeitig die Problematik der Position Goethes und seiner Anhänger. Heine schreibt ihnen geschichtliche und moralische Indifferenz zu.

In den dreißiger Jahren unterstreicht Heine die Implikationen dieser Position: Er besteht darauf, daß die Feier des Ästhetischen als eines absoluten Wertes als Stütze des politischen *status quo* funktionieren kann.[7] Anders gesprochen, unter dem Gesichtspunkt der politischen Entscheidung sind Goethe und Metternich kompatibel. Gegen diese konservative Politisierung des Ästhetischen entwirft Heine sein neues Modell des zeitgenössischen Schriftstellers, der sich nicht damit zufrieden gibt, seine künstlerischen Fähigkeiten voll zu entfalten, sondern darauf besteht, sich in die Verhältnisse der politischen Wirklichkeit (der ersten Welt) einzumischen. Er sieht sich als Teil der Menge und nicht als Mitglied eines kleinen Zirkels von ästhetischen Kennern. Daher fordert Heine explizit eine neue „Totalität" für den Autor. So heißt es in seiner knappen Beschreibung des Jungen Deutschland: „Diese Eigenschaft, diese Ganzheit finden wir auch bei den Schriftstellern des heutigen jungen Deutschlands, die ebenfalls keinen Unterschied machen wollen zwischen Leben und Schreiben, die nimmermehr die Politik trennen von Wissenschaft, Kunst und Religion, und die zu gleicher Zeit Künstler, Tribune und Apostel sind." (3, 468).

Dieses berühmte Zitat fordert allerdings genauere Aufmerksamkeit. Überwiegend hat die Forschung das Moment des politischen Aktivismus in Heines Definition hervorgehoben, eine Deutung, die ohne Zweifel begründet ist. Aus der Sicht der hier aufgeworfenen Fragen wären jedoch andere Momente nicht zu vernachlässigen. Indem Heine die Begriffe des Künstlers, Tribunen und Apostels anspricht, unterstreicht er die Bildung einer Synthese, die Sphären zusammenbringen soll, die in der Moderne in steigendem Maße getrennt bleiben, nämlich Kunst, Politik und Religion. Heine läßt durchblicken, daß diese (unerwartete) Synthese entscheidend sei für das Projekt der jungen Generation, denn ihr Ziel ist die Transformation der Welt durch das Wort. In dieser Konfiguration muß der Begriff des Dichters so erweitert werden, daß er in gleicher Weise die ästhetische,

7 Zur kulturpolitischen Position Heines siehe Albrecht Betz: *Ästhetische Politik. Heinrich Heines Prosa* (München, 1971); ferner Jeffrey Sammons: *Heinrich Heine. A Modern Biography* (Princeton, 1979), S. 159–246.

die religiöse und die politische Sphäre ansprechen kann. Unverkennbar wird die öffentliche Rolle des Autors hier stark erweitert.

Allerdings scheint dieses Synthesemodell der dreißiger Jahre das diskursiv-kritische Element auf Kosten des poetischen zu betonen. In diesem Zusammenhang tritt der Begriff des Intellektuellen, den Heine nicht ausdrücklich nennt, bei seiner Bewertung Goethes, beziehungsweise seiner Kritik der Romantiker in den Vordergrund. Dies geschieht in zwei Formen, einmal in der Art, wie Heine bestimmte Autoren behandelt und vorstellt, die er als wesentlich für die deutsche Tradition ansieht (Lessing wäre hier als das wichtigste Beispiel zu nennen, denn dieser erscheint im Unterschied zu Goethe in der deutschen Tradition als eine kritische und moralische Kraft; Lessing steht für die geistige Arbeit am Begriff humaner Emanzipation); zum anderen durch die Behandlung der deutschen Philosophie von Kant bis Hegel als eines revolutionären Projekts, das in letzter Instanz in Deutschland eine fundamentale politische Umwälzung vorbereitet. Heines Darstellung der Geschichte der deutschen Philosophie in *Über die Geschichte der Religion und Philosophie in Deutschland* entwikkelt die Perspektive der Tatphilosophie, um den Übergang von einem philosophischen zu einem politischen Diskurs zu markieren. In genau dieser Konstellation beginnen die Figur des Dichters und des Philosophen sich in der Gestalt des politisch aktiven Intellektuellen zu verschmelzen. Als Typus ist diese Figur dem französischen *philosophe* des 18. Jahrhunderts näher als dem systematischen deutschen Philosophen des frühen 19. Jahrhunderts. Was dem deutschen Philosophen fehlt, wie Heine mehr als einmal anmerkt, ist der einfache (aber zugleich elegante) Stil, den Heine für sich in Anspruch nimmt, wenn er sich als den bescheidenen aber genauen Schreiber vorstellt, der Hegels komplexe und dunkle Gedanken in einfache und verständliche Sätze überträgt.

In der Konfiguration der dreißiger Jahre ersetzt der Begriff des Intellektuellen nicht denjenigen des Dichters, aber er beherrscht die Struktur des Heineschen Diskurses (ohne daß der Ausdruck gebraucht wird). Wollte man das Argument zuspitzen, könnte man behaupten, daß der eingeschränktere Begriff des Dichters als eines Künstlers, der literarische Kunstwerke schafft, von dem weiteren Begriff des Intellektuellen absorbiert wird, der durch den zielstrebigen Gebrauch des Wortes Veränderungen in der geschichtlichen Welt bewirkt. Dieser Begriff enthält die Vorstellung dynamischer Macht, da Heine als radikaler, wenn auch unorthodoxer und aufsässiger Leser Hegels, noch annimmt, daß das Wort eine primäre Kraft im historischen Prozeß darstellt.

Um 1840, d.h. nur fünf Jahre nach der Publikation *Romantische Schule*, hat sich Heines Position merklich verändert. Die frühere Opposition gegen die Feier der Kunst als des höchsten Wertes und die damit verbundene Kritik der Indifferenz des reinen Dichters gegenüber dem Volk hatte einen guten Teil seiner Dringlichkeit verloren.[8] Statt dessen entwikkelt Heine, der sich nun mit dem radikalen Republikanismus in Frankreich und Deutschland auseinandersetzen muß, eine neue Dichotomie. Auf der einen Seite finden wir den politisch engagierten Kritiker und Ideologen, der sich für einen unmittelbaren politischen Wandel einsetzt, auf der anderen begegnet uns der Dichter, dessen Worte eine breitere und auch tiefere Bedeutung haben. In diesem Schema bleibt der Dichter unberührt von den vordergründigen Spannungen des politischen Kampfes.

In der 1840 veröffentlichten Börne-Denkschrift benutzt Heine die Abrechnung mit dem früheren Bundesgenossen und entfremdeten Freund Ludwig Börne, um die begriffliche Differenz zwischen dem Dichter und dem politischen Schriftsteller und Journalisten zu klären. Obgleich Heine Börnes Leistungen als Kritiker und Essayist durchaus anerkennt, liegt der Nachdruck der Denkschrift auf der Herabsetzung von Börnes moralischem und politischem Engagement im Vergleich mit seinen literarischen Fähigkeiten. Anders gesprochen, Börne dient nunmehr als das Modell für den ausschließlich politischen Schriftsteller, der in seinen politischen Zielen und Strategien aufgeht.

Überdies ist Heines Kritik an Börne vor dem Hintergrund von Börnes Angriffen auf Heine zu verstehen, die das deutsche Publikum im Zusammenhang von Börnes *Briefen aus Paris* und seiner späteren Zeitschriftenaufsätze erreicht hatte.[9] Börne hatte Heine Mangel an moralischer und politischer Entschlossenheit für die Sache der Freiheit vorgehalten, eine Unterstellung, die Heine nicht hinnehmen konnte, ohne seine eigene öffentliche Position zu gefährden. Doch bevor Heine sich mit der Polemik Börnes auseinandersetzt, erlaubt er seinem Gegner, mit eigener Stimme zu sprechen. Heine bietet ein ausführliches Börne-Zitat:

> Den verzärtelten Heine, bei seiner sybaritischen Natur, kann das Fallen eines Rosenblattes im Schlaf stören; wie sollte er behaglich auf der Freiheit ruhen, die so knorrig ist? Er bleibe fern von ihr. Wen jede Unebenheit ermüdet, wen jeder Widerspruch verwirrt macht, der gehe nicht, denke nicht, lege sich in sein Bett und schließe die Augen … Wer schwache Nerven hat, und Gefahren scheut, der diene der Kunst, der absoluten, die jeden rauhen Gedanken ausstreicht, ehe er zur Tat wird, und an jeder Tat feilt, bis sie zu schmächtig wird zur Missetat. (4, 135)

---

8 Siehe Sammons: *Heinrich Heine*, S. 249–275; ferner Hohendahl, „Kunsturteil und Tagebericht. Zur ästhetischen Theorie des späten Heine". In: *Heinrich Heine. Artistik und Engagement*. Hg. von Wolfgang Kuttenkeuler (Stuttgart, 1977), S. 207–241.

9 Zu Beurteilung der Öffentlichkeit bei Börne siehe Wolfgang Labuhn: *Literatur und Öffentlichkeit im Vormärz. Das Beispiel Ludwig Börnes* (Königstein, 1980).

Börne gibt zu verstehen, daß die ästhetische Lebensform, in der die Wahrheitsfrage eine Frage des Stils wird, eng verbunden ist mit einem weiteren Charakterfehler: Der reine Dichter erweist sich in politischen Fragen als unzuverlässig. Folglich hebt Börne bei Heine den Mangel an Standfestigkeit hervor. Heine findet sich beschrieben als ein Autor, der der Figur Goethes, wie er sie in der *Romantischen Schule* dargestellt hatte, ähnlich ist. Die Synthese, die er für sich selbst in Anspruch genommen hatte, wird von Börne auf den Begriff eines einseitigen, problematischen Ästhetizismus reduziert. Die Konzeption der Kunst und des Künstlers, die Heine hier zugeschrieben wird (ob dies Börnes tatsächliche Meinung war, spielt letztlich kaum eine Rolle), stellt das Moment der Schönheit in den Mittelpunkt und schließt das Moment der Wahrheit und damit auch den Aspekt der Lebenspraxis aus. Hier wird deutlich, daß der Druck vonseiten der radikalen politischen Linken in Paris Heine zwingt, seinen Begriff des Dichters wie auch seine Selbstdarstellung in der Öffentlichkeit zu überprüfen und zu revidieren. Der Börne-Aufsatz bietet strategisch gesehen die Gelegenheit, um diese Revision auszuarbeiten. Indem er sich von Börne absetzt, der als ein von kleinlichen politischen Fragen umgetriebener Autor dargestellt wird, erreicht er ein neues Stadium der Selbstdarstellung.

In seiner Erwiderung auf Börnes abstrakten Rationalismus entwickelt Heine zwei Argumente: auf der einen Seite wendet er sich entschlossen gegen das als zu schmal verworfene Projekt des politischen Schriftstellers, auf der andern beginnt er, für das Kunstwerk einen neuen Wahrheitsbegriff zu entwickeln. Der erste Schritt führt zu einem Begriff des Intellektuellen, der sich signifikant von dem der dreißiger Jahre unterscheidet. Nunmehr wird der Intellektuelle im Zusammenhang eines rationalen, zweckorientierten Diskurses bestimmt. Hier erhält der Begriff der Kritik, der vormals im Modell des aktivistischen Schriftstellers eine wichtige Rolle spielte, eine weniger positive Funktion, da er vornehmlich mit den Grenzen des Rationalismus verbunden erscheint. Das zweite Argument führt zu einer Neubewertung von gewissen Aspekten des romantischen Poesie-Projekts, das Heine 1835 so rücksichtslos angegriffen hatte. Heine erwägt nunmehr die Möglichkeit, daß vergangene Kulturen ein legitimes Nachleben haben, und zwar nicht ausschließlich in der Form musealer Bewahrung, sondern in der Verschränkung mit der Gegenwart. Die Suche nach einem Wahrheitsgehalt des Kunstwerks, der nicht identisch ist mit seiner Schönheit oder formalen Vollendung, führt Heine zu einer neuen Bewertung des Mythos und der Mythologie.[10] Der Gegensatz von Kunst und Le-

10 Zur Frage des Mythos bei Heine siehe Markus Küppers: *Heinrich Heines Arbeit am Mythos* (Münster und New York, 1994); ferner Markus Winkler: *Mythisches Denken zwischen Romantik und Realismus. Zur Erfahrung kultureller Fremdheit im Werk Heinrich Heines* (Tübingen, 1995).

ben, der um 1835 Heines künstlerisches Selbstverständnis geprägt hatte, erweist sich nunmehr als nicht länger hilfreich. Die Oppositionsbildung verschiebt sich dergestalt, daß jetzt Kunst (als Poesie) und Leben verschmelzen und sich gegen die politische Sphäre als den gemeinsamen Gegner wenden. Heine sieht eine Lage voraus, in der die moderne Gesellschaft als eine politisch organisierte alle poetischen Momente verloren hat. „Alle überlieferte Heiterkeit, alle Süße, aller Blumenduft, alle Poesie wird aus dem Leben herausgepumpt werden, und es wird davon nichts übrig bleiben, als die Rumfordsche Suppe der Nützlichkeit. – Für die Schönheit und das Genie wird sich kein Platz finden in dem Gemeinwesen unserer neuen Puritaner" (4, 140). In dieser Konfiguration verdient die ästhetische Position erneut unsere Aufmerksamkeit, denn das Kunstwerk rettet die tiefere Bedeutung des Lebens gegenüber dem engen Pragmatismus des politischen Intellektuellen. Im Unterschied zum politischen Schriftsteller, dem Intellektuellen, ist der Dichter lebensbejahend. So hebt Heines neue Selbstdeutung den schöpferischen anstelle des kritischen Aspekts hervor. Und eben dieses kreative Moment kann, wie Heine am Ende der Börne-Denkschrift hervorhebt, seinen Ausdruck in der Mythologie finden. Doch 1840 bleibt diese Annahme kaum mehr als ein Aperçu, da die Frage des Mythos und der Mythologie noch nicht ausführlich erörtert wird.

Bevor wir uns der Epoche nach 1848 zuwenden, müssen wir uns wenigstens knapp den vorrevolutionären Jahren zuwenden.[11] Was die Positionierung des literarischen Autors anbetrifft, ist sie durch zwei widersprüchliche Tendenzen bestimmt, die jedoch durch dasselbe sozio-politische Phänomen verursacht wurden. Einerseits beobachtet Heine in Frankreich die wachsende politische Unruhe, die auf eine schrittweise Destabilisierung der konstitutionellen Monarchie hinauslief. Andererseits nimmt Heine die rasche Kommerzialisierung des kulturellen Lebens in Paris wahr, die Tatsache also, daß Kunstwerke nicht weniger auf dem Markt angeboten werden als andere Waren. Folglich ist der Künstler, wie Heine in seinen Besprechungen der Kunstausstellungen (Salons) und Opernaufführungen anmerkt, zum Unternehmer geworden, der entweder bewußt oder unbewußt für den Markt produzieren muß und sich daher den wechselnden Tendenzen des Markts anpassen muß. Die nicht zu leugnende Umwertung des Kunstwerks als Ware entwertet den romantischen Begriff des Dichters als einer vollkommen unabhängigen Kraft. Der Dichter ist, wie Heine beobachtet, Teil eben jener Gesellschaft geworden, die Heine als eine Bedrohung der ästhetischen Sphäre ansieht. Der Widerstand gegen die moderne bürgerliche Gesellschaft kann bei Heine zwei Formen

11 Zum folgenden Sammons: *Heinrich Heine*, S. 249–293; ferner, Hohendahl: „Kunsturteil und Tagesbericht" (Anm. 6).

annehmen: er kann sich entweder formieren als Verteidigung der ästhetischen Autonomie und eines Begriffs des reinen Künstlers, oder er kann sich auf die Kritik der sozialen Zustände konzentrieren, die die erwähnte Unruhe und Spannung hervorrufen. Diese Form der Kritik würde dann mit den Klassenkonflikten umgehen müssen. Als Reaktion auf den offenbaren Klassenkampf in Frankreich und die anhaltende politische Repression in Deutschland nähert sich Heine wieder einem politischen Begriff des literarischen Autors; die Idee der Kritik und Polemik wird erneut als Teil des politischen Prozesses verstanden.[12] *Deutschland ein Wintermärchen* ist ein gutes Beispiel für diese Reaktion. Doch gleichzeitig entwickelt Heine als Antwort auf die Kommerzialisierung von Kunst und Literatur eine gelegentlich emphatische Apologie der ästhetischen Autonomie. Daher finden wir erneut das Modell des Dichters als des ästhetischen Intellektuellen. Die entscheidende Schwierigkeit besteht in der Koordinierung dieser beiden Einstellungen, denn die Verteidigung der künstlerischen Freiheit und die Kritik sozialer Repression unter der konstitutionellen Monarchie in Frankreich sind nicht identisch und auch nicht notwendig kompatibel. Heine kann nicht übersehen, daß seine Unterstützung der unvermeidlichen sozialen Revolution in Frankreich und seine Behauptung der ästhetischen Autonomie einander widersprechen und daß dieser Widerspruch sein Modell des intellektuellen Dichters untergräbt. Heines selbstironische Bemerkung im Vorwort der *Lutetia* von 1855 verdeutlicht diese Spannung: „In der Tat, nur mit Grauen und Schrecken denke ich an die Zeit wo jene dunklen Ikonoklasten zur Herrschaft gelangen werden: mit ihren rohen Fäusten zerschlagen sie alsdann alle Marmorbilder meiner geliebten Kunstwelt, sie zertrümmern alle jene phantastischen Schnurrpfeifereien, die dem Poeten so lieb waren; sie hacken mir meine Lorbeerwälder um, und pflanzen darauf Kartoffeln." (5, 232) Im Rückblick auf die Aufsätze, die er in den frühen vierziger Jahren für die *Allgemeine Zeitung* geschrieben hatte und nunmehr unter dem Titel *Lutetia/Lutèce* zusammenstellt, nimmt er nicht nur die Rolle des visionären Kritikers, der die Revolution kommen sah, lange bevor sie eintrat, für sich in Anspruch, sondern hebt gleichzeitig die innere Spannung in seinem Modell des intellektuellen Dichters hervor. Heine belustigt sich über den traditionellen Topos des Poeten und gibt ihn preis, um den selbstkritischen Aspekt des Schreibens zu bewahren. Doch wohin führt diese Entscheidung? Wie sieht die Rolle des literarischen Autors nach der Revolution aus?

---

12 Heines Artikel für die *Allgemeine Zeitung* (1840–1843) wären hier zu nennen. Dazu Michael Werner: „Der politische Schriftsteller und die (Selbst)-Zensur in Heines Berichten aus Paris". In: *Heine-Jahrbuch* (1987). Bd. 26, 29–53; zur Veränderung von Heines Selbstverständnis siehe auch Bierwirth: *Heines Dichterbilder*, S. 296–358.

Das Verständnis Heines als eines Intellektuellen setzt, wie Habermas mit Recht anmerkt, das Bestehen einer modernen Öffentlichkeit voraus. Während diese Öffentlichkeit sich im Vormärz noch wesentlich als literarische herausgebildet hatte, finden wir zur gleichen Zeit in Frankreich bereits eine voll entfaltete politische Öffentlichkeit.[13] Heines Versuch, seine Rolle als literarischer Autor zu klären, war, wie bereits gezeigt, von Anfang an eine öffentliche Frage, genauer gesagt, eine Frage, in der private und öffentliche Aspekte untrennbar zusammentraten. Auch die privateste Mitteilung erhielt in der Selbstdarstellung des Autors eine öffentliche Funktion, die Heine bewußt nach außen kehrt. Das heißt: für Heine ist die Frage seiner Identität als Schreibender immer zugleich eine privat-persönliche und eine öffentliche Frage. Es ist typisch, daß Heine auf die schwerste persönliche Krise seines Lebens, nämlich den physischen Zusammenbruch von 1848, den Ausbruch der Krankheit, die ihn langsam aber sicher töten sollte, in der gleichen Weise reagiert. Die *Geständnisse* sind der Ort, wo die öffentliche literarische Diskussion über diese Krankheit und ihre emotionalen wie intellektuellen Konsequenzen ausgetragen wird. In diesem Diskurs nehmen die privaten Momente einen zentralen und unübersehbaren Platz ein, doch fährt Heine auch hier fort, sich selbst und seine Rolle als Autor in dem weiteren Kontext der nachrevolutionären Entwicklung in Europa zu deuten.

Das Scheitern der Revolution von 1848 und der physische Zusammenbruch Heines vermitteln den Rahmen für die erneute Diskussion über Heines Identität als Autor.[14] Heine bezieht sich auf seine persönliche Krise, um einen wichtigen Wendepunkt seiner philosophischen Position zu erklären. Hier ist natürlich die Rede von seiner oft erwähnten und kontrovers besprochenen religiösen Konversion, genauer gesagt, von der Abwendung von einem radikalen (atheistischen) Hegelianismus und der Rückkehr von einem traditionellen Gottesbegriff, d.h. einem persönlichen Gott, zu dem der Mensch ein individuelles Verhältnis entwickeln kann. Die Einzelheiten dieser veränderten Einstellung sind in unserem Zusammenhang nicht bedeutungsvoll; es genügt der Hinweis, daß Heine sich auf einen persönlichen Gott beruft, der angesprochen werden kann und der außerdem in letzter Instanz die Verantwortung für die Welt trägt, da er sie geschaffen hat. Denn diese Entscheidung hat wichtige Konsequenzen für den Begriff des Schriftstellers. Heine zufolge läuft die Philosophie Hegels und mehr noch diejenige seiner radikalen Schüler wie Feuerbach und Marx auf die Vergötterung des Menschen hinaus, ein Ziel, das, wie er nun-

13 Zur literarischen Öffentlichkeit in Deutschland siehe Hohendahl: *Literarische Kultur im Zeitalter des Liberalismus 1830–1870* (München, 1985), besonders S. 121–193.

14 Dazu Bierwirth: *Heines Dichterbilder,* S. 359–430.

mehr glaubt, eher eine Bürde als eine Befreiung von religiöser Unterdrükkung darstellt, wie er früher angenommen hatte.

Wenn der Künstler und der Philosoph die wirklich schöpferischen Repräsentanten der Menschheit sind, wie Heine angenommen hatte, dann wäre die Tendenz zur „Vergötterung" ein besonders dringliches Problem für sie. Nicht zufällig ermahnt er daher in den *Geständnissen* seinen alten Freund Karl Marx, Reue zu zeigen und die grundlegenden Voraussetzungen seiner Lehre neu zu durchdenken. Es scheint, daß Heine in den frühen fünfziger Jahren bei dem merklichen Abrücken von der Geschichtsmetaphysik mehr daran interessiert war, den Dichter zu retten als den Philosophen. Dies aber bedeutet, daß der Intellektuelle als Figur wieder in den Hintergrund tritt. Heine wendet sich der neuen Aufgabe auf verschiedenen Wegen zu. Auf der einen Seite wendet er sich der Vergangenheit zu, um dort ideale Vertreter des Dichters zu entdecken; auf der anderen Seite nimmt er die Beschäftigung mit dem Mythos und der Mythologie wieder auf, denn hier findet er Formen der Wahrheit, die ausschließlich der Dichter darstellen kann. Auf diesem Weg berührt er sich mit Vorstellungen, die Richard Wagner mehr oder weniger gleichzeitig entwickelt. Auf dieses Netzwerk von Ideen konnte sich wiederum eine Generation später der junge Nietzsche in seiner *Geburt der Tragödie* beziehen.

Das Gedicht „Jehuda ben Halevy" ist vielleicht das deutlichste Beispiel für Heines Versuch, eine historische Figur – hier den mittelalterlichen Rabbi und Dichter Jehuda aus Spanien – als Medium für die Erörterung der dichterischen Existenz zu benutzen. Das Gedicht ist auf der Suche nach der exemplarischen Gestalt des Lyrikers am Beispiel der historischen Figur.

> Ich erkannt ihn an der bleichen
> Und gedankenstolzen Stirne,
> An der Augen süßer Starrheit –
> Sahn mich an so schmerzlich forschend –
> Doch zumeist erkannt ich ihn
> An dem rätselhaften Lächeln
> Jener schön gereimten Lippen,
> Die man nur bei Dichtern findet. (6,I, 130)

Was den jüdischen Dichter des Mittelalters kennzeichnet, ist die Verpflichtung auf Torah und Talmud, also auf die zentralen Texte der jüdischen Tradition. Anders gesagt, die poetische Inspiration beruht auf und wird gespeist von den grundlegenden Texten des jüdischen Lebens. Doch Heine unterstreicht, daß der Dichter gleichermaßen in beiden Teilen des Talmud zu Hause ist, sowohl in der Halada als auch in der Haggada. Während der erste Teil für Heine den geistig-intellektuellen Aspekt des Talmud repräsentiert, nämlich seine Form der Dialektik, stellt der zweite Teil den poetischen Aspekt dar, der es dem jungen Jehuda ermöglicht, sich als Dichter zu entwickeln.

Und Jehuda ben Halevy
Ward nicht bloß ein Schriftgelehrter,
Sondern auch der Dichtkunst Meister,
Sondern auch ein großer Dichter. (6,I, 134)

Zwischen den zwei Seiten seiner Ausbildung scheint der poetische Teil weit wichtiger zu sein für die Gestalt des Dichters, denn dieser Teil spricht von den Leiden des jüdischen Volkes im Exil. Dies ist die Rolle, die Gott dem Dichter übertragen hat, der daher auch nur Gott gegenüber verantwortlich ist. In veränderter Gestalt kehrt also die Behauptung künstlerischer Freiheit, die in der Börne-Denkschrift gegen den politischen Schriftsteller ausgespielt wird, im *Romanzero* wieder. Doch ist auch der Unterschied nicht zu übersehen. Man braucht die religiösen Anspielungen des Gedichts nicht wörtlich zu verstehen, um die ernsthafte Natur dieser Hinweise zu begreifen.

Es ist nicht zu verkennen, daß Heine, und zwar durch die Sprache des Gedichts, Bedeutungsgehalte erkundet, die in der modernen Welt nicht mehr ohne weiteres verfügbar sind. Dann stellt sich die Frage, ob diese Ressourcen, ohne ihre Kraft einzubüßen, in die moderne Welt übertragen werden können, denn die Identifikation des modernen Autors mit dem mittelalterlichen Dichter kann den Unterschied ihrer kulturellen Lebenswelt nicht auslöschen. Jeder Versuch, sich in die Lebensform des Mittelalters zurückzuversetzen, steht daher unter dem Verdacht des romantischen Eskapismus, den Heine in der *Romantischen Schule* nachdrücklich vorgetragen hatte. Die Rückkehr zum Mittelalter würde zur Ideologie verkommen. Heines Gedicht läßt das Bewußtsein dieser Problematik erkennen, wenn das als Person auftretende lyrische Ich im vierten Teil die Erörterung in die Gegenwart verschiebt: hier meldet sich die Frau des modernen Dichters, die mit ihm unzufrieden ist:

Meine Frau ist nicht zufrieden
Mit dem vorigen Kapitel,
Ganz besonders in bezug
Auf das Kästchen des Darius. (6,I, 149)

Triviale finanzielle Sorgen unterbrechen plötzlich die Feier des mittelalterlichen Dichters – seines Lebens wie seiner Werke. Der plötzliche und unvermittelte Wechsel von der Vergangenheit zur Gegenwart zerstört die Illusionen einer organischen Wiederherstellung der Vergangenheit. Der Abstand zwischen den Epochen, die Spannung zwischen dem mittelalterlichen und dem modernen Bewußtsein, sind in das Gedicht aufgenommen.

Die Figur des mittelalterlichen Dichters, dessen Leben und Schreiben in die religiöse Tradition eingebettet sind, hat für den modernen Autor Vorbildcharakter, allerdings, wie wir gesehen haben, nicht ohne eine ironische Wendung.[15] Überdies verweisen die expliziten religiösen Anspielungen des Gedichts auf ein größeres Problem, für das der jüdische Glaube nur ein Beispiel wäre, und zwar nicht einmal ein besonders gutes, da der jüdische Monotheismus der Idee des Mythos feindlich gegenübersteht. Die bloße Tatsache, daß Heine auch über die Wiederbelebung der Dichtung mit Hilfe des Mythos, namentlich der griechischen Mythologie, Überlegungen anstellt, deutet darauf hin, daß es nicht seine Absicht ist, sich dogmatisch in die jüdische Tradition einzuschreiben. Der Zweck des Projekts geht über dieses Ziel hinaus.[16] Die Rückkehr zum Mythos erlaubt den Bruch mit der Logik der Moderne. Da mit dem Scheitern der Revolution von 1848 die Idee des geschichtlichen Fortschritts ihre utopische Kraft verloren hat, d.h. die Idee, daß die Zukunft nicht nur die Garantie eines besseren materiellen Lebens für das Volk, sondern auch das Glücksversprechen durch ästhetische und sinnliche Erfahrung enthält, muß die Suche nach Sinn einen anderen Ort finden. Es stellt sich die Frage, ob ein neues Fundament gefunden werden kann, ob ein anderes Geschichtsmodell die Sinngehalte retten könnte, die durch das „Grauenvolle" der modernen Welt vernichtet werden. Die Rede ist hier von der Ausweitung der modernen sozialen Rationalität. Falls der Mythos wiederbelebt werden könnte, würde der Dichter als der Träger und Überbringer der Mythologie erneut eine zentrale kulturelle Gestalt werden.

Es scheint, daß Heine diese Frage durchaus ernst nahm. In seinem Spätwerk tritt der Mythos nicht bloß als ein allegorisches Konstrukt auf, durch das abstrakte geistige Positionen versinnlicht werden konnten, wie dies in den dreißiger Jahren der Fall war. In den *Göttern im Exil* (1853) umgibt die Rückkehr der griechischen Götter in der Gestalt von Mönchen, die scheinbar den christlichen Spiritualismus stützen aber einmal im Jahr ihre alte Kraft zurückgewinnen und die dionysischen Mysterien am Rande der modernen Zivilisation feiern, eine Atmosphäre des Unheimlichen, die nicht durch den allegorischen Gebrauch der fremden und auch teilweise erschreckenden Figuren aufgelöst werden kann. Der junge Fischer, der zunächst diese Figuren heimlich beobachtet und dann die kirchlichen Autoritäten über ihre heimlichen paganen Feste informieren will, ist sichtlich über ihre Gewalt erschrocken, besonders, wenn er herausfindet, daß der Abt, dem er von dem skandalösen Verhalten der Mönche berichten will, kein anderer als der Gott Dionysos selbst ist. Ältere Formen der Religion

15 Dazu Schneider: *Die Ironie der späten Lyrik Heines*, S. 97–165.

16 Dazu Habermas: *Der philosophische Diskurs der Moderne* (Frankfurt a.M., 1985), S. 65–94.

sind nicht einfach abgestorben, statt dessen überleben sie in verdeckter und veränderter Form. So ist die Geschichte nicht mehr bestimmt als ein Prozeß, der sich linear von älteren Formen zur Moderne bewegt, sondern vorgestellt und erzählt als eine Figur, in der das Alte und das Neue ineinander verschränkt bleiben, auch wenn die älteren Elemente nicht immer sichtbar sind.

Denkbar wäre, daß Heine die Erzählung benutzte, um den mythischen Grund als den Ort der kulturellen Erneuerung emphatisch zu feiern. Doch ist Heines erzählerische Strategie erheblich differenzierter. Denn die Wiederkehr des griechischen Mythos in der Gestalt eines Bacchanals wird in einer Sprache vergegenwärtigt, in der das Lob der Sinnlichkeit durchaus ambivalent bleibt, da diese Sinnlichkeit als ein extremes Moment dargestellt wird, als ein Überschuß, der das normale soziale Leben aufbrechen würde. Ähnlich wie die Romantiker (Hölderlin) nennt auch Heine Dionysos den Retter und erstellt auf diese Weise eine Verbindung zu Christus, doch der griechische Gott wird – deutlich unterschieden von dem christlichen Retter – „der Heiland der Sinneslust“ (6,I, 406) genannt.[17] Durch die Gegenüberstellung von griechischer und christlicher Mythologie erzielt Heines Erzählung ein angespanntes, aber unsicheres Gleichgewicht. Der Glaube des jungen Fischers, der durch seinen Bericht die christliche Ordnung wiederherstellen möchte, wird problematisiert aber nicht ausgelöscht. Überdies führt Heine durch den Dialog zwischen dem Erzähler und dem modernen Leser, der sich explizit von dem Fischer des Mittelalters unterscheidet, eine weitere Bedeutungsebene ein. Dieser moderne Leser erscheint im Text als ein gebildeter Kenner der Mythologie, der durch die vorgebliche Wiederkehr der alten griechischen Götter nicht zu erschrekken ist. „Doch, lieber Leser, ich vergesse, daß du ein sehr gebildeter und wohlunterrichteter Leser bist, der schon lange gemerkt hat, daß hier von einem Bacchanale die Rede ist, von einem Feste des Dionysos. … Aber ach!, lieber Leser, der arme Fischer, von welchem wir berichten, war keineswegs wie du in der Mythologie bewandert, er hatte gar keine archäologischen Studien gemacht, und er war von Schrecken und Angst ergriffen bei dem Anblick jenes schönen Triumphators mit seinen zwei wunderlichen Akoluthen, als sie ihrer Mönchstracht entsprungen“ (6, I, 406).

Der genannte Bruch im Text markiert die Differenz zwischen einem religiösen Bewußtsein, das sich dem alten Mythos überlegen weiß, und einem modernen Bewußtsein, für das die alte Mythologie lediglich ein Gegenstand des gelehrten Studiums ist. Für dieses moderne Bewußtsein wird die Rückkehr der alten Götter zum Problem insofern, als es in eben den Prozeß der Moderne verstrickt ist, dem es entkommen möchte. Es ist fest-

---

17 Dazu Manfred Frank: *Der kommende Gott. Vorlesungen über die neue Mythologie* (Frankfurt a.M., 1982), S. 245–284.

zuhalten, daß Heines Erzählung nicht versucht, sich dieser Frage zu entziehen, indem sie eine tatsächliche Renaissance des alten Mythos unterstellt. Auch von dem modernen Dichter, der seine zeitgenössischen Leser anspricht und ihr Zeitbewußtsein erkennt und teilt, kann nicht erwartet werden, daß er durch die poetische Sprache das mythische Zeitalter wiederherstellen kann. Das heißt: das Element der Reflexion kann ohne die Gefahr der Regression nicht aufgegeben werden. Der Dichter muß Intellektueller bleiben, gerade wenn er sich mit dem Mythos auseinandersetzt. Einer der Gründe für dieses Postulat ist die Wahrscheinlichkeit, daß die moderne gebildete Welt die vieldeutige Macht des Mythos unterschätzt, denn der Umgang mit dem Mythos erweist sich als qualitativ unterschieden von anderen historischen Erfahrungen.

In dem Gedicht „Vitzliputzli" aus dem ersten Buch des *Romanzero* versucht Heine, diesen Unterschied sichtbar zu machen. Dem Inhalt nach handelt das Gedicht von der Eroberung der Neuen Welt durch die Spanier und spezifisch beschäftigt es sich mit dem Schicksal Montezumas und Cortez' in Mexiko.[18] Die Opferung der Spanier, die bei der Schlacht mit den Indianern gefangen genommen wurden, offenbart die gewaltsame und unheimliche Seite der mythisch gebundenen Kultur, die in der europäischen Tradition oft verdrängt wird. Für die Priester der Azteken gilt, daß der erzürnte Gott Vitzliputzli durch Menschenopfer versöhnt werden kann. Doch eben dieser Glaube wird letztlich in Frage gestellt, wenn die Stimme des Gottes spricht. Er nimmt das Ende seiner Existenz als Gott vorweg: mit der spanischen Eroberung und der folgenden den Indianern aufgezwungenen Christianisierung ist der alte indianische Mythos an sein Ende gekommen.

> Dieser Tempel stürzt zusammen,
> Und ich selber, ich versinke
> In dem Qualm – nur Rauch und Trümmer –
> Keiner wird mich wiedersehen.
>
> Doch ich sterbe nicht; wir Götter
> Werden alt wie Papageien,
> Und wir mausern nur und wechseln
> Auch wie diese das Gefieder. (6,I, 74)

Im Kontext des Christentums werden die alten indianischen Gottheiten in negative Kräfte verwandelt. Sie werden Teufel, wie schon die alten griechischen Götter zu Dämonen wurden, als der christliche Monotheismus den

---

18 Zum kolonialen Aspekt des Gedichts siehe Susanne Zantop: „Colonialism, Cannibalism, and Literary Incorporation: Heine in Mexico". In: *Heinrich Heine and the Occident*. Hg. von Peter Uwe Hohendahl und Sander L. Gilman (Lincoln 1991), S. 110–138.

Polytheismus der Antike ersetzte. Der alte Mythos kehrt sich gegen die christlichen Eroberer Amerikas:

Mein geliebtes Mexiko,
Nimmermehr kann ich es retten,
Aber rächen will ich furchtbar
Mein geliebtes Mexiko. (6,I, 75)

Der aztekische Mythos erweist sich weiterhin als bedrohlich, denn er birgt in sich noch die Gewalt, die vormals seine Logik bestimmte. So bleibt das moderne Zeitalter, scheinbar befreit von der Brutalität von Menschenopfern, in seiner Schuld. Der Glaube, daß die Emanzipation der Menschheit durch historische Taten (wie die Entdeckung Amerikas) erreicht werden kann, bricht zusammen, da diese Taten selbst von mythischer Gewalt erfüllt sind. Diese Einsicht wirft ein verändertes Licht auf die Erkenntnisfähigkeit des modernen Lesers, den Heine in den *Göttern im Exil* anspricht. Dieses Gefühl der Sicherheit gegenüber dem Mythos und seiner Gewalt könnte trügerisch sein, da ihre Erkenntnis ausschließlich auf einem modernen wissenschaftlichen Zugang beruht.

Zu Beginn dieses Aufsatzes stand die These, daß nach 1848 Heines Begriff des Dichters sich fundamental veränderte. Würde man diese Transformation allerdings ausschließlich als das Aufgreifen von Mythos und Mythologie beschreiben, käme es zu einer offensichtlichen Simplifikation von Heines Entwicklung. Die nicht zu leugnende Anziehungskraft des Mythos für den späten Heine geht über die Vorstellung einer Verjüngung der modernen, übermäßig rationalisierten Kultur hinaus. Aus zwei Gründen ist die Annahme, der späte Heine wolle emphatisch zu den mythischen Ursprüngen zurückkehren, unzureichend. Zum ersten ist die Macht des Mythos durchaus ambivalent. Seine sinnliche Kraft, die Heine in den *Göttern im Exil* feiert, bildet einen schroffen Gegensatz zur Gewalt in „Vitzliputzli," wo Menschenopfer zum Wesen des mythischen Musters gehören. Das Überleben der mythischen Strukturen in der modernen Welt, auf das beide Texte verweisen, erweist sich in gleichem Maße als Bedrohung moderner Erwartungen, verläßliche Normen der Zivilisation erreicht zu haben, wie als Quelle der Bereicherung für eine vernunftsbestimmte Welt. Der Dichter, der den mythischen Grund wiederentdeckt, indem er mythologische Erzählungen aufgreift, geht mit potentiell explosivem Material um, Material, das destruktive Kräfte einschließt. Heine, so scheint es, ist sich dieses Sachverhalts durchaus bewußt, doch diese Einsicht mindert nicht sein starkes Interesse an mythischen Strukturen. Allerdings ist dieses Interesse durch ein modernes ästhetisches Bewußtsein geprägt. Weder in den *Göttern im Exil* noch in „Vitzliputzli" kommt es zu einer einfachen Identifikation mit dem Mythos, denn der Erzähler und die lyrische Stimme bewahren eine deutlich erkennbare Distanz zum mythologischen Material. In Heines Texten ist also die moderne Welt gleichermaßen gegenwärtig, artikuliert entweder durch narrative Strategien oder stilistische Eigenheiten. Einer dieser stilistischen Kunstgriffe ist der Vergleich des aztekischen Gottes mit einem Papageien, offensichtlich ein bewußt unangemessener Vergleich für den Kriegsgott.

Diese Beobachtungen legen nahe, daß der Begriff des Dichters in Heines Spätwerk nicht reduziert werden kann auf eine naive kreative Kraft, die mythologische Berichte neu erzählt, oder in anderer Weise nachahmt. Der Gebrauch spezifisch moderner Kunstmittel wie Ironie und Parodie legt vielmehr nahe, daß die Idee des Dichters von dem Begriff des Intellektuellen nicht zu lösen ist. Der Dichter stellt sich als ein selbstreflektierter Autor dar, jedoch nicht notwendig als aktivistischer Schriftsteller, der seine Feder für bestimmte politische Ziele einsetzt. Offensichtlich hat sich hier der intellektuelle Aspekt gegenüber den vierziger Jahren verändert, doch kommt es darauf an, die Art der Veränderung zu bestimmen.

Der herrschenden Meinung der neueren Heine-Forschung zufolge gab Heine nach 1848 nicht nur seine früheren philosophischen und religiösen Ansichten auf, sondern auch das politisch-ideologische Engagement der vierziger Jahre, unter anderem die Ideen des Fortschritts und der Emanzipation.[19] Diese Deutung könnte uns zu der Annahme führen, daß der späte Heine für sich ein eher frei und willkürlich entworfenes Selbstbild entwickelte. In diesem Sinne hat Norbert Altenhofer nahegelegt, daß der späte Heine fast ausschließlich mit seiner Identität als Künstler beschäftigt gewesen sei und sich nicht an konventionelle Regeln der Moral oder ideologischen Positionierung gebunden habe.[20] Altenhofer vertritt mit anderen Worten die These, daß die verschiedenen von Heine angenommenen Rollen als Masken anzusehen seien, die dem Künstler die Möglichkeit geben, jeder definitiven Festlegung auszuweichen. So kommentiert Altenhofer: „Das Spiel des Artisten mit wechselnden Identitäten ist die Fiktion – die eingestandene Fiktion – einer Freiheit, die real nirgends zu finden ist."[21] Wenngleich dieser Deutungsansatz erlaubt, die Komplexität und Widersprüchlichkeit des Heineschen Spätwerks besser zu verstehen, ist er gleichzeitig reduktiv, indem er es schließlich auf einen Nenner bringen möchte, nämlich den ästhetischen. Der Nachdruck, den Altenhofer, insbesondere in seiner Interpretation des Gedichts „Jehuda ben Halevy" auf das „literarische Kalkül"[22] legt, enthält zugleich die pro-

19 Eine gute Zusammenfassung findet sich bei Sammons: *Heinrich Heine* (Stuttgart, 1991), S. 110–138.

20 Norbert Altenhofer: *Die verlorene Augensprache. Über Heinrich Heine*. (Frankfurt a.M., 1993), S. 207–233.

21 Altenhofer: *Augensprache*, S. 226.

22 Altenhofer: *Augensprache*, S. 229.

blematische Deutungsvariante, die das Gedicht im wesentlichen als eine Form des literarischen Spiels ansieht. Mit Grund warnt Altenhofer vor einer wörtlichen Lektüre des Gedichts, die es für eine Rückkehr des Dichters zum jüdischem Glauben in Anspruch nimmt, doch kommt es darauf an, die ästhetische Dimension, die für Altenhofer den Text in letzter Instanz legitimiert, als nur einen, wenn auch zentralen Bedeutungsaspekt zu begreifen. Altenhofers Interpretation scheint mir zu unterschätzen, welchen vielseitigen Wert der Begriff des Dichters für Heine hat, indem er ihn auf die Rolle des spielerischen und unbeständigen „Artisten" festlegt. Nur wenn man das Artistentum als Teil einer Konfiguration begreift, in der Begriffe wie Geschichte, Philosophie, Religion und Mythos mitwirken, können wir die Art und Funktion von Heines literarischen Strategien erschließen.

Dieser komplizierten Frage kann man sich unter anderem nähern, indem man die Idee des Intellektuellen, wie sie in den Spätschriften entweder explizit vorgestellt oder implizit vorausgesetzt wird, in den Vordergrund rückt. Der europäische Intellektuelle des 18. und 19. Jahrhunderts war von Anfang an in der Öffentlichkeit angesiedelt und übernahm eine Reihe von öffentlichen Aufgaben, unter anderem die des Kritikers, Ratgebers und Erziehers.[23] Gibt Heine diese Rolle nach 1848 auf, um sich als Autor vor allem über den privaten Gebrauch der dichterischen Sprache zu bestimmen? Falls wir die verschiedenen Identitäten, die in Heines Texten zum Ausdruck kommen, vor allem als Muster eines auf sich selbst bezogenen Artisten verstünden, wäre die Annahme plausibel, Heines Spätwerk sei als Ausdruck einer persönlich-privaten Sprache zu deuten, dessen öffentliche Dimension allererst *post factum* durch den literarischen Markt konstituiert würde. Dann würde das literarische Werk nur infolge seiner Rezeption zu einem öffentlichen Ereignis. Daraus könnte man ableiten, Heines Wandlung nach 1848, namentlich die Art, wie er die Position von Hegels radikalen Schülern zurückweist, sei gleichbedeutend mit einer Privatisierung, welche die öffentliche Person des Autors herabsetzt und statt dessen die Idee der Poesie heraushebt. Der Nachdruck liegt dann auf dem immanenten Aspekt des Schreibprozesses.

Gegen diese Annahme hat Luciano Zagari mit Recht eingewandt, daß der späte Heine seiner literarischen Sensibilität nach eher unter die Vorläufer der Moderne zu rechnen sei und nicht in den Zusammenhang der Romantik gehöre. Wir begegnen einer Sensibilität, die auf die Konstituierung einer post-konventionellen dichterischen Sprache zielte. „Das Gedicht ist ein Netz aus Worten, das keine lockeren Maschen aufweist, das

---

23 Dazu Zygmunt Bauman: *Legislators and Interpreters. On Modernity, Postmodernity, and Intellectuals* (Ithaca, 1987); ferner Dena Goodman: *Criticism in Action. Enlightenment Experiments in Political Writing* (Ithaca, 1989).

trotzdem nichts Konkretes, nichts, was aus dem Bereich der Wirklichkeit kommt, in seinen Maschen zurückzuhalten vermag."[24] Doch die Sprache des späten Heine ist nicht daran interessiert, romantische Intimität und Authentizität wiederherzustellen. Die gesteigerte Subjektivität der Artikulation nach 1848 bedeutet also nicht, daß das öffentliche Engagement Heines abgenommen hat. Indem Zagari die Differenz zwischen Heines Spätlyrik und der romantischen Tradition unterstreicht, wird eine wichtige (implizite) Veränderung in der Konstruktion des Dichters sichtbar: „Der neue Intellektuelle, selbst wenn er keine Einsicht in die neuartigen Probleme des sozialen Zusammenlebens gewonnen hatte, selbst wenn er sich weigerte, sich darüber Rechenschaft zu geben oder persönlich einzugreifen, konnte nicht umhin zu merken, wie problematisch Dichter, Werte, Kommunikation, Leser (oder sollte man schon jetzt die ungeheure Masse der noch nicht Lesenden irgendwie berücksichtigen?) nunmehr geworden waren."[25] Beachtenswert ist hier der Ausdruck „der Intellektuelle," wo zweifellos von Heines Lyrik die Rede ist. Der späte Heine bleibt also durchaus bewußt ein „öffentlicher" Autor, der seine Leser herausfordern und provozieren will. Aber für Zagari hat diese öffentliche Position – und hier würde ich mich seiner Deutung nicht anschließen – alle früheren Weltanschauungen und Verpflichtungen abgestreift und sich auf den Zynismus einer inneren und äußeren Leere zurückgezogen. Zagari scheint die kritische Rolle des Dichters, der das stilistische und thematische Repertoire der Romantik dekonstruiert, als eine Form des Zynismus zu lesen. An dieser wenn auch m.E. problematischen Lektüre ist wichtig, daß der in die späten Texte Heines eingeschriebene Begriff des Dichters nicht affirmativ ist. So wäre es verfehlt, Heines Gebrauch der Mythologie mit Hilfe einer organischen Hermeneutik verstehen zu wollen, denn sein literarisches Projekt setzt bewußt auf Dissonanz. In dieser Hinsicht unterscheidet es sich deutlich von Richard Wagner, für den das neue Kunstwerk, das Gesamtkunstwerk der Zukunft, auch einen qualitativ neuen öffentlichen Raum aufschließen muß.

Richard Wagner postuliert eine harmonische Verbindung zwischen einem allgemeinen und sozial undifferenzierten Publikum auf der einen Seite und einer neuen Form des Dramas, dem der Mythos zugrunde liegt. So heißt es im Hinblick auf die griechische Tragödie auf der anderen in dem Aufsatz „Oper und Drama": „Der Stoff dieses Dramas war aber der Mythos, und aus seinem Wesen können wir allein das höchste griechische Kunstwerk und seine uns berückende Form begreifen."[26] Für Wagner ist

24 Luciano Zagari: „,Das ausgesprochene Wort ist ohne Scham.' Der späte Heine und die Auflösung der dichterischen Sprache". In: *Zu Heinrich Heine*. Hg. Von Luciano Zagari und Paolo Chiarini (Stuttgart, 1981), S. 124–140, Zitat S. 126.

25 Zagrari: „Das ausgesprochene Wort", S. 137.

26 Zitiert nach Frank: *Der kommende Gott*, S. 229.

der Mythos mithin die wichtigste kollektive Quelle für die Konstitution von Sinn für das Volk. Daher transzendiert der Mythos mit Notwendigkeit das Projekt des einzelnen Künstlers, dessen Werk beim allgemeinen Publikum nur dann Resonanz finden wird, wenn es den von allen getragenen Glauben widerspiegelt, der sich im Mythos ausspricht. Offenkundig berufen sich Wagners Ideen auf einen Begriff der Gemeinschaft als einer sozial und ethnisch homogenen Gruppe, die in scharfem Gegensatz steht zur Fragmentation und antagonistischen Klassengesellschaft seiner Zeit. Indem der moderne Künstler zum Mythos zurückkehrt, überwindet er Wagner zufolge auch die Grenzen der zeitgenössischen Kunst. Anders gesprochen, Wagner faßt die Möglichkeit eines realen Ausbruchs aus dem Gefängnis der Moderne ins Auge. Heine auf der anderen Seite verweigert eben eine solche Anleitung für die mythische Erneuerung. Sein Spätwerk evoziert mythische Figuren und Erzählungen, um zeitliche kulturelle Differenz zu markieren, doch mit der Absicht, dadurch Dissonanz zu artikulieren. Seine eigene Position ist innerhalb der Moderne angesiedelt, so daß die vormoderne Kultur und spezifisch die Antike als das vieldeutig Andere erscheint. In dieser Hinsicht unterstreicht der späte Heine seine innere Bindung an die Gestalt des intellektuellen Dichters, auch wenn sein Verständnis poetischer Intellektualität sich zwischen 1830 und 1855 mehrfach verändert. Die Figur des politischen Intellektuellen, der sich aufgrund seines ideologischen Engagements orientiert, war in den dreißiger Jahren in Deutschland etwas Neues. Doch stellte sich heraus, daß das ursprüngliche Versprechen einer Synthese von Dichter und Intellektuellem (Dichter, Tribun und Prophet) an eine bestimmte historische Konstellation gebunden war und schon während der vierziger Jahre nicht durchzuhalten war. In diesem Jahrzehnt kann Heine nicht übersehen, daß das poetische Projekt (ästhetische Autonomie) nicht automatisch im Einklang steht mit einem Programm progressiver politischer Ziele, daß, mit anderen Worten, politische und poetisch-ästhetische Logik nicht zur Deckung kommen. Diese vorsichtigere und skeptische Beurteilung sollte Heine dazu veranlassen, die substantielle Rolle des Mythos innerhalb der Moderne zu erkunden. Doch muß betont werden, daß diese Suche nach einer neuen Quelle kollektiver Sinngebung keineswegs auf eine Zurückweisung der Moderne und auf eine bedingungslose Identifikation mit dem Mythos hinauslief. Statt dessen besteht Heine im Spätwerk auf der Kraft der kritischen Reflexion. Die kreative Kraft des Dichters bleibt gebunden an das Moment der Subversion, die der Reflexion eigen ist. So läßt sich Heines Selbstverständnis am ehesten als die Verweigerung einer abschließenden Synthese verstehen, oder das Beharren auf ungelösten Widersprüchen. Die Gestalt des intellektuellen Dichters lebt in und von diesen Widersprüchen.

III
Umstrittene Wirkung. Heines Rezeption im 20. Jahrhundert

10. Heine-Rezeption um 1900

I. Einleitung

In seinem Werk *Die Hauptströmungen der Literatur des 19. Jahrhunderts* machte der dänische Kritiker Georg Brandes darauf aufmerksam, daß Heinrich Heines Status in der literarischen Öffentlichkeit des neuen Deutschen Reiches alles andere als gefestigt war. In der Einleitung seines Heine-Kapitels heißt es:

> Auch für Heinrich Heine ist, wie schon angedeutet, im neuen deutschen Reiche der Augenblick wenig günstig. Es ist viel, was man ihm vorzuwerfen hat, daß es sich nicht in Kürze aufzählen läßt: zuerst seine Vorliebe für Frankreich und seine vorgebliche oder wirkliche Frivolität. Dann sein nichtgermanischer Ursprung und Witz, seine Sentimentalität, seine Geckenhaftigkeit, seine Leichtfertigkeit.[1]

Was der Aufnahme Heines im Wege steht, ist Brandes zufolge das neue Selbstverständnis der Deutschen, in dem Werte wie Zucht und Ordnung, Pflichterfüllung und Regelmäßigkeit an die Stelle eines älteren individualistischen Bildungsbegriffs getreten sind. Der dänische Beobachter will auch eine gewisse Nähe zum Militärischen wahrnehmen, eine „Schneidigkeit," die er mit Preußens größerem Einfluß in Verbindung bringt. Heines unversöhnliche Ablehnung preußischer Politik und preußischer Lebensformen aber wirkte sich negativ auf seine Akzeptanz in einer Öffentlichkeit aus, in der Berlin nach 1870 eine größere Rolle spielte als zuvor. Nicht zuletzt seine positive Einschätzung Napoleons als des Vollenders der Französischen Revolution war im neuen Reich zu einem politischen Tabu geworden. Es wäre indes unangemessen, aus Brandes' Beobachtung zu schließen, Heine sei im ausgehenden 19. Jahrhundert weniger bekannt und berühmt gewesen als zuvor. Der Denkmalsstreit beweist das Gegenteil.[2] Daß konservative Kräfte mit allen Mitteln versuchten, die Errichtung eines Heine-Denkmals in Düsseldorf (und anderswo) zu verhindern, gibt zu erkennen, daß Heine gelesen und in der Öffentlichkeit diskutiert wurde. Ungeklärt war vielmehr sein Status in der deutschen literarischen

1 Georg Brandes: *Hauptströmungen der Literatur des 19. Jahrhunderts* (Leipzig, 1897). Bd. 6, S. 104.

Tradition. Wo war er einzuordnen? War er überhaupt als ein deutscher Dichter zu behandeln? Wie hatte man in Deutschland die Stimmen aus dem Ausland einzuschätzen, die in Heine einen der wichtigsten Vertreter der neueren deutschen und europäischen Literatur sahen – ein Urteil, dem sich der späte Nietzsche anschloß, wenn er Heine neben Goethe und Schopenhauer zu den wenigen Autoren rechnete, die europäischen Ruhm verdienten.[3]

Heines Stellung innerhalb der deutschen literarischen Tradition blieb weiterhin umstritten. In der Tat mehrten sich um 1900 die Anzeichen, daß der Dichter trotz seines Ruhmes aus dieser Tradition herausgedrängt werden konnte. Während sich nach 1848 die Position der Weimarer Klassik gefestigt hatte und zunehmend auch die Romantik als Teil einer ‚deutschen Bewegung' (Dilthey)[4] in den Prozeß der deutschen Literatur eingeordnet worden war, wurde Heine (wie auch Börne) als ein offener Fall angesehen, der letzten Endes noch nicht entschieden war, wo also die Möglichkeit offen blieb, nicht nur bestimmte Urteile und Ansichten zu revidieren, sondern die Konstellation des Kanons so zu verändern, daß Heine aus ihm herausfallen konnte. In dieser Hinsicht war nicht so sehr die öffentliche Auseinandersetzung um Heine, etwa in der Presse, Index eines grundlegenden Wandels, vielmehr eine Reihe von privaten und halb-öffentlichen Stellungnahmen, durch die Heines deutsche Rezeption in der ersten Hälfte des 20. Jahrhunderts bestimmt wurde. Angesichts einer diffus gewordenen literarischen Öffentlichkeit, die weitgehend von einer kommerziellen Presse getragen wurde, verschob sich die entscheidende Debatte in andere Bereiche der Institution Literatur – einmal in den Bereich der akademischen Kritik, also den der Literaturgeschichte, zum anderen auf das Feld der literarischen Zirkel und Gruppen, deren Führer die Rolle von Schiedsrichtern übernommen hatten.

Um 1900 stellten diese Diskussionen sich zunächst als zwei voneinander unabhängige Felder dar, die dann aber miteinander verknüpft werden konnten. Auf der einen Seite ging es um die Zugehörigkeit Heines zur deutschen literarischen Tradition und seine mögliche Stellung in ihr, auf der anderen um die Frage seiner literarischen Aktualität, spezifischer gesprochen, um die Beziehung zum Ästhetizismus der Jahrhundertwende

---

2 „Erzwungene Harmonie: Bürgerliche Heine-Feiern". In: *Deutsche Feiern*. Hg. von Reinhold Grimm und Jost Hermand (Wiesbaden, 1970), S. 125–42; ferner Ute Kröger: *Der Streit um Heine in der deutschen Presse 1887–1914* (Aachen, 1989).

3 Friedrich Nietzsche: *Kritische Studienausgabe*. Hg. von Giorgio Colli und Mazzino Montinari (Berlin und New York, 1967–77). Bd. 6, S. 107.

4 Dazu Hohendahl: *Literarische Kultur im Zeitalter des Liberalismus* (München, 1985), S. 194–223.

und der literarischen Avantgarde, die auf jenen folgen sollte. Es ist die Verbindung dieser beiden Diskurse, des historischen und des theoretischen, die die Rezeption Heines in eine bestimmte Richtung drängen sollte, indem sie durch ihre Antworten andere Optionen abschnitt. So sehr der rassistische Diskurs des späten 19. Jahrhunderts in seiner extremem Heine-Feindschaft nationalsozialistische Entscheidungen präludierte, so wenig kann das Problem Heine, die „Wunde", von der Adorno 1956 sprach, auf rassistische Vorurteile reduziert werden. Das diskursive Feld, auf dem spätere Urteile und Maßnahmen vorbereitet wurden, ist entschieden komplexer und widerspruchsvoller, so daß die Zeitgenossen oft den Eindruck hatten, die (anhaltende) öffentliche Debatte drehe sich im Kreise. „Wohin man blickt:" schrieb Franzos, „in Bücher, Zeitschriften, Zeitungen – Heine und kein Ende!"[5] Die Unübersichtlichkeit der Situation verstellte den Blick auf signifikante Verschiebungen in der Positionierung Heines, Veränderungen, die erst in den sechziger und siebziger Jahren korrigiert werden konnten. Es ist bezeichnend, daß auch Adorno noch 1956 bis zu einem gewissen Grad unter dem Bann der Konstellation stand, die sich nach der Jahrhundertwende herausbildete. Erst in der literarischen Debatte nach 1945 und der europäischen Heine-Forschung der achtziger Jahre, etwa in dem Aufsatz „Rabbi Faibisch Apollo" von Norbert Altenhofer, der der späten Lyrik Heines eine ästhetizistische Einstellung unterstellte,[6] ist der Bann vollkommen gebrochen, denn dieses Urteil – so problematisch es war – ermöglichte es, die Zugehörigkeit Heines zum Modernismus zu konstatieren, ihn also mit dem französischen Symbolismus in Beziehung zu setzen.

II. Die Heine-Diskussion um 1900

Die genannte Unübersichtlichkeit der Rezeption beruhte auf der institutionellen Ausdifferenzierung des kommunikativen Feldes, für das der Begriff der literarischen Öffentlichkeit im Zeitalter des Liberalismus noch bereitgestanden hatte.[7] Aus diesem Grunde vollzog sich die Diskussion um Heine weder einheitlich noch entwickelte sie sich linear. Man muß folglich eine Reihe von Strängen herausarbeiten, bevor sich die Konfiguration im ganzen zu erkennen gibt. Dabei handelt es sich um folgende Aspekte: (1) die Bestimmung der literarischen Tradition, spezifischer um die Einordnung Heines in die deutsche Literaturgeschichte, (2) die Definition der na-

5 Zitiert nach Kröger: *Der Streit*, S. 7.

6 Norbert Altenhofer: *Die verlorene Augensprache* (Frankfurt a.M., 1993), S. 207–232.

7 Hohendahl: *Literarische Kultur*, S. 55–120.

tionalen Kulturidentität, genauer um die Frage der Zugehörigkeit Heines zur deutschen Kulturnation, (3) die ethnische Bestimmung der deutschen Kultur und Literatur, im besonderen um die Frage, ob ein jüdischer Autor wie Heinrich Heine das deutsche Volk kulturell repräsentieren darf, und (4) den Gesichtspunkt des Klassenkampfes, spezifisch um die Frage des literarischen Erbes für die Arbeiterklasse. In der Heine-Diskussion der Jahrhundertwende vermischten sich diese Gesichtspunkte in mannigfaltiger Weise, doch ist es für eine Analyse der Konfiguration wichtig, sie getrennt zu betrachten.

Beginnen möchte ich mit der Frage der literarischen Tradition, die schon für Heine selbst wie auch für seine zeitgenössischen Leser bei der Beurteilung seines Œuvres eine wichtige Rolle spielte. Heines Diktum über das Ende der Goetheschen Kunstperiode wie auch seine spätere Selbsteinschatzung, trotz aller Kritik der Romantik im Grunde immer ein Romantiker geblieben zu sein, zeichneten der späteren Diskussion den Rahmen vor. Man konnte ihn in der Literaturgeschichte der jungen Generation, also dem Jungen Deutschland zurechnen oder eine Beziehung zur Romantik herstellen, ihn jedoch schwerlich in der Nachfolge der Weimarer Klassik sehen. Je mehr sich nach der Jahrhundertmitte das Gewicht der Tradition in Richtung auf Goethe verlagerte, desto dringlicher wurde die Frage: wie war Heine zu beurteilen, wenn man ihn an Goethe maß? Anders gesagt: wie nahe stand Heine dem Autor, der in der Literaturgeschichte als das Zentrum des literarischen Kanons angesehen wurde? Auf diese Frage gab Viktor Hehn, einer der einflußreichen Goethe-Kritiker seiner Zeit, eine unmißverständliche Antwort: Heine kam als ernsthafter Autor, in dem das Goethesche Erbe fortwirkte, nicht in Betracht.[8] Angesichts des zum Klassiker erhobenen Goethe erweist sich Heine in den Augen von Hehn als substanzlos und letztlich als irreführend für die literarische Tradition in Deutschland. Für Hehn stellte sich ernsthaft die Frage, ob Heine, für dessen Person und Werk Begriffe wie Frivolität, Sinnlichkeit, sprachliche Leichtfertigkeit und grenzenlose Subjektivität herangezogen werden mußten, der deutschen Tradition überhaupt zugeordnet werden dürfe. Die negativen Urteile über Heine und sein Werk, die wir bei Hehn finden, sind, wie Jost Hermand und Johannes Weber nachgewiesen haben,[9] keineswegs neu; sie ziehen sich vielmehr seit den dreißiger Jahren als wohlbekannte Elemente der Heine-Polemik bis in das 20. Jahrhundert hin.

8 Viktor Hehn: *Gedanken über Goethe*, Berlin, 1888, Erster Teil, besonders S. 159–172.

9 Jost Hermand: „Heines frühe Kritiker“. In: *Der Dichter und seine Zeit. Politik im Spiegel der Literatur*. Hg. von Wolfgang Paulsen (Heidelberg, 1970); Johannes Weber: *Libertin und Charakter. Heinrich Heine und Ludwig Börne im Werturteil deutscher Literaturgeschichtsschreibung, 1840–1918* (Heidelberg, 1984).

Kritisch wurden sie freilich für die Position Heines innerhalb der literarischen Tradition erst dann, wenn sie sich zu einem Muster zusammenschlossen, in dem Heine dem die Tradition verkörpernden Goethe als Antipode entgegengestellt wurde. Wo Goethesche Ganzheit und Objektivität hochgehalten wurden, blieb für Heines Werk, namentlich seine nachklassische, ja postromantische Ästhetik wie auch seine Politisierung der literarischen Produktion – mochte diese auch überaus komplex ausfallen – kein Platz. Folglich mußten Versuche in den letzten Jahrzehnten des 19. Jahrhunderts, Heine der deutschen literarischen Tradition zuzurechnen, in der Regel politische und sozialkritische Aspekte ausblenden und sich auf die poetische Leistung konzentrieren. Ein außenstehender liberaler Kritiker wie Georg Brandes brauchte diese Wendung allerdings nicht mitzuvollziehen, denn er schrieb für ein Publikum, für das der Zusammenhang von ästhetischen und politischen Urteilen nicht tabuisiert worden war.

Die Position der orthodoxen Goethe-Forschung des späten 19. Jahrhunderts, in der Hehn einen angesehenen Platz einnahm, legte die Marginalisierung Heines in der literarischen Kanonbildung nahe, womit nicht gesagt ist, daß sich die Mehrheit der Goethe-Forscher Hehns Verdikt angeschlossen hatten. Es sei nur an Wilhelm Scherer und Erich Schmidt erinnert, für die Heines Werk Bestandteil der deutschen Literaturgeschichte blieb. Wir haben es vielmehr mit einem Argumentationsschema zu tun, in dem die Oppositionsbildung, die meist wertend besetzt ist, zum Ausschluß führen konnte, zumal dann, wenn andere Faktoren wie zum Beispiel nationale oder rassische Zuschreibungen hinzutraten.

Eben diese Tendenz war jedoch mit dem Projekt Literaturgeschichte von Anfang an gegeben, denn deren Ziel war und blieb im 19. Jahrhundert der Nachweis einer kulturellen nationalen Identität.[10] Linear und teleologisch konstruiert, war ihr aufgegeben, dem Publikum anhand der literarischen Denkmäler den kulturellen Zusammenhang aufzuweisen, aus dem sich das Ideal seiner kollektiven Identität bilden kann. Das galt vor allem für die Entwicklung vom Mittelalter bis zur Weimarer Klassik, enthielt jedoch logisch den Anspruch, auch die Autoren und Werke des folgenden Jahrhunderts einzubeziehen. Im Falle Heines gab es für dieses Modell Schwierigkeiten: erstens war er Jude, eine Tatsache, die bereits von der zeitgenössischen Kritik thematisiert wurde; ferner lebte er seit 1831 bis zu seinem Tod in Paris und machte auch in seinen Schriften deutlich, daß er das Leben im französischen Exil den deutschen Zuständen vorzog. Insofern das kosmopolitische Paris seine zweite Heimat geworden war, war

10 Dazu Jürgen Fohrmann: *Das Projekt der deutschen Literaturgeschichte* (Stuttgart, 1989); Peter Uwe Hohendahl: „Bürgerliche Literaturgeschichte und nationale Identität“. In: *Bürgertum im 19. Jahrhundert*. Hg. von Jürgen Kocka (Göttingen, 1995). Bd. 3, S. 200–231.

seine Zugehörigkeit zur deutschen Literatur in Frage gestellt. Es blieb dem preußischen Historiker Heinrich Treitschke vorbehalten, mit aller Deutlichkeit und Entschiedenheit die Konsequenzen zu ziehen:

> Mit Börne und Heine, mit dem Einbruch des Judenthums, kündigte sich eine neue literarische Epoche an, die zum Glück nicht lange währen sollte, die häßlichste und unfruchtbarste Zeit unserer neuen Literaturgeschichte. Seit Lessings Tagen hat keine deutsche Dichterschule so viel Unfrieden gesät und so wenig Dauerndes geschaffen wie die radikale Feuilleton-Poesie der dreißiger Jahre.[11]

Die Unterscheidung zwischen dem Dauernden und dem Ephemeren, die wir bereits bei Hehn gefunden haben, erhält bei Treitschke eine spezifisch nationale Variante, denn er wirft Heine im Zusammenhang mit der französischen Staatspension, die dieser bezogen hatte, vor, Deutschland an die französische Regierung verraten zu haben.

> Zum Danke [für die Pension, P. U. H.] fuhr er fort sein Vaterland zu begeifern, aber die höhnischen Ausfälle gegen Ludwig Philipp, die er sich früherhin zuweilen erlaubt, hörten auf.[12]

Obwohl Treitschke Heine zugesteht, in höherem Maße als Börne ein Deutscher zu sein, da er ein Dichter war, bleibt dieses Zugeständnis beschränkt auf Heines frühe Lyrik, die Treitschke als Fortsetzung der deutschen Romantik liest. Im ganzen jedoch ist sein Urteil über den Autor Heine negativ. Gemessen an der deutschen Tradition bleibt Heine ein „virtuoses Formtalent", das unempfindlich nachdichtet. Treitschkes Urteil läuft darauf hinaus, Heine authentische Deutschheit abzusprechen. Aus zwei Gründen konnte er an der nationalen Gemeinschaft nicht teilhaben: zum einen war Heine als „Orientalem" die deutsche Mentalität fremd, zum anderen geriet er in Paris unter den Einfluß einer fremden literarischen Produktionsweise, nämlich des Feuilletons.

> Heine wurde, die Franzosen selbst überflügelnd, der Meister des europäischen Feuilletonstils, der Bannerträger jener journalistischen Frechheit, die alle Höhen und Tiefen des Menschenlebens mit einigen flüchtigen Einfüllen abthat.[13]

Durch den Feuilletonstil scheidet Heine gleichsam aus der deutschen Poesie aus, denn dieser Stil zerstörte, Treitschke zufolge, die Schranken zwischen Poesie und Prosa. Dieses Argument nimmt den zentralen Vorwurf von Karl Kraus vorweg, der in der späteren Heine-Diskussion überaus fol-

11 Heinrich von Treitschke: *Deutsche Geschichte im Neunzehnten Jahrhundert* (Leipzig, 1889), Dritter Teil, S. 714.

12 Ebd., 2. Auflage, Vierter Teil, S. 420.

13 Ebd., S. 422.

genreich werden sollte, allerdings ohne den offenen Antisemitismus eines Treitschke.[14]

Das Beispiel Treitschkes zeigt, daß im späten 19. Jahrhundert nationales und rassistisches Denken nicht mehr leicht zu trennen sind, denn für den preußischen Historiker ruht die Bestimmung der deutschen Literatur auf ethnischer Grundlage, die Aus- und Einschlußregeln zur Folge hat. Obwohl Treitschke diese noch nicht mit letzter Strenge anwendet, ist Heines Ausschluß aus der deutschen Nationalliteratur tendenziell vorweggenommen. Für die liberale Position, für die sich die Bedeutung der deutschen literarischen Tradition nicht ethnisch sondern geistig definierte, war Treitschkes Argumentation nur dann zwingend, wenn sie beweisen konnte, daß Heines Dichtungsbegriff von dem deutschen fundamental abwich. Dementsprechend spitzte sich die Verteidigung Heines im Fin de siècle auf die literarischen Leistungen des Dichters zu. Diese Einstellung impliziert, daß Heines kritische Prosa, nämlich seine literarischen und politischen Essays, in den Hintergrund traten. Wie Bernd Füllners empirische Untersuchung zu Heines Beurteilung in der Literaturgeschichte gezeigt hat,[15] wurden Schriften wie *Die Götter im Exil* und *Über die französische Bühne* nur selten erwähnt, während das *Buch der Lieder* dominant blieb. In dieser Richtung bewegten sich auch die deutschjüdischen Kritiker wie Richard M. Meyer oder Samuel Lublinski bei ihren Versuchen, Heine in der deutschen Tradition einen Platz anzuweisen.[16] Lublinski zum Beispiel beschreibt Heine als einen Romantiker und geniales Individuum, dessen

14 Der deutschen Forschung, die Heine auf seine Beziehung zur deutschen Tradition und zum deutschen Nationalstaat befragt, entspricht eine innerjüdische Diskussion über seine Stellung zum Judentum, die nicht weniger kontrovers ist. Neben dem liberalen deutschen Judentum, exemplarisch von Gustav vertreten (vgl. Gustav Karpeles: *Heinrich Heine und das Judentum* [Breslau, 1868]), treten um die Jahrhundertwende Versuche auf, Heine für eine national-jüdische Position nutzbar zu machen, etwa bei Moritz Goldstein, oder ihn gar auf eine zionistische Position festzulegen. Was diese Bemühungen gemeinsam haben, ist der Gebrauch des Dichters für verschiedene Varianten jüdischer Identitätspolitik. Wiederum, wenn auch aus entgegengesetzten Perspektiven, bildete sich das Schema Einschluß/Ausschluß heraus. Während Karpeles Heine in das Judentum hineinholen wollte, konnte der junge Scholem Heine in seine jüdische Position nicht einbringen. Zum Komplex der jüdischen Rezeption vgl. Itta Shedletzky: „Zwischen Stolz und Abneigung. Zur Heine-Rezeption in der deutschjüdischen Literaturkritik". In: *Conditio Judaica*. Hg. von Hans Otto Horch und Horst Denkler (Tübingen, 1988), Erster Teil, S. 200–213.

15 Bernd Füllner: *Heinrich Heine in deutschen Literaturgeschichten* (Frankfurt a.M., 1982).

16 Richard M. Meyer: *Die deutsche Literatur des neunzehnten Jahrhunderts* (Berlin, 1910). Bd. 3; Samuel Lublinski: *Literatur und Gesellschaft im neunzehnten Jahrhundert* (Berlin, 1899). Bd. 2.

politisches Engagement unter diesem Gesichtspunkt zu beurteilen ist. Heines romantische Politik bleibt dann letzten Endes immer auf die Person des Dichters bezogen:

> Er sah in unbestimmter, aber phantastisch romantischer Beleuchtung einen neuen Menschheitsfrühling und eine neue Religion heraufziehen. Wir wissen schon, im Grunde dachte er nur an sich und an das geniale Individuum.[17]

Für Lublinski ist jede Position, die Heine einnimmt, im Grunde nur eine Verkleidung – ob er sich nun romantisch oder revolutionär-napoleonisch gibt. Damit erweist sich Heine, ohne daß Lublinski dies explizit macht, als Vorläufer des ästhetizistischen Fin de siècle. Heine wird zu einem Hofmannsthal avant la lettre. Auf diese Weise entschärft sich der Gegensatz von deutscher und nicht-deutscher, jüdischer Identität. Heines konservative Gegner hatten nicht bemerkt, daß für den neu-romantischen Dichter die Position eine Frage des Kostüms ist. Durch eben dieses Argument aber fügt Lublinski Heine schließlich doch in die deutsche Tradition ein: durch seine Mentalität erweist er sich als Erbe der deutschen Romantik. „In Wahrheit aber stammt Heines Künstlerkraft nicht aus Hellas, sondern aus Deutschland, aus der teilweisen Schule Goethes und den besten Überlieferungen der Romantik."[18] Durch seine Doppelstrategie, die Heine einerseits in die Romantik einbezieht und andererseits seine Nähe zum Fin de siècle betont, lost Lublinski das dornige Problem der deutschen Identität Heines.

Der dritte herausragende Diskurs, nämlich der ethnisch-rassistische, hat in der Heine-Kritik eine lange Tradition, die bis in die dreißiger Jahre zurückreicht.[19] Christlich-konservative Stimmen sahen in der jüdischen Emanzipation, die Heine wie auch Börne repräsentierten, eine Gefahr und reagierten mit Diskriminierung.[20] Was die antisemitische Heine-Kritik der Jahrhundertwende von den anti-jüdischen Äußerungen des Vormärz unterscheidet, ist ihre argumentative Begründung und vor allem ihre gesellschaftliche Funktion. Im Kaiserreich wurde der biologisch argumentierende Antisemitismus zu einem wichtigen Faktor des preußischen Systems, von dem auch politische Führer profitierten, die seine Mentalität nicht teilten (etwa Bismarck). Aus diesem Grund erhält die Polemik von Adolf Bartels, der in der akademischen Kritik als krasser Außenseiter keinen guten Ruf genoß, einen besonderen Stellenwert. Bartels verfolgte in seinen Schriften die Ausbürgerung Heines mit einer Radikalität, die in der

17 Lublinski, S. 116.

18 Ebd., S. 124.

19 Dazu Weber, S. 165–215.

20 Siehe Heinrich Heine: *Sämtliche Schriften*. Hg. von Klaus Briegleb (München, 1971). Bd. 4, S. 652–655.

gleichzeitigen wissenschaftlichen Literaturgeschichte nicht möglich gewesen wäre. Für Bartels reduziert sich die Person und das Werk Heinrich Heines auf das Merkmal des Jüdischen. Der Stereotyp des Juden wird zur grundlegenden Kategorie für die Beurteilung Heines. So heißt es:

> Mehr und mehr treten im Laufe seiner Entwicklung auch noch andere charakteristische jüdische Eigenschaften an Heine hervor: die Frivolität, die Rachsucht, endlich die nackte Gemeinheit, der ich jedoch nicht den jüdischen Stempel gebe.[21]

Dadurch daß auch die literarische Produktion für Bartels eine Frage der Rassenzugehörigkeit (Arier) ist, wird jede Apologie Heines (wie er sie bei Lublinski und Wilhelm von Bölsche findet) a priori vergeblich, denn auch das ästhetisch Gelungene bei Heine kann dann nur als ein jüdisches Werk gewürdigt werden. Folglich bleibt zwischen dem Dichter Heine und dem deutschen Volk eine unüberbrückbare Kluft bestehen: „Unser deutsches Volk als solches geht er jedenfalls gar nichts an"[22] argumentiert Bartels angesichts der Standhaftigkeit Heines auf dem Krankenbett. So ist es denn konsequent, wenn Bartels in der Denkmalsfrage dafür eintritt, ein Monument zu errichten, das die Aufschrift tragen soll: „Heinrich Heine, Ihrem großen Dichter und Vorkämpfer, Die deutschen Juden."[23] Daß dieses Urteil sich nicht ausschließlich gegen Heine richtet, sondern systemischen Charakter hat, wird ersichtlich, wenn Bartels die Emanzipation der Juden in Deutschland als den eigentlichen Fehler ansieht und vor allem die Partizipation jüdischer Autoren an der deutschen Kultur zurücknehmen will. Insofern ist Bartels' Polemik nicht nur bösartig (gerade auch dort, wo sie sich großzügig gibt), sondern programmatisch. Der rassistische Diskurs der Jahrhundertwende birgt bereits die Logik des aggressiven Ausschlusses, auch wenn ihr Vertreter zu diesem Zeitpunkt kaum ernst genommen wurde.

Im Vergleich mit den genannten drei Diskursen, die die Heine-Kritik der Jahrhundertwende dominierten, blieb der vierte, nämlich der Diskurs des Klassenkampfes, beschränkt auf das sozialistische Lager. Er war geprägt durch den Anspruch einer grundlegend anderen Orientierung, die nicht nach religiösen, moralischen, ästhetischen oder auch rassischen Gesichtspunkten entscheidet, sondern klassenmäßig differenziert. Aus diesem Grunde beurteilte Franz Mehring den Denkmalsstreit als eine Sache der bürgerlichen Heine-Verehrer, von der die Arbeiterklasse unbetroffen blieb. Die Auseinandersetzung zwischen den konservativen Gegnern des Denkmals und den liberalen Befürwortern (unter die Mehring auch die li-

---

21 Adolf Bartels: *Heinrich Heine auch ein Denkmal* (Dresden und Leipzig, 1906), S. 357–358.

22 Ebd., S. 359.

23 Ebd., S. 375.

berale deutsch-jüdische Presse zählt) stellt einen Scheinkonflikt dar, der von der eigentlichen Frage letztlich nur ablenkte. Das Interesse der Arbeiterbewegung an Heine, so Mehring, zielt auf den Revolutionär Heine.

> Wer aber den Revolutionär Heine verleugnet, der hat kein Recht, mit dem Dichter Heine zu prahlen; wer seinen Bogen zerbricht, darf seine Leier nicht schmucken; wer die zum Leben ringende Welt verdammt, sollte ihren genialen Propheten nicht auf den Schild erheben.[24]

Mehring besteht mit anderen Worten auf der Gebrauchsfunktion des Dichters für das kämpfende Proletariat. Unter diesem Gesichtspunkt steht nicht das *Buch der Lieder* oder der *Romanzero* im Zentrum, sondern der *Atta Troll* und *Deutschland, ein Wintermärchen.* Dieser weltanschaulich geprägte Heine, dessen Nähe zu Hegel (und zu Marx) ihm zugute geschrieben wird, steht den anderen Diskursen ferner, besonders aber dem nationalen Diskurs. Dagegen kann Mehrings Anspruch, die Arbeiterklasse sei der legitime Erbe der bürgerlichen Kultur – einschließlich Heines – als Antwort auf die konservative Literaturgeschichte gelesen werden, die aufgrund ihrer Orientierung an Goethe Heine tendenziell marginalisierte.

III. Die Aktualisierung Heines in der Moderne

Überblickt man Positionierungen der Literaturgeschichte wie auch der akademischen Heine-Kritik im weiteren Sinne, fällt auf, daß sie überwiegend historistisch eingestellt war; sie setzte sich zum Ziel, den Schriftsteller im Zusammenhang vorgegebener Diskurse einzuordnen und zu bewerten. Bemerkenswert ist nun, daß die verschiedenen hier skizzierten Diskurse mit Oppositionsbildungen operierten, aus denen sich Ein- und Ausschlußschemata ableiten. Gemessen wurde Heine innerhalb der Gegensätze: eigene literarische Tradition versus fremde, deutsche Identität versus ausländische, rassisch zugehörig (Arier) versus nicht zugehörig (Juden) und schließlich proletarisch versus bürgerlich. Der „Kampf um Heine", der unter verschiedenen Gesichtspunkten um 1900 geführt wurde, drängte jeweils auf die Entscheidung zu: Sollte und konnte Heine in die kulturelle Gemeinschaft eingemeindet werden oder nicht. Davon blieb die Aktualität Heines weitgehend unberührt, die Frage also, ob ihm innerhalb der gegenwärtigen Literatur Bedeutung zukam, ob, mit anderen Worten, die zeitgenössische literarische und ästhetische Konfiguration auf die Rezeption Heines zurückwirkte. Zwar finden sich bei Lublinski verschiedene Hinweise auf diese Problematik, doch wird die Modernität Heines nicht ausdrücklich hervorgehoben.

---

24 Franz Mehring: „Heine und sein Denkmal". In: *Gesammelte Schriften*. Hg. von Thomas Höhle, Hans Koch und Josef Schleifstein (Berlin, 1961). Bd. 10, S. 482.

Die Debatten für Heines Status im Fin de siècle unter den Vorzeichen von Neuromantik, Impressionismus und Jugendstil fanden weder in der breiten Öffentlichkeit (Tagespresse) noch in den Räumen der Universität statt. Ihr Ort waren vielmehr die literarischen Zirkel der avancierten Literaten und deren Publikationsorgane, wenn sie sich nicht gar auf private Kommunikationen beschränkten wie etwa bei dem frühen Heinrich Mann. Hier erreicht die Diskussion den Punkt, wo zunächst die Kunstmittel voll bewußt und damit radikal thematisiert werden, um dann mit der Avantgarde in das Stadium der Selbstkritik des ästhetischen Projekts einzutreten. Insofern sich in der ästhetisch-kulturellen Diskussion der avancierten Künstler der Schwerpunkt in Richtung auf die Form verschiebt, werden die „Kunstmittel [...] als Kunstmittel in dem Maße verfügbar, wie zugleich die Kategorie Inhalt verkümmert.[25] Für den reflektierten Ästhetizismus mißt sich die Ethik des Künstlers nicht mehr an seiner Weltanschauung oder seinem politischen Engagement, sondern vornehmlich an der Sorgfalt und Genauigkeit im Gebrauch seiner Kunstmittel: Der Dichter wird zum Artisten.[26] Unter diesen Bedingungen verschiebt sich die Sichtweise in bezug auf Heine wie auch das Interesse an seinem Werk. Dort, wo die Moderne sich in Deutschland ihres eigenen Grundes versichern will, um nicht auf den französischen Symbolismus angewiesen zu sein, stößt sie vor allem auf Nietzsche, hinter dessen Werk dann auch der Schatten Heines sichtbar wird. Nietzsches emphatische Stellungnahmen zu Heines Lyrik gelten ihrem Rang in der europäischen literarischen Tradition und der artistischen Radikalität ihres Autors. Hier war die Chance gegeben, Heine für die aktuelle Diskussion jenseits der dominanten Diskurse zu entdekken. Meine These ist, daß diese produktive Entdeckung und Aneignung Heines um 1900 über Ansätze nicht hinausgekommen und letztlich gescheitert ist. Ein Gedicht Hofmannsthals gibt zu erkennen, welche Gründe dieses Scheitern gehabt hat.

Zerriss'nen Tones, überbunter Rede
Verfänglich Blendwerk muß vergessen sein:
Allein den bunten schmerzverzognen Lippen
Entrollte, unverweslicher als Perlen
Und leuchtender, zuweilen ein Gebild:
Das traget am lebendigen Leib, und nie
Verliert es seinen innern feuchten Glanz.[27]

---

25 Peter Bürger: *Theorie der Avantgarde* (Frankfurt a.M., 1974), S. 25.

26 Siehe Theodor W. Adorno: „Der Artist als Statthalter". In: *Noten zur Literatur* (Frankfurt a.M., 1958). Bd. I, S. 173–193.

27 Hugo von Hofmannsthal: „Zu Heinrich Heines Gedächtnis". In: *Sämtliche Werke*. Hg. von Eugene Weber (Frankfurt a.M., 1984). Bd. 1, S. 100.

Hofmannsthals Verse scheiden im Werke Heines Vergängliches und Unvergängliches; zu dem letzteren gehört das vollkommen gelungene ästhetische Gebilde, das sich von seinem problematischen Autor („bunten schmerzverzognen Lippen") restlos abhebt. Im Falle Heines *muß* der Autor geopfert werden, um das ästhetische Gebilde retten zu können. Diese Bewegung entspricht dem modernistischen Zug, Autor und Werk zu trennen, doch enthält diese Separation bei Hofmannsthal eine unüberhörbare Kritik der Person Heines und dessen, was das Gedicht als „überbunte Rede" anspricht, also die journalistische Prosa. Aus der Sicht der Moderne fordert die Rettung der Heineschen Poesie, sofern diese überhaupt möglich ist, die Preisgabe der Prosa als bloßes Feuilleton unter dem Strich. Diese bedenkliche Aufspaltung hat ihren Grund unter anderem in der Aufspaltung der literarischen Öffentlichkeit, aus der die modernen Stilbewegungen hervorgegangen sind. Die Kommerzialisierung der Presse, die sich in der Wilhelminischen Ära sprunghaft erweiterte, machte nicht nur die Information zur Ware, sondern berührte auch den Status der Literaturkritik – sie wurde zum Ausdruck impressionistischer individueller Meinungen.[28] Diese Meinungen erscheinen nicht weniger käuflich als die faktische Information. Von diesem Kontext setzte sich die avancierte Poetik und Ästhetik ab, indem sie sich privatisierte oder auf eine exklusive Teilöffentlichkeit beschränkte. Die Folge war der Rückzug von der öffentlichen Heine-Debatte der Jahrhundertwende, das Schweigen des George-Kreises[29] zum

28 Siehe Russell Berman: „Literaturkritik zwischen Reichsgründung und 1933". In: *Geschichte der deutschen Literaturkritik (1730–1920)*. Hg. von Peter Uwe Hohendahl (Stuttgart, 1985), S. 205–274.

29 Die Stellung des George-Kreises zu Heine hat Friedrich Gundolf 1920 in seiner George-Darstellung klar zum Ausdruck gebracht. Heines Sprache bezeichnet dort den Übergang von authentischer Dichtung (Goethe) zum Journalismus. Obwohl Gundolf Heine Genialität und Wirkung nicht abspricht, hält er sein Werk für eine Gefahr: „Für die deutsche Sprache ist er der verhängnisvolle Erleichterer, Vermischer und Verschieber geworden. Erst seit Heine kann jeder von Dingen reden, die über seinem seelischen Bereich liegen." (Friedrich Gundolf: *George* [Berlin 1920] S. 11) Die Nähe zu Kraus, auch in der Gegenüberstellung von Heine und Goethe, ist nicht zu übersehen. Das Maß der Literatur als Dichtung ist „Sprachschöpfertum." Gundolf konnte sich auf Stefan George berufen, der in der Vorrede zur ersten Ausgabe der Sammlung *Deutsche Dichtung* sich gegen die Nähe von Goethe und Heine verwahrte. „Doch keineswegs darf man ihm [Goethe, P. U. H.] [...] einen anderen beireihen – am wenigsten, wie man leider noch immer tut, Schiller oder Heine, jener der feinste Schöneitslehrer, dieser der erste Tagesschreiber." (*Deutsche Dichtung*, Hg. und eingeleitet von Stefan George und Karl Wolfskehl [Stuttgart 1989] S. 6) Trotz der Herabsetzung nahm George eine Reihe von Heine-Gedichten in die Auswahl auf. Zur Auswahl siehe Edgar Salin: *Um Stefan George. Erinnerung und Zeugnis* (München, 1954), S. 184 f.

Beispiel, oder die Indifferenz Rilkes.[30] Auf der anderen Seite stand der radikale Angriff auf die spätkapitalistische Öffentlichkeit als Kampf gegen die bürgerlich-liberale Presse bei Karl Kraus, ein Kampf, der sich in der Polemik gegen Heine verlängerte. Kraus' Argumente gegen Heine waren, wie wir sehen werden, in der Regel geborgt und abgeschrieben; was seine Polemik von seinen Vorgängern unterschied, war ihre Funktion und ihre Wirkung im 20. Jahrhundert.

Im Hintergrund des modernistischen Gesprächs über Heine steht Nietzsche, und zwar nicht nur durch seine Äußerungen über den Dichter, sondern auch durch seine Ästhetik, die als radikale Kunstmetaphysik in die Moderne hineinwirkt.[31] Während das Urteil des frühen Nietzsche sich durchaus im Rahmen der deutschen Rezeption Heines bewegte, indem er seine Distanz gegenüber Heines Sensualismus hält (in einem Brief an Richard Wagner), kehrte der späte Nietzsche seine Einschätzung Heines resolut um. Aus dem „Farçeur" wird ein Meister der modernen europäischen Lyrik. Hieß es 1876: „Die Wirkung Hegels und Heines. Letzterer zerstört das Gefühl für einheitliche Farbe des Stils und liebt die Hans Wurst Jacke, mit dem buntesten Farbenwechsel,"[32] so vergleicht sich Nietzsche in *Ecce Homo* mit Heine, um seine eigene literarische Herkunft wie seine Besonderheit zu kennzeichnen:

> Den höchsten Begriff vom Lyriker hat mir *Heinrich Heine* gegeben. Ich suche umsonst in allen Reichen der Jahrtausende nach einer gleich süßen und leidenschaftlichen Musik. Er besaß jene göttliche Bösheit, ohne die ich mir das Vollkommene nicht zu denken vermag[33]

Je mehr sich der späte Nietzsche von der offiziellen deutschen Kultur samt ihrem angespannten Patriotismus distanzierte, desto näher rückte er Heinrich Heine, dem Dichter des Pariser Exils. In *Nietzsche contra Wagner* wird dieser Heine dem Deutschen ausdrücklich entzogen, weil er auf die „delicatesses" von Paris eingestellt ist. Namentlich für Heinrich und Thomas Mann wurden solche Stellungnahmen Orientierungspunkte bei der Be-

---

30 Im Falle Rilkes beschränkt sich die Auseinandersetzung mit Heine auf die frühen Jahre. Unter den Jugendgedichten findet sich das Gedicht „Nochmals ‚Heine'" aus dem Jahr 1894, in dem Rilke den Dichter gegen falsche Angriffe verteidigt. (Rainer Maria Rilke: *Sämtliche Werke*. Hg. von Ernst Zinn [Frankfurt a.M., 1955]. Bd. 3, S. 433.) Zum Einfluß siehe Alexander Schweickert: *Heinrich Heines Einflüsse auf die deutsche Lyrik 1830–1900*, (Bonn, 1969), S. 218–223.

31 Dazu Steven E. Aschheim: *The Nietzsche Legacy in Germany 1890–1930* (Berkeley, 1992), S. 51–84.

32 Nietzsche: *Kritische Studienausgabe*. Bd. 7, S. 595.

33 Ebd., Bd. 6, S. 286.

stimmung des eigenen Standorts. Die Aneignung Heines wurde zu einer Frage des Stils und der künstlerischen Haltung.

Wenn der frühe Nietzsche trotz seines negativen Urteils für seine Rechtfertigung der Welt durch den ästhetischen Schein seine Bausteine von Heine borgte und später das Interesse an Maskierung und Parodie von Heine übernahm,[34] dann ergibt sich eine Figur, die in der kritischen Kommunikation über Heine nur selten erkannt und erreicht wird, am ehesten noch bei Thomas Mann. Die Betonung des Heineschen Stils, des artistischen Moments seiner Sprache kehrt dagegen als ein Leitmotiv der kritischen Rezeption wieder – ob in positiver oder in negativer Form.

Die positive Variante finden wir zum Beispiel bei Carl Bleibtreu, die negative tritt uns bei Karl Kraus entgegen, dessen Essay sich als systematische Abhandlung versteht. Bleibtreu konzipierte bezeichnenderweise seinen öffentlichen Eingriff als Apologie Heines gegen die sich mehrenden Angriffe. Doch diese Apologie verteidigte den genialen Schriftsteller, nicht den kritischen Intellektuellen und Kämpfer, den Wilhelm Bölsche noch enthusiastisch gefeiert hatte. Bleibtreu verschiebt den Akzent dort, wo er von Heines Genie spricht, auf den Ironiker und den Kosmopoliten in Paris, den die Gegenwart nicht versteht. Charakteristisch ist nun, daß Bleibtreu im *Buch der Lieder* zwischen den „Klaviergedichten", das heißt populären, dem zeitgenössischen Geschmack entsprechenden Gedichten und anspruchsvollen Versgebilden unterscheiden will. Die Absicht einer strengen Auslese ist Index für die verschärften Aussprüche an die lyrische Sprache, mit der der Ästhetizismus den exakten Gebrauch der Kunstmittel reflektiert. Was Johannes Weber als den Kulturaristokratismus Bleibtreus benennt, der in den Aporien einer bürgerlichen Bohème gefangen bleibt,[35] stellt sich im diskursiven Feld als Versuch dar, Heine durch das Insistieren auf artistische Strenge zu aktualisieren. Die Logik der ästhetischen Moderne führt zu solcher „Einseitigkeit", die Heines Werk ausschließlich an seiner ästhetischen Selbstreflexion mißt.

Aus diesem Grunde war, wie sowohl Bölsche als auch Bleibtreu bemerkten, Karl Kraus' Eingriff von so großer Bedeutung, denn Kraus scheint prima facie modernistische Kriterien zu benutzen, um Heine den Zugang in den Bereich der Kunst zu verwehren. In dieser Weise jedenfalls ist das Kraussche Verdikt von Walter Benjamin und Theodor W. Adorno gelesen worden, für die das Werk Heines außerhalb der Modernen Tradition zu stehen schien. Noch in Adornos Essay „Die Wunde Heine" (1956) zum Beispiel haben sich Kraus' Argumente eingeschlichen. Recht zu geben ist daher Paul Peters, wenn er konstatiert, daß erst die Stellungnahme von Kraus gegen Heine dem diffamierenden Urteil den Anschein von ge-

34 Dazu Sander Gilman: *Nietzschean Parody* (Bonn, 1976), S. 57–76.

35 Siehe Weber, S. 125.

rechtfertigter Kritik gab, die nicht durch politische oder gar rassistische Gesichtspunkte getrübt war. Kraus legitimierte die Herabsetzung ästhetisch.[36] Daß dabei im Falle des Polemikers Kraus in der antisemitischen Zuspitzung seiner Argumente jüdischer Selbsthaß eine Rolle spielte, wie Peters hervorhebt, ist schwerlich zu bestreiten, im Kontext unserer Argumentation jedoch nur am Rande zu erwähnen. Die entscheidende Frage ist vielmehr: auf welche Weise gelang es Kraus, durch seinen Aufsatz „Heine und die Folgen“, 1910 in der *Fackel* veröffentlicht, die deutsche Avantgarde so nachhaltig zu beeinflussen? Der Hinweis auf die durch Goethe vertretene deutsche Tradition, der aus der konservativen Heine-Kritik vertraut ist, kann die Nachfolge kaum erklären. Die durch Goethes Namen suggerierte dichterische Norm erreicht ihre prägende wie auch diffamierende Kraft erst innerhalb eines Argumentationsmusters, in dem die deutsche Sprache als Gefäß des Poetischen zur Diskussion steht. Die Zukunft der deutschen Literatur ist in dem Angriff auf Heine immer mitgedacht. Die deutsche Avantgarde wird entsprechend den Essay als Rettung der avancierten Literatur lesen, eben der Werke, die nicht von einem korrumpierten Literaturbetrieb erreicht werden dürfen. Am Feuilleton, dem kulturellen Kommunikationsmittel der Tagespresse, wie es zuerst in Frankreich entwickelt wurde, demonstriert Kraus die Gefahr der Presse und ihrer Öffentlichkeit für die Literatur:

> Der große sprachschwindlerische Trick, der sich in Deutschland viel besser lohnt als die größte sprachschöpferische Leistung, wirkt fort durch die Zeitungsgeschlechter und schafft aller Welt, welcher Lektüre ein Zeitvertreib ist, den angenehmsten Vorwand, der Literatur auszuweichen.[37]

Für diese Korruption des Geistes wird Heine von Kraus verantwortlich gemacht, da dessen Zeitungsberichte aus Paris sich an die Zweiteilung von Poesie und Fakten nicht halten und damit „der deutschen Sprache so sehr das Mieder gelockert hat, daß heute alle Kommis an ihren Brüsten fingern können.“[38] Indem Kraus, ohne sich mit Heines kritischer Prosa auch nur für einen Augenblick zu beschäftigen, diesen auf das Niveau eines Wiener Reporters gebracht hat, fällt es nicht schwer, ihn aus dem Bereich der Dichtung, also des Geistes auszuschließen. Der Journalist erscheint als derjenige, der erst die Literatur ausraubt und dann das Geraubte als Dichtung verkauft.

---

36 Paul Peters: *Heinrich Heine ‚Dichterjude‘: Die Geschichte einer Schmähung* (Frankfurt a.M., 1990), S. 131.

37 Karl Kraus: *Schriften*. Hg. von Christian Wagenknecht (Frankfurt a.M., 1989). Bd. 4, S. 188.

38 Ebd., S. 190.

Da der Begriff einer strengen Dichtung im Mittelpunkt von Kraus' Polemik steht, muß sich der Angriff in gleichem Maße auf Heines Lyrik erstrecken. Dessen lyrische Sprache erfordert den Vergleich mit der deutschen Tradition, vor allem mit Goethe. Erneut benutzt Kraus die Scheidung zwischen dem populären Geschmack und einer strengeren Norm, um Heine herabzusetzen. „Man ist nicht kritisch, sondern pietätvoll, wenn man Heine liebt."[39] Auch in diesem Fall kennzeichnet der Begriff der Stimmung, die angeblich von Heines Gedichten ausgeht, das Maß der ästhetischen Korruption, die Übereinstimmung mit dem Geschmack der Philister. Diese antibürgerliche Wendung sollte ihren Eindruck auf die Avantgarde nicht verfehlen, die das überkommene Argument gegen Heines lyrische Sprache (ihre Glätte) als Teil eines radikalen Programms las. Die Trennung von Fakten und Poesie, an der Ästhetik der Klassik gewonnen, wird von Kraus zeitgemäß umfunktioniert, indem er Heines Lyrik durch ihre Massenwirkung zu entlarven versucht.

Kraus scheint sich der potentiellen Folgen seines Angriffs bewußt gewesen zu sein. Das wird unter anderem deutlich an den Stellen, wo er sich auf Nietzsche und dessen emphatisches Eintreten für Heine bezieht. Er schiebt dieses Urteil als Hass gegen Deutschland beiseite, um einer Auseinandersetzung aus dem Wege zu gehen. Nietzsches Radikalität, von der unter anderem Kraus' Kulturkritik zehrt, war unmöglich mit der Heine unterstellten Massenwirkung in eins zu setzen. Was Kraus von Nietzsche trennt, ist der feste Glaube an die Genieästhetik der Goethezeit: „Alles Geschaffene bleibt, wie es da war, eh es geschaffen wurde. Der Künstler holt es als ein Fertiges vom Himmel herunter. Die Ewigkeit ist ohne Anfang."[40] Da Kraus die Geschichtlichkeit von Kunstproduktion leugnet, kann er Heine an Normen messen, die dieser kritisiert und hinter sich gelassen hatte.

Die expressionistische Avantgarde hat sich an Kraus' Urteil gehalten, denn es bestätigte den eigenen Anspruch, den Abstand vom bürgerlichen Literaturbetrieb zu vergrößern. Die Folge war, daß Heine in der Diskussion der Moderne eine umstrittene Rolle spielte. Von den Ausnahmen wird noch zu reden sein.[41] Und schließlich ist die Ebene des kritischen Diskurses zu trennen von der aktuellen Wirkung der Heineschen Lyrik, wie

---

39 Ebd., S. 194.

40 Ebd., S. 202.

41 Im Zusammenhang der anarchistisch-revolutionären Kulturpolitik der von Franz Pfemfert herausgegebenen Zeitschrift *Die Aktion* (1911–1932) war Heine als Satiriker ein willkommener Bundesgenosse. Dazu Ursula Walburga Baumeister: *Die Aktion 1911–1932. Publizistische Opposition und literarischer Aktionismus der Zeitschrift im restriktiven Kontext* (Erlangen, 1996), S. 128–140.

wir sie zum Beispiel bei Gottfried Benn finden.[42] Benn knüpfte noch in den zwanziger Jahren an Heines Ironie an. Bezeichnend für die diskursive Auseinandersetzung mit Heine sind dagegen die Veröffentlichungen, in der Zeitschrift *Der Sturm* (1910–1932), die von Herwarth Walden redigiert wurde. Diese Aufsätze und Miszellen standen offensichtlich unter dem Eindruck von Karl Kraus, auf dessen Heine-Aufsatz man sich bezog. Dem Herausgeber der *Fackel* folgend ist die Heine-Rezeption der Zeitschrift durchgehend negativ akzentuiert. Zu keiner Zeit betrachten die Mitarbeiter des *Sturm* Heine als einen Autor, der gegen die Aneignung durch die bürgerliche Posse und Kulturkritik in Schutz genommen werden muß.[43] Obgleich sich *Der Sturm* nachdrücklich von den rassistischen Angriffen auf Heine trennte, fanden Walden und seine Mitarbeiter in ihrer Konzeption der literarischen Tradition für Heine keinen Platz, denn auch hier standen die Heine-Epigonen im Wege. Wie bei Kraus wird Heine für sie verantwortlich gemacht, ohne die Frage aufzuwerfen, ob die unterstellte Kausalität kritisch zu begründen ist. Die Vorwürfe von Walden und Joseph Adler wiederholten in der Hauptsache die Krausschen Argumente der Glattheit und Seichtigkeit, der Imitierbarkeit und der Massenwirkung. In der forcierten Abrechnung mit der vorexpressionistischen Poesie (es war Walden, der den Ausdruck Expressionismus prägte) erhielt die Kritik Heines einen wichtigen Stellenwert, nicht nur in der ersten Phase (1911–1912), sondern auch in der zweiten (1916–1920), in der für Walden die Artikulation seiner Wortkunsttheorie im Vordergrund stand. In ihr wurde die Abrechnung mit Heine zum integralen Teil der Opposition gegen vorexpressionistische bürgerliche Wortkunst. Damit ging Hand in Hand eine Ablösung von dem Vorbild Goethe, das *Der Sturm* in seinen frühen Jahrgängen aufgestellt hatte. Die Entwicklung einer konsequenten avantgardistischen Literaturtheorie verschob die Bewertungsakzente insofern, als nunmehr die mit der von Kraus vertraute Opposition Goethe-Heine ihre Bedeutung verlor; sie leitete jedoch keine erneute Auseinandersetzung mit Heine ein, die die proto-modernen Züge Heines hervorgehoben hätte.

IV. Heinrich und Thomas Mann

Es blieb zwei Vertretern der Moderne, nämlich Heinrich und Thomas Mann, vorbehalten, Heinrich Heine in ihr Verständnis der eigenen literarischen Produktion und damit auch in die Bestimmung der Moderne ein-

42 Siehe Hugh Ridley: *Gottfried Benn. Schriftsteller zwischen Erneuerung und Reaktion* (Opladen, 1990), S. 73 f.

43 Volker Pirsich: „Die Rezeption Goethes, Heines und Kleists in der Zeitschrift *Der Sturm*". In: *Heine Jahrbuch* Hg. von Heinrich-Heine-Gesellschaft (Hamburg, 1988) Bd. 27, S. 155.

zubeziehen. Doch vollzog sich diese Auseinandersetzung mit dem großen Ironiker vornehmlich im privaten Bereich, in Gesprächen und Briefen, in kleinen Notizen. Das gilt vor allem für den frühen Heinrich Mann, dessen Auseinandersetzung mit Heine wir aus seinem Briefwechsel mit Ludwig Ewers rekonstruieren müssen.[44] Doch auch bei dem jüngeren Bruder fehlt der große bekennende Essay, der seinen Wagner-Aufsätzen an die Seite gestellt werden kann. Wie zentral gleichwohl die Auseinandersetzung mit dem Werk Heines war, hat Volkmar Hansen in seiner sorgfältigen, bis in die feinsten Adern des Dialogs gehenden Untersuchung vorgeführt.[45] Obgleich Heine in den *Betrachtungen eines Unpolitischen* nicht neben Wagner, Schopenhauer und Nietzsche unter den Leitfiguren des Dichters genannt wird, gehörte er zu ihnen. Für Thomas Mann war der ironische Psychologe Heine integraler Bestandteil der eigenen Produktionsbedingungen.

Bei allen Gemeinsamkeiten der literarisch-philosophischen Konstellation am Anfang ihrer schriftstellerischen Lautbahn und gewissen Parallelen in der Rezeption Heines, hatte dieser Autor im Aufbau ihrer intellektuellen Welt eine unterschiedliche Funktion. Während Thomas die um 1900 verbreitete Entpolitisierung Heines teilte und auch während des Ersten Weltkrieges nicht änderte, veränderte die Wendung zum politischen Schriftsteller bei Heinrich auch die Einstellung zu Heine.[46] Doch geht aus den Ewers-Briefen hervor, daß die aktivistische Literaturkonzeption sich unter Berufung auf Heine bereits in den 1890er Jahren vorbereitete. So heißt es in einem Brief vom 25. März 1890:

> Denn die Ideale der Menschheit bestehen nicht in romantischer Schöngeisterei und ästhetischem Teegebäck, sondern in der Befreiung des Menschengeistes von den Fesseln, in die ihn besonders klerikale Tyrannei schlägt.[47]

Mit Grund will Frithjof Trapp hier eine Anspielung auf Heine sehen.[48] Daß der junge Heinrich Mann von Heine beeinflußt war und ihn in seinen eigenen frühen Gedichten imitierte, ist bekannt. Doch diese Nachfolge ist von der Forschung in der Regel als eine vormoderne Phase der Epigonalität bewertet worden, von der sich Mann lösen mußte, um die literarischen Standards seiner Zeit zu erreichen. Mit dieser Einstellung hat sich die Kri-

---

44 Heinrich Mann: *Briefe an Ludwig Ewers 1895–1913*. Hg. von Ulrich Dietzel und Rosemarie Eggert (Berlin, 1980).

45 Volkmar Hansen: *Thomas Manns Heine-Rezeption* (Hamburg, 1975).

46 Frithjof Trapp: „Realismus nach dem Modell Heines. Zur Genese der gesellschaftskritischen Konzeption der ‚Schönen Literatur' beim jungen Heinrich Mann". In: *Heinrich-Mann-Jahrbuch*. Hg. von Helmut Koopmann und Peter-Paul Schneider (Lübeck, 1983). Bd. 1, S. 1–24.

47 Heinrich Mann: *Briefe*, S. 90.

48 Trapp, S. 7.

tik indes den Zugang zu der kritischen Aneignung Heines durch den jungen Heinrich Mann verstellt. Im Unterschied zu der Mehrheit der zeitgenössischen Heine-Verehrer besaß Mann einen klaren Blick für die enge Beziehung zwischen Artistik und Gesellschaftskritik im Werke Heines, im Gegensatz zu seinem Bruder Thomas, für den Heine vor allem als Weltpsychologe in Betracht kam. Dieser Gesichtspunkt fehlt allerdings auch bei Heinrich Mann nicht. Unter dem Einfluß von Georg Brandes' Heine-Kapitel in *Die Literatur des 19. Jahrhunderts in ihren Hauptströmungen* notierte er 1892 die Modernität, das heißt psychologische Komplexität Heines.[49] Damit situierte sich der junge Heinrich Mann auf der liberalen Seite der Modernismusdiskussion, in welcher der Zusammenhang mit der Aufklärung nicht abgekappt ist. Spezifischer fungiert Heine als Gegengewicht zum zeitgenössischen Naturalismus Zolascher Prägung, dem Heinrich Mann, in Übereinstimmung mit den avancierten literarischen Bewegungen seiner Zeit, einen ästhetischen Idealismus entgegenstellt, wie er ihn in der intellektualisierten Lyrik Heines zu finden glaubt. Daß sich Heine diese Position mit Geibel teilen muß,[50] läßt allerdings erkennen, daß der Unterschied zwischen epigonaler Spätromantik und Heines Stil nicht mit letzter Deutlichkeit erkannt ist. Zu einem spezifisch modernen Muster kommt es bei Heinrich Manns Heine-Rezeption erst durch das Hinzutreten von Nietzsche und dem Ästhetizismus eines Bourget,[51] denn in dieser Konstellation wird das gesellschaftskritische Moment artistisch umformuliert, wobei das Werk Heines, namentlich die kritische Prosa, zur Begründung herangezogen werden kann – auch dort, wo sie nicht ausdrücklich zitiert wird. So schwingen auch in *Geist und Tat* (1910) die Erinnerungen an Heines Vorbild Voltaire sowie sein gespanntes Verhältnis zu Goethe mit, freilich mit einer Zuspitzung, in der sich Heine nicht unbedingt wiedererkannt hatte.

Damit ist gleichzeitig der Punkt angegeben, wo Thomas Manns Auseinandersetzung mit Heine sich der Konzeption des älteren Bruders entgegenstellte, vor allem in den *Betrachtungen,* wo Heine der Vereinahmung durch den „Zivilisationsliteraten" entrissen werden mußte. Heinrich Heine wurde der Partei der Kultur zugeschlagen. Daß der Dichter nur sechsmal und mehr beiläufig in der Schrift erwähnt wird, bedeutet nicht, wie Hansen mit Recht hervorhebt, daß Heine „in der Polemik gegen den Zivilisationsliteraten nicht wenig repräsentiert" ist.[52] Schwerlich war zu

49 Heinrich Mann: *Briefe*, S. 7.

50 Ebd., S. 45.

51 Siehe Klaus Schröter: *Anfänge Heinrich Manns* (Stuttgart, 1965); Renate Werner: *Skeptizismus, Ästhetizismus, Aktivismus. Der frühe Heinrich Mann* (Düsseldorf, 1972).

52 Siehe Hansen: *Thomas Manns Heine-Rezeption* (Hamburg, 1975), S. 175.

übersehen, daß der engagierte politische Schriftsteller (Heinrich Mann) sich auf Heine im Pariser Exil berufen konnte. Doch auch in dieser Situation blieb Heine für Thomas Mann der Gewährsmann für die Entfaltung einer nationalistischen Position, welche ihre Topoi vor allem von der Börne-Denkschrift borgte. Sogar der Angriff auf den Zivilisationsliteraten Heinrich Mann, der sich selbst in der Nachfolge Heines sieht, beruft sich auf Heine. Die Scheu des Zivilisationsliteraten, nach Paris zu gehen, deutet Thomas Mann im Anschluß an Heine als die Angst vor der Desillusionierung der französischen Idee angesichts der Alltagswirklichkeit.[53] Dazu kommentiert Hansen: „Auch hier hat das Börne-Buch Pate gestanden, wie der Einschub ‚Neun Jahre später' im Anschluß an die Helgoländer Briefe des zweiten Buches zeigt".[54] Indes sind die dem Werk Heines entnommenen Details so montiert, daß sich ihre Bedeutung wie ihre Funktion verschiebt. Die deutsch-nationale Aneignung muß manches auslassen oder verschweigen, was dem frühen Thomas Mann wichtig war. Unter anderem müssen die *Betrachtungen* Heine und Kant auseinanderhalten. Wo Heine in dem deutschen Philosophen eine revolutionäre Kraft erblickt hatte, will Thomas Mann den Sprecher preußisch-staatlicher Pflichterfüllung erkennen und damit eine Stütze für die deutsche Nation.

Die Heine-Lektüre der *Betrachtungen* scheint im ganzen eher einen Rückfall darzustellen gegenüber der modernistischen Position der Jahrhundertwende, denn diese war gerade darauf angelegt, den Moralismus und Nationalismus der akademischen Heine-Kritik zugunsten einer literarisch-artistischen Einstellung abzuwerten. Die Notiz „Heinrich Heine, der ‚Gute'" aus dem Jahr 1908 ist in ihrer Argumentation gegen den ‚guten Menschen' Heine ohne den zeitgenössischen Kontext heute kaum noch verständlich. Der Versuch, Heines Charakter gegen die konservativen Angriffe zu verteidigen – so typisch für den moderaten Liberalismus der Wilhelminischen Ära – irritiert Thomas Mann aufgrund seiner Konventionalität, die er emphatisch in Frage stellt. Heine ist weder, so suggeriert Mann durch die Negation, im gewöhnlichen Sinne moralisch noch patriotisch. Die Gegenposition ist am ehesten mit den Begriffen Artist und Kosmopolit umschrieben. Daß dieses Votum für die Überlegenheit der ästhetischen Einstellung nicht bruchlos aufgeht, wäre indes unschwer zu zeigen. Denn dort, wo Thomas Mann sich zum französischen Kulturbereich in Beziehung setzt, bekennt er sich mit dem frühen Nietzsche zur ethischen Luft: „Protestantische, moralische, puritanische Neigungen sitzen mir, wer weiß woher, im Blute."[55] Diesen Gegensatz vermag der frühe Thomas Mann in

53 Thomas Mann: *Betrachtungen eines Unpolitischen* (Berlin, 1919), S. 581.

54 Hansen, S. 179.

55 Thomas Mann: *Miszellen, Das essayistische Werk*. Hg. von Hans Bürgin (Frankfurt a.M., 1986), S. 11.

der Zeit des *Fiorenza*-Dramas aus Heine abzuleiten, namentlich aus der Börne-Denkschrift, in der Heine den Typus des Hellenen dem vergeistigten, asketischen Nazarenertypus entgegenstellt. Es ist hier nicht der Ort, um die komplexe Intertextualität, bei der auch die Vermittlung Nietzsches noch zu berücksichtigen wäre, im einzelnen zu verfolgen;[56] wichtiger ist festzustellen, daß Thomas Manns vielschichtige Heine-Rezeption gerade auch die Problematik der ästhetischen Position in den Vordergrund rückt und sie im Kunstwerk (zum Beispiel *Fiorenza*) darstellbar macht. Insofern ist Thomas Manns modernistische Aneignung Heines nicht nur als gebrochen zu beschreiben, sondern sie stellt ein Reflexionsniveau dar, auf dem die typische Verengung der ästhetizistischen Heine-Rezeption wieder aufgehoben wird. Wie prekär dieses Modell war, erwies sich im Ersten Weltkrieg, als Thomas Mann sich angesichts der Politisierung der Kunst auf einen konservativen Kulturnationalismus festlegte. Am nächsten kam Thomas Mann dem Vorbild Heine vor dem Ersten Weltkrieg dort, wo er auf der kritischen Intellektualität des Schriftstellers bestand und sich gegen die Unterscheidung zwischen dem Literaten und dem eigentlichen Dichter zur Wehr setzte, denn dieses Hervorheben des kritischen Elements beschreibt das, was er von Heinrich Heine lernte.

So sehr sich die Wege der Brüder Mann nach 1900 trennten, und schließlich der Gegensatz ihrer Positionen zum öffentlichen Streit führte, so verdankten beide ihrer Auseinandersetzung mit Heines Schriften zunächst eine reflektierte Bestimmung der modernistischen Position wie schließlich auch ihrer Problematisierung. Daß der Ästhetizismus, also die vollkommene Beherrschung der Kunstmittel und die Verweigerung jedes Bezugs zur sozialen Wirklichkeit, eine Sackgasse darstellte, war um 1910 bereits absehbar.[57] Für die expressionistische Avantgarde war der Ästhetizismus schon eine zu überwindende Phase. Man kann von einer Selbstkritik der Institution Kunst sprechen, in der der ästhetische Diskurs als ganzes zur Diskussion gestellt wird, also die Möglichkeit und Funktion von Kunst in Frage gestellt wird. An dieser Bruchstelle bietet sich der Rückgriff auf Heine an, denn dieser setzte sich mit einer früheren Bruchstelle im ästhetisch-literarischen Diskurs auseinander, nämlich dem Ende der Kunstperiode. Daß Heine diese Situation nicht nur erkannte, sondern auch für sein eigenes Werk die Konsequenzen daraus zog, macht seine Modernität aus, die um 1900 in Analogie als Reflexionshilfe dienen konnte. Weder in der allgemeinen Öffentlichkeit, die sich erneut mit der Frage des Denkmals auseinandersetzte, noch in der Literaturgeschichte, die mit der Einordnung des Dichters in die deutsche literarische Tradition

---

56 Hansen, S. 120 f.

57 Siehe Samuel Lublinski: *Der Ausgang der Moderne. Ein Buch der Opposition* (Dresden, 1909).

beschäftigt war, nahm man diese Möglichkeit wahr. Aus diesem Grunde berührten sich die öffentliche Diskussion der Presse und der akademische Diskurs nur selten mit dem Gespräch der avancierten Literaten. Doch auch innerhalb dieser Gruppe wurde die ästhetische Diskussion nur begrenzt aufgegriffen, denn Karl Kraus' Heine-Essay blockierte sie nachhaltig, wie das Beispiel des Sturm-Kreises zeigt. Indem Kraus, sich auf die Moral berufend, Heines Position an den ästhetischen Produktionsbedingungen der Goethezeit maß, verkannte er den Wert von Heines Position für die eigene Zeit. Er lastete die Kommerzialisierung der Sprache dem Autor an, der sie in der deutschen Tradition zuerst bemerkte und sie in seine Produktion kritisch einbezog. Diese Strategie hatte für den deutschen Modernismus Folgen, die bis zu Benjamin und Adorno zu erkennen sind. Auch auf Anregung von dritter Seite konnte sich Benjamin nicht entschließen, Heines Pariser Schriften in sein Passagenprojekt einzubeziehen und hielt sich statt dessen an Baudelaire, während Adorno bei dem Versuch, Heines Lyrik zu würdigen, noch 1956 in Krausschen Urteilen befangen blieb und erst auf dem Umweg über den Begriff der generellen Heimatlosigkeit Zugang zu den Gedichten fand.

So bedurfte es nach dem Zweiten Weltkrieg eines neuen Anlaufs, um Heines Relevanz für die literarische Moderne kritisch zu erkennen. Wiederum waren es die Schriftsteller, die die Führung übernahmen. Heißenbüttels Essay „Materialismus und Phantasmagorie" im Gedicht aus dem Jahr 1970 sei als ein Beispiel genannt. Es kennzeichnet diesen neuen Beginn, daß er sich von der Diskussion der Jahrhundertwende resolut distanziert. Karl Kraus' Polemik wird souverän beiseite geschoben, doch auch an Thomas Mann knüpft Heißenbüttel nicht an, wie er überhaupt das Gegenpathos der „um 1900 geistig Verantwortlichen" eher ironisiert; vielmehr bezieht er sich auf die innovative Technik der Heineschen Prosa:

> Gegen die überlieferte Vorstellung von dichterischem und literarischem Reden setzte sich bei ihm immer mehr etwas durch, dessen Anregungen bis heute nicht erschöpft sind. Dabei sind Prosa und Lyrik, literarische und journalistische Prosa weniger voneinander zu trennen als bei irgendeinem anderen Autor.[58]

Offensichtlich geht es Heißenbüttel weder um das vollendete Kunstgebilde des Ästhetizismus noch um Artistik jenseits der Moral. Im Zentrum steht dagegen ein alternatives Literaturkonzept, das den traditionellen Poesiebegriff in Frage stellt. Das zeitgemäße Wort dafür ist „Dokumentation". Gemeint ist damit freilich mehr als das, was der Begriff

---

58 Helmut Heißenbüttel: „Materialismus und Phantasmagorie im Gedicht". In: *Zur Tradition der Moderne. Aufsätze und Anmerkungen 1964–1071* (Neuwied und Berlin, 1972), S. 56–69; Zitat S. 62.

der Dokumentationsliteratur der sechziger Jahre beinhaltete. Als aktuelle Aufgabe des Lernens von Heine schwebt Heißenbüttel ein durchaus komplexer und gebrochener Umgang mit sozialer Wirklichkeit vor, ein Umgang, der mit der zeitgenössischen Sprache beginnt und den phantasmagorischen Charakter dieser Wirklichkeit offenlegt. Heine wird damit für ein Programm in Anspruch genommen, das Benjamin im Anschluß an Karl Marx ausführen wollte: Ware und Verdinglichung als poetischer Gegenstand. In diesem Projekt fallen Besinnung auf die literarische Tradition und aktueller Gebrauch zusammen.

11. Adorno als Leser Heines

Als Theodor W. Adorno im Jahr 1956 einen Vortrag über Heine hielt, war dessen Status in der deutschen literarischen Tradition keineswegs gesichert. Zwar war in der Literaturwissenschaft der DDR die Bereitschaft zu erkennen, Heine zu den kanonischen Autoren der deutschen Literatur zu zählen, doch die westdeutsche Einstellung blieb durch eine Strategie der Zurückhaltung und Vorbehalte gekennzeichnet, die mehr oder weniger unbewußt die Repression der Jahre 1933 bis 1945 fortsetzte.[1] Obgleich es nunmehr durchaus legitim war, sich über Heine zu äußern, galt das Hauptinteresse der wissenschaftlichen Kritik in den frühen Jahren der Bundesrepublik der Weimarer Klassik und möglicherweise der Romantik, doch sicher nicht Heinrich Heine und dem Jungen Deutschland. Daher hatte Adorno Grund, seinen Vortrag, der später in der Zeitschrift *Texte und Zeichen* veröffentlicht wurde, den Titel „Die Wunde Heine" zu geben.[2]

1956 über Heine sprechen, hieß, über einen jüdischen Autor sprechen, über einen Autor, der die deutsche Sprache als sein poetisches Medium gewählt hatte und auch nach seiner Übersiedelung nach Paris an dieser Entscheidung festhielt, und schließlich über einen Autor, der sich im Unterschied zu den meisten seiner Zeitgenossen die politische Repression im post-Napoleonischen Deutschland offen kritisierte. Adorno war sich bewußt, daß sein Vortrag sich mit einem Autor beschäftigte, der nicht ohne weiteres mit der Vorstellung von einem deutschen Dichter zu vereinbaren war. Heine war nicht Eichendorff, auch wenn die Gedichte beider Dichter von deutschen Komponisten des neunzehnten Jahrhunderts vielfach vertont worden waren.

Adornos Verteidigung Heines muß als Antwort auf eine Situation verstanden werden, in der die Anomalie der Repression des Heineschen Werks als normal verstanden wurde, es ist eine Apologie, die sich dem Problem offen stellen will, indem sie den Verband von der Wunde löst, um diese als nicht verheilt sichtbar zu machen. Doch auf eine vertrackte und hintergründige Weise teilt dieser Versuch, den Status Heines in Deutsch-

1 Zur kulturellen Situation nach 1945 Jost Hermand: *Kultur im Wiederaufbau. Die Bundesrepublik 1945–1965* (München, 1986).

2 Theodor W. Adorno: „Die Wunde Heine". In: Adorno: *Noten zur Literatur I* (Frankfurt am Main, 1958), S. 144–152. Im folgenden wird der Aufsatz mit Seitenangabe im Text zitiert.

land wiederherzustellen, einige der Probleme, die er lösen möchte. Adornos Essay rechterfertigt ausdrücklich gewisse Aspekte und Teile von Heines Oeuvre, um andere dagegen in Zweifel zu ziehen. Zu den für Adorno problematischen Seiten von Heines Person und Werk gehören einmal Heines jüdischer kultureller Hintergrund und insbesondere Heines Umgang mit der deutschen Sprache. Wenn er auf Heines Lyrik zu sprechen kommt, kann Adorno nicht verbergen, daß er Vorbehalte hat.

Wie erklären wir uns diesen Widerstand? Warum zögert Adorno, die Kraft und die Qualität von Heines Lyrik anzuerkennen? Denn Adorno, selbst deutsch-jüdischer Herkunft, steht dem chauvinistischen kulturellen Milieu, in dem jüdische Autoren automatisch aus dem Reich der deutschen Kultur ausgeschlossen werden, sehr fern. Es ist daran zu erinnern, daß Adorno nach seiner Rückkehr nach Deutschland aus dem amerikanischen Exil, es als eine seiner wichtigsten Aufgaben ansah, die kritische Diskussion über das Weiterleben des deutschen Antisemitismus nach dem Krieg voranzutreiben. Folglich sind seine Vorbehalte nicht zu verwechseln mit der Indifferenz konservativer deutscher Intellektueller oder der nicht mehr offen artikulierbaren Feindseligkeit unbelehrbarer Nationalisten.

Adorno beschäftigt sich nicht mit expliziten und groben Formen des gegen Heine gewandten Antisemitismus, wie wir sie in der Polemik von Adolf Bartels und ähnlicher rechtsradikaler Kritiker finden. Statt dessen bezieht er sich zu Beginn des Essays auf die Kritik des George-Kreises und die Einwände von Karl Kraus. Während Adorno bereit ist, den Widerstand des George-Kreises als Ausdruck eines Kulturnationalismus beiseite zu schieben, nimmt er das negative Urteil von Karl Kraus durchaus ernst. Kraus zufolge war es Heines Gebrauch der deutschen Sprache, der ihre Reinheit kompromittierte.[3] Heine, so Kraus, kommerzialisierte die Sprache Goethes, indem er den Stil des Feuilletons in die deutsche Literatur einführte. Dieser zentrale Einwand ist auch für Adorno von Bedeutung; die Korruption der deutschen Literatursprache ist für Adorno ebenfalls eine ernste Bedrohung, wenn auch aus anderen Gründen. In seiner Analyse des deutschen Faschismus spielten linguistische Aspekte eine wichtige Rolle. So berührten sich Kraus' Einspruch gegen das Feuilleton und die Kommerzialisierung der Sprache bei Heine mit Adornos eigener Erfahrung der deutschen Sprache unter dem Faschismus. Für Adorno bleibt die Idee der Authentizität der dichterischen Sprache wesentlich, besonders nach dem Holocaust.

Adorno läßt keinen Zweifel daran, daß er Heines kritische Prosa als exzeptionell und gelungen einschätzt. Adorno preist nicht nur die polemische Kraft von Heines kritischen Eingriffen, sondern auch die Subtilität der Prosa. „Diese Prosa erschöpft sich nicht in der Fähigkeit bewußter

3 Karl Kraus: *Heine und die Folgen* (München, 1919).

sprachlicher Pointierung, einer in Deutschland überaus seltenen, von keiner Servilität gehemmten polemischen Kraft" (145). Ein volles Jahrzehnt bevor junge Wissenschaftler in Westdeutschland die Bedeutung dieser Prosa als Moment einer kritischen literarischen Tradition entdeckten, bestand Adorno auf der aufklärerischen Tradition in Heines Werk und hob dessen subversiven Charakter hervor, die Eigenart, sich leichten Zuordnungen zu widersetzen. Adornos Zweifel betreffen Heines Lyrik. „Die Wunde jedoch ist Heines Lyrik ... Heines Gedichte waren prompte Mittler zwischen der Kunst und der sinnverlassenen Alltäglichkeit. Die Erlebnisse, die sie verarbeiteten, wurden ihnen unter der Hand, wie dem Feuilletonisten, zu Rohstoffen, über die sich schreiben läßt" (146 f). Adorno wählt für Heines lyrische Sprache das Wort „präpariert" (147), also eingepaßt und funktional. Diese Kritik läßt keinen Zweifel an dem historischen Kontext von Heines Schaffen: „Ware und Tausch bemächtigen sich in Heine des Lauts" (147). Es ist nicht die geschichtliche Situation als solche, gegen die Adorno Einspruch erhebt, sondern er beklagt Heines vorgeblicher Mangel an Widerstand gegen die sich ausbreitende Kulturindustrie, Heines scheinbare Bereitschaft, mit dem von der Romantik überlieferten sprachlichen Material weiter zu arbeiten. Im Unterschied zu Baudelaire, Adornos ästhetischem Paradigma für die Moderne, gelang es Heine nicht, den eingetretenen Verlust der Tradition in „Traum und Bild" zu übersetzen. Heine, so Adorno, reproduzierte eine bereits verdinglichte lyrische Sprache und versagte vor der Aufgabe, sie aufzubrechen und zu verwandeln.

In dem bisher vorgestellten Teil des Essays benutzt Adorno offensichtlich Argumente, die bereits in der *Dialektik der Aufklärung* gebraucht wurden. Man könnte daher Heine als einen Vorläufer der Kulturindustrie ansehen. Doch erweist sich Adornos Argument im ganzen als entschieden komplexer und zwiespältiger. Adorno zufolge ist Heine sowohl ein verspäteter Romantiker, dessen Lyrik sich noch auf den Begriff der ästhetischen Autonomie verläßt, als auch ein Aufklärer, der in seinen kritischen Schriften offen den verdinglichten Charakter von zeitgenössischer Kunst und Literatur anspricht. In dem Maße, als Heines Lyrik selbstreflektiert ist, imitiert und parodiert sie die romantische Dichtung gleichermaßen – dies eine Form der Selbstkritik, die Heines Feinde, unter ihnen Karl Kraus, ihm besonders zum Vorwurf gemacht haben. Adorno suggeriert deshalb, daß die Wut des konservativen Kritikers das Gefühl seiner tatsächlich eingetretenen, durch die sozialen Bedingungen verursachten Erniedrigung gegen den Autor wendet. Ihm wird angelastet, was dieser an der Realität abliest.

An dieser Stelle haben wir das Zentrum von Adornos Argument erreicht. Heines Lyrik erzeugt im Leser Unbehagen, weil sie auf das hinweist, was in der Emanzipation des Menschen nicht gelungen ist, denn der Prozeß der Modernisierung ist nicht in der Lage, die authentische poetische Sprache zu bewahren. Doch eben eine solche authentische Sprache wäre notwendig, um wahre Emanzipation auszudrücken. Folglich setzen Heines Mangel an authentischer Sprache und seine Nähe zur Sprache der bloßen gesellschaftlichen Kommunikation ihn der antisemitischen Polemik aus. Heine, der jüdische Außenseiter, der für Adorno außerhalb „heimatlicher Geborgenheit in der Sprache“ (148) stand, versucht den Nachteil zu seinen Gunsten zu wenden, indem er das sprachliche Material der älteren (romantischen) Generation borgte. Das Ergebnis ist mit den Worten Adornos „das glatte sprachliche Gefüge“ (149), ein Symptom der poetischen Verdinglichung. „Die assimilatorische Sprache ist die von mißlungener Identifikation.“ (149). In Adornos Diskurs verschränken sich also sprachliche Verdinglichung, jüdische Marginalität und eine dadurch evozierte antisemitischen Polemik. Die deutschen Antisemiten fanden in Heines Lyrik ihr bevorzugtes Objekt des Hasses, weil diese Lyrik die Gewalt der Modernisierung zur Sprache bringt, die sie fürchten und daher entschlossen verleugnen. Diese Polemik ist freilich nicht, so Adorno, ohne ein Moment von Wahrheit, sie trifft die Inauthentizität der Heineschen Sprache. Doch gleichzeitig ist eben dieser Mangel im dialektischen Verhältnis der Grund, weshalb Heines Lyrik schließlich ästhetisch erfolgreich sein kann. Sie kann sich behaupten, indem sie ihre eigene Schwäche benutzt, das heißt, indem sie auf ihren eigenen „Bruch“ (150) verweist.

Dieser vielleicht unerwartete Schluß unterstreicht die Komplexität des Adornoschen Beweisführung. Einerseits nimmt Adorno an, daß Heines Texte selbstreflektiert sind und daher auch selbstkritisch gegenüber ihrem eigenen Ursprung. Doch ist damit nicht alles gesagt. Worauf Adorno den Finger legen möchte, ist die radikal veränderte Lage des zeitgenössischen Lesers. Nach dem Zweiten Weltkrieg ist ein Gedicht wie „Mein Herz, mein Herz ist traurig“ nicht ohne das Bewußtsein des Holocausts zu lesen:

Mein Herz, mein Herz ist traurig;
Doch lustig leuchtet der Mai;
Ich stehe, gelehnt an der Linde
Hoch auf der alten Bastei.

Da drunten fließt der blaue
Stadtgraben in stiller Ruh;
Ein Knabe fährt im Kahne,
Und angelt und pfeift dazu.

Jenseits erheben sich freundlich,
In winziger, bunter Gestalt,
Lusthäuser, und Gärten, und Menschen,
Und Ochsen, und Wiesen, und Wald.

Die Mägde bleichen Wäsche,
Und springen im Gras herum:
Das Mühlrad stäubt Diamanten,
Ich höre sein fernes Gesumm.

Am alten grauen Turme
Ein Schilderhäuschen steht;
Ein rotgeröckter Bursche
Dort auf und nieder geht.

Er spielt mit seiner Flinte,
Die funkelt im Sonnenrot,
Er präsentiert und schultert –
Ich wollt, er schösse mich tot. (1, 108–109)

Der intertextuelle Bezugspunkt wäre eher Celans *Todesfuge* als ein Gedicht von Eichendorff. Für Adorno liegt die radikal veränderte Bedeutung dieses Gedichts in seiner Aufladung durch den Holocaust als das die Menschheit grundlegend verwandelnde Ereignis. Vorweggenommen wurde diese Transformation, so Adorno, in Mahlers Vertonung des Gedichts. Das Stigma der verdinglichten Sprache wird nunmehr zur Signatur vollkommener Entfremdung, einer Entfremdung, die weit über den inhaltlich-thematischen Bezug hinausgeht. Adornos extreme Lektüre des Gedichts widerruft die Idee der Heimat als dem Raum des Zuhauseseins, den das Gedicht als das Fehlende, Abwesende evoziert. „Heute, nachdem das Schicksal, das Heine fühlte, buchstäblich sich erfüllte, ist aber zugleich die Heimatlosigkeit die aller geworden; alle sind in Wesen und Sprache beschädigt, wie der Ausgestoßene es war" (151f.). Die Anspielung auf die Schrecken des Zweiten Weltkriegs und insbesondere den Holocaust ist nicht zu übersehen.

Widerstrebend nur, wie wir gesehen haben – gleichsam durch die Hintertür – nimmt Adorno Heine in den Kanon der deutschen Literatur auf und weist ihm einen Platz neben Goethe, Eichendorff, Mörike, Nietzsche und George zu. Seine Vorbehalte beruhen auf der Idee der authentischen poetischen Sprache, wie sie sich in Goethes Gedichten und denjenigen der Romantiker ausspricht. In dem Essay „Rede über Lyrik und Gesellschaft," der fast gleichzeitig entstand, macht Adorno deutlich, daß sein Begriff der Lyrik sich auf die europäische Neuzeit beschränkt und mittelalterliche Gedichte wie die Lieder Walters von der Vogelweide nicht einschließt. Unter Verweis auf Goethes „Wanderers Nachtlied" stellt sich für Adorno die Vollendung eines Gedichts als die vollständige sprachliche Transformation der Subjektivität dar, wo diese Subjektivität „zum Einstand mit der Sprache selber kommt, dem, wohin diese von sich aus möchte".[4] Die poetische Sprache ist niemals Instrument, vielmehr begreift Adorno sie als eine Konfiguration von Wörtern, in der die pragmatische Funktion der Sprache als

4 Adorno: „Rede über Lyrik und Gesellschaft". In: Adorno: *Noten zur Literatur I*, S. 73–104, hier S. 85. Im folgenden wird dieser Aufsatz im Text mit der Seitenangabe zitiert.

Mittel der Kommunikation überwunden wird, so daß sie befähigt wird, den Bruch zwischen dem Subjekt und der entfremdeten Welt zu artikulieren.

Diesen Begriff der poetischen Sprache kann Adorno mit Erfolg auf Autoren wie Mörike und George anwenden, dagegen kaum auf Heine, dessen lyrische Texte auf die Trivialisierung der romantischen Lyrik bereits antworten, genauer gesprochen, auf den Widerspruch zwischen der Konventionalisierung der romantischen Sprache und dem Entstehen der modernen Gesellschaft. Im Unterschied zu konservativen Interpreten, die den romantischen Lyrikbegriff absolut setzten, steht Adorno dieser Veränderung keineswegs blind gegenüber. Baudelaire zum Beispiel versteht Adorno als eine Mischung von Racine (Klassizismus) und Reporter. So schreibt er: „In der industriellen Gesellschaft wird die lyrische Idee der sich wiederherstellenden Unmittelbarkeit, wofern sie nicht ohnmächtig romantisch Vergangenes beschwört, immer mehr zu einem jäh Aufblitzenden, in dem das Mögliche die eigene Unmöglichkeit überfliegt“ (97). Es bleibt erstaunlich, daß Adorno diese Einsicht nicht auf Heine übertragen will oder kann. Er bleibt gegenüber Heines Modernität, die mit seiner jüdischen Herkunft auf komplizierte Weise verwoben ist, blind, weil er den romantischen Charakter der Heineschen Lyrik hervorhebt, ohne sich darauf einzulassen, in welcher Weise Heine mit dem romantischen Erbe umgeht. Er übersieht mit anderen Worten die Umfunktionierung. Folglich bleibt der Bruch, Heines komplexe Auseinandersetzung mit dem überlieferten sprachlichen Material, nahezu unsichtbar. Adornos Widerstand ist um so bemerkenswerter, als er in einem anderen Essay darauf besteht, daß Eichendorff als ein post-romantischer Dichter zu gelten hat, dessen Gedichte Baudelaire näherstehen als Brentano oder Novalis.[5] Folglich drängt sich die Frage auf: Was ist das Element, durch das sich Eichendorff von Heine unterscheidet. Adorno glaubt zu erkennen, daß Eichendorffs Lyrik das Subjekt auslöscht. Die Rede ist von einer Selbstauslöschung des Subjekts. Eichendorffs Verhältnis zur romantischen Tradition besteht Adorno zufolge darin, daß er die verdinglichte, konventionalisierte romantische Sprache durchbricht, indem das lyrische Subjekt sich selbst preisgibt und dadurch „die Versöhnung mit den Dingen durch die Sprache“ (125) erreicht.

Offensichtlich reagierte Heine auf eben diese historische Situation, die Konventionalisierung der romantischen Sprache, anders als Eichendorff. Wo dieser das Subjekt zur Selbstpreisgabe zwingt, verstärkt Heine die Position des Subjekts. Nachdrücklich verweist Heine auf den Bruch zwischen Ich und Welt, der nach Adorno das konstitutive Merkmal posttraditionelle Lyrik ist. Während Adorno Heines Bekenntnis zur intellektu-

---

5 Adorno: „Zum Gedächtnis Eichendorffs“. In: Adorno: *Noten zur Literatur I*, S. 105–143.

ellen Unabhängigkeit bewundert, scheint er beunruhigt oder irritiert zu sein durch das unverschleierte Erscheinen eines poetischen Idioms, das nicht mehr durch eine unbefragte kollektive Sprache abgesichert ist. Dies ist der Ort, wo Heines jüdische Identität plötzlich eine wichtige Rolle spielt. Für Adorno gehören der Mangel einer authentischen poetischen Sprache, gesellschaftliche Moderne und jüdische Identität als Momente von Heines Lyrik eng zusammen. Aus ihnen ergibt sich eine hoch problematische Konfiguration, die die spätere Katastrophe der deutsch-jüdischen Symbiose antizipiert.[6]

Die wenigen Bemerkungen, die sich in Adornos Essay über Heines jüdische Herkunft finden, zum Beispiel der Hinweis, daß seine Mutter angeblich die deutsche Hochsprache nie vollständig beherrschte, geben uns keinen tieferen Einblick in Adornos Vertrautheit mit Heines Biographie, nicht zu reden von der Bedeutung, die die jüdische Frage für Heines Leben und Werk hatte.[7] Seiner Darstellung ist zu entnehmen, daß er vor allem an zwei Aspekten interessiert war – Heines sozialer Marginalität und dem Verhältnis von Jiddisch und Deutsch in Heines Schriften.[8] Dagegen finden wir bei Adorno keine Spur der religiösen Problematik, also der Entscheidung Heines, sich taufen zu lassen, oder seiner späteren Entscheidung, zum jüdischen Glauben „zurückzukehren." Da Adorno sich selbst nicht als religiös versteht, bleibt in seiner Einschätzung auch die Natur der Heineschen Religiosität im Hintergrund. Heines komplexe Beziehung zur jüdischen Tradition, seine Affinität wie auch sein Widerstand gegen diese Tradition, kommen bei Adorno nur als ein abwesender Raum in den Blick, von dem aus Heine sich auf den Bereich der deutschen Kultur zubewegte. So sehr Adorno die Idee einer deutschen Nationalkultur als eines positiven Werts in Frage stellte, so wenig befragte er den Wert der jüdischen Emanzipation im 19. Jahrhundert und den damit verbundenen Zusammenbruch traditioneller jüdischer Kultur. In dieser Hinsicht steht Adorno Hannah Arendts These nahe, daß für Heine ein uneingeschränkter Begriff von Freiheit das eigentliche Zentrum seines Schreibens darstellte.[9] Dagegen unterscheiden sie sich in der Einschätzung von Heines Sprache. Wie eignete sich Heine die deutsche Sprache an? Während Arendt Heines Symbiose aus Deutsch, Jiddisch und Hebräisch als eine Bereicherung der

---

6 Zum historischen Kontext sei verwiesen auf Sander L. Gilman: *Jewish Self-Hatred. Antisemitism and the Hidden Language of the Jews* (Baltimore und London, 1986), S. 167–187.

7 Siehe L. Rosenthal: *Heinrich Heine als Jude* (Frankfurt am Main, 1973); H. Kirchner: *Heinrich Heine und das Judentum* (Bonn, 1973); R. L. Jabobi: *Heinrich Heines jüdisches Erbe* (Bonn, 1978).

8 Die Frage wird ausführlicher behandelt bei Jeffrey Sammons: *Heinrich Heine. A Modern Biography* (Princeton, 1979), S. 35–42.

9 Hannah Arendt: *Die verborgene Tradition* (Frankfurt am Main, 1976), S. 52.

deutschen Sprache feiert, lehnt Adorno, deutlich unter dem Eindruck von Karl Kraus' Idee sprachlicher Reinheit, die Vorstellung einer Vereinigung dieser heterogenen Elemente als mélange ab.

Adorno entgeht offensichtlich, daß Heine im Gebrauch der deutschen Sprache keinesfalls naiv war, sondern sich der eigenen Sonderstellung durchaus bewußt blieb. Gerade weil er sozial und rechtlich ein Außenseiter war, reagierte er im Hinblick auf seinen Status innerhalb der deutschen literarischen Tradition reflektiert aber auch empfindlich im Hinblick auf die Möglichkeit, Elemente der jüdischen Tradition in die deutsche Dichtung einzubringen.[10] Für Heine ist bereits deutlich erkennbar, daß die Sprache der Weimarer Klassik aus historischen Gründen nicht mehr erreichbar ist. Die deutsche Sprache ist für ihn ein in der Geschichte sich entwickelndes System, an dem er empfangend und gebend beteiligt ist. Sein Verständnis der Geschichte der deutschen Sprache von Luther bis zu Goethe und den Romantikern hebt das produktive Element hervor, die Möglichkeit, durch Sprache die Welt nicht nur auszudrücken, sondern auch zu bewegen. Heines Konzeption operiert offenkundig nicht mit dem Gegensatz von Reinheit und Kontamination, vielmehr vertritt Heine ein Modell, das sich auf verschiedene sprachliche Traditionen beziehen kann, um sie zu integrieren. In dieser Hinsicht war Heine ein bewußter und entschiedener Antiklassizist. Das Moment der Ausbreitung und Kommunikation ist nicht nur für seine kritische Prosa wesentlich, sondern beeinflußt auch seinen Begriff von Lyrik. Ironie und Parodie werden eingesetzt, um die bereits institutionalisierte ästhetische Autonomie (das Reich der Kunst) zu unterlaufen. Dies gilt besonders für Heines späte Lyrik, zum Beispiel für die „Hebräischen Melodien." Heines Versuch, die Welt des Orients, wie sie sich im Alten Testament oder in den Texten des Mittelalters spiegelt, seinen deutschen und europäischen Lesern vorzustellen, bleibt hochgradig ambivalent, sich der jüdischen Tradition nähernd und sich gleichzeitig von ihr distanzierend – eine spielerische Ernsthaftigkeit, die gelegentlich ans Blasphemische grenzt. Nicht zufällig wurde der *Romanzero* von der österreichischen und preußischen Regierung gleich nach der Publikation wegen seines „unsittlichen Inhalts" der Zensur unterworfen.[11] Die Gedichte unterlaufen mit voller Absicht die Erwartungen einer in sich geschlossenen religiösen Welt, indem sie Stilelemente miteinander in Berührung bringen, die als inkompatibel angesehen wurden. Die scheinbar konventionelle Form dieser Gedichte täuscht den unaufmerksamen Leser, denn die Ein-

10 Dazu die ausführliche Behandlung bei Siegfried S. Prawer: *Heine's Jewish Comedy. A Study of his Portraits of Jews and Judaism* (Oxford, 1983).

11 Gerhard Sauder: „Blasphemisch-religiöse Körperwelt. Heinrich Heines ‚Hebräische Melodien'". In: *Heinrich Heine. Artistik und Engagement*. Hg. von Wolfgang Kuttenkeuler (Tübingen, 1977), S. 140.

fachheit erweist sich als hintergründig. Heines Sprache in den „Hebräischen Melodien“ verletzt absichtlich jede Vorstellung poetischer Reinheit, da in der historischen Konstellation des neunzehnten Jahrhunderts der Versuch authentischer Rekonstruktion der Vergangenheit durch die Nachahmung ihrer sprachlichen Formen auf einen Rückfall in ein vormodernes Dogma hinausläuft. Somit ist Heine nicht, wie Adorno es fordert „in der Sprache“.

Doch der Begriff einer literarischen Tradition, die als Heimat dienen kann, ist nicht ohne Probleme. In seinen Essays über Goethe und Eichendorff zeigt Adorno zweifellos ein Bewußtsein von der Dialektik des Traditionsbegriffs. Die poetische Modernität, die Adorno bei Eichendorff findet und bei Heine vermißt, tilgt den Begriff der Tradition als eine vormoderne Kategorie. Unverkennbar reflektiert Heines Umgang mit der Vergangenheit, seine sprachliche Annäherung an Texte und Personen, seinen bewußten Widerstand gegen jede Form naiver Aneignung. Doch ist nicht zu übersehen, daß Adorno Heines Beziehung zur kulturellen Tradition nicht würdigt. Er engt die Lyrik Heines ein auf einen Begriff spätromantischer Dichtung, die den notwendigen Grad kritischer Formgebung nicht ganz erreicht. Im Unterschied zu Mörike und George, um zwei Beispiele aus dem Essay „Rede über Lyrik und Gesellschaft“ zu erwähnen, zeigt Heine in den Augen Adornos nicht den ästhetisch-historischen Takt der sprachlichen Meidung, die der post-romantischen Epoche angemessen sei. Statt dessen besteht er darauf, seine eigene Modernität wie diejenige seiner Leser anzusprechen, indem er das kulturelle Erbe durch ironische Brechung zugleich evoziert und distanziert. Die „glatte Fügung“, die Adorno in Heines Lyrik anstößig findet und als Symptom sprachlicher Verdinglichung verwirft, hat ihn getäuscht, denn er hat sie wörtlich genommen und nicht als artistisches Kalkül erkannt.

Es wäre allerdings zu einfach, zu schließen, daß Adorno schlicht nicht in der Lage war, den Charakter von Heines Lyrik zu verstehen, möglicherweise, weil seine eigene Lektüre zu stark durch die musikalische Rezeption des 19. Jahrhunderts beeinflußt wurde, die Heines Dichtung als die Verkörperung romantischer Gefühlstiefe verstand. Die überraschende Wendung am Schluß des Essays, wenn Adorno Heines Lyrik mit dem Zweiten Weltkrieg und dem Holocaust in Verbindung bringt, legt eine andere Deutung nahe. Im Kontext der Gegenwart werden Heines Schicksal als Außenseiter sowie die Bindung an die (nachgeahmte) lyrische Sprache der Romantik zum Zeichen für eine universale Bedingung menschlicher Heimatlosigkeit. Dadurch aber wird Heine unerwartet zur repräsentativen Gestalt der Moderne schlechthin.

Die These, das Schicksal der Juden sei repräsentativ für das Schicksal der Menschheit, tritt uns bereits 1947 in Adornos Schriften entgegen, zum Beispiel in der *Dialektik der Aufklärung* im Zusammenhang der Diskussion über Faschismus und Antisemitismus.[12] In der *Dialektik der Aufklärung* liegt der Nachdruck auf der dialektischen Beziehung von Aufklärung und Herrschaft, eine Beziehung, die das liberale Judentum des 19. Jahrhunderts nicht erkennen konnte und wollte, da es sich auf das Modell der Assimilierung verließ. Überdies verbindet der Text den modernen Antisemitismus mit der Entwicklung des Kapitalismus und definiert Antisemitismus als die Suche nach einem Opfer im Falle einer ökonomischen und gesellschaftlichen Krise. Die Schuld an der notwendigen Ausbeutung im kapitalistischen Regime wird den Juden zugeschoben, da sie in der Sphäre der Zirkulation besonders sichtbar sind. Als Adorno im Jahr 1955 auf die Frage des deutschen Faschismus und seines Antisemitismus zurückkam, hatte sich der Rahmen der öffentlichen Diskussion bereits verändert. Nach der Entdeckung der Vernichtungslager 1945 wurden sowohl der Faschismus in seiner nationalsozialistischen Ausprägung wie auch der Antisemitismus zu spezifisch deutschen Problemen, Fragen der deutschen Geschichte und Kultur, die allerdings in der Phase der westdeutschen Rekonstruktion weitgehend verdrängt wurden. Adornos Essay „Was bedeutet: Aufarbeitung der Vergangenheit?" (1955) spielt nicht nur auf den halboffiziellen Ausdruck der Aufarbeitung an, sondern stellt auch die Frage warum die Ermordung der Juden nach dem Krieg in Deutschland verdrängt wurde. Seine Antwort bezieht sich erneut auf die psychologischen und ökonomischen Argumente, die die Frankfurter Schule während des Zweiten Weltkriegs im amerikanischen Exil entwickelte.[13]

Adornos pädagogisches Programm aus dem Jahr 1955 beruft sich ausdrücklich auf den Begriff der Aufklärung, und zwar verstanden als Kraft, das Bewußtsein des Tätervolkes durch psychoanalytische und gesellschaftliche Theorien zu verändern. Dabei hebt Adorno hervor, daß das Versagen der (amerikanischen) Re-education-Programme nicht nur oder nicht einmal in erster Linie eine Frage ungenügender Bewußtseinsveränderung war. Er weist darauf hin, daß es nicht weniger das Fortbestehen der identischen objektiven gesellschaftlichen Grundbedingungen ist, das den Faschismus am Leben hält und die Möglichkeit der Wiederkehr einschließt. „Daß der Faschismus nachlebt, … rührt daher, daß die objektiven gesellschaftlichen Voraussetzungen fortbestehen, die den Faschismus zeitigten".[14] Dieses Urteil beschränkt sich keineswegs auf die ökonomischen Faktoren, also die Restitution des Kapitalismus in Westdeutschland. Das Ziel von Adornos Bemerkungen ist vielmehr das Fortbestehen der Kul-

12 Max Horkheimer und Theodor W. Adorno: *Dialektik der Aufklärung* (Frankfurt a.M., 1969), S. 177–217.

13 Dazu Martin Jay: *The Dialectical Imagination* (Boston und Toronto, 1973), S. 143–172; Rolf Wiggershaus: *Die Frankfurter Schule* (München, 1986), S. 314–326.

turindustrie und ihrer Macht, die Bemühungen des Individuums in Deutschland, „die schmerzliche Anstrengung der Erkenntnis."[15] zu erzielen, zu vereiteln, weil der Einzelne erneut einem starken Anpassungsdruck ausgesetzt ist. Die tatsächliche Machtlosigkeit des Individuums, so Adorno, verhindert mit Notwendigkeit den Prozeß der kritischen Reflexion.

Der Antisemitismus hat, wie Adorno mit Recht unterstreicht, wenig mit Juden zu tun, seine Mechanismen beruhen nicht auf realer Erfahrung im Umgang mit den Opfern sondern im Gegenteil auf dem Ausschluß aller realen Erfahrung. Zur gleichen Zeit jedoch spricht Adorno die Vermutung aus, daß in der Tat eine Verbindung besteht zwischen Heines Judentum und dem Fehlen einer authentischen lyrischen Sprache, daß es also eine reale Differenz zwischen einem deutschen Dichter und einem jüdisch-deutschen Schriftsteller gibt. Offensichtlich sind diese beiden Einstellungen nicht kompatibel. Das psychologische Modell des Rassismus als einer Logik, in der das Opfer jeweils durch ein anderes ersetzt werden kann, setzt voraus, daß es so etwas wie einen eigentlichen jüdischen Charakter nicht geben kann. Der „jüdische Charakter", seine stipulierte Andersartigkeit, ist die Erfindung des Rassisten. Heines sprachlicher Mangel, die Art, wie er in der deutschen Sprache nicht ganz zu Hause ist, erscheint in Adornos Diskurs als etwas Reales, nämlich als ein spezifisch jüdischer Mangel, der nur dann überwundern werden kann, wenn er gleichsam zur Bedingung des menschlichen Daseins geworden ist, d.h. nach dem Zweiten Weltkrieg und dem Holocaust.

Wenn Adorno über Heine schreibt, verwickelt er sich in Widersprüche, die er nicht logisch auflösen kann. Der Glaube, daß es eine authentische poetische Sprache gibt, die dem Dichter mitgegeben wird, enthält den gegensätzlichen Begriff der inauthentischen Sprache und folglich das kritische Argument, daß die Sprache des Schriftstellers auch inauthentisch und deshalb weniger wahr sein kann. Im allgemeinen gebraucht Adorno dieses Gegensatzpaar, um die Geschichtlichkeit des sprachlichen Materials hervorzuheben und damit die Notwendigkeit, daß die lyrische Sprache auf negative Selektion angewiesen ist, um wahr zu bleiben, denn das konventionelle Idiom signalisiert Verdinglichung und Unwahrheit. Im Zusammenhang des Heine-Essays jedoch bezieht sich die Kritik der geborgten Sprache auf den Unterschied zwischen Deutsch und Jiddisch. Unter diesen Bedingungen verändert sich die Bedeutung des Arguments, indes nicht vollständig. Nirgendwo behauptet Adorno, daß Jiddisch, vorgeblich

14 Adorno: „Was bedeutet: Aufarbeitung der Vergangenheit?". In Adorno: *Eingriffe. Neun kritische Modelle* (Frankfurt am Main, 1963), S. 125–146, Zitat S. 139.

15 Adorno: *Eingriffe*, S. 139.

die Sprache von Heines Mutter, schlecht oder minderwertig sei, aber er läßt durchblicken, daß derjenige, der einen solchen sprachlichen Hintergrund hat, größere Schwierigkeiten haben wird, ganz in der deutschen Sprache heimisch zu werden, wenn er an dieser Aufgabe nicht sogar scheitern muß.

Doch diese Vorstellung eines „natürlichen" Zugangs zur deutschen Dichtersprache ist aus zwei Gründen unhaltbar. Im deutschen Fall, besonders während des 18. und frühen 19. Jahrhunderts, ist die deutsche Hochsprache ein fast künstliches Gebilde, eine Sprache, die nicht zu Hause gesprochen wurde, sondern in öffentlichen Zusammenhängen benutzt wurde.[16] Diese Sprache kann auch der Dichter nur durch schulische Ausbildung erwerben. Dies gilt nicht weniger für Hölderlin und Eichendorff als für Heine. Sie alle beginnen mit dem lokalen Dialekt und dem regionalen Idiom, die sich deutlich von der Literatursprache unterscheiden. Da Adorno die Geschichtlichkeit der deutschen Literatursprache nicht eigens reflektiert, überschätzt er den Unterschied zwischen Heine und Autoren wie Goethe oder Novalis. Sprachtheoretisch gesehen beruht die Annahme eines „natürlichen" Zugangs zu einer poetische Sprache für denjenigen, der Deutsch als Muttersprache spricht, auf der problematischen Voraussetzung, daß Sprache als reiner poetischer Ausdruck in dem Wesen des seine Muttersprache sprechenden Menschen begründet ist, der dann, sozusagen von selbst, in seiner Sprache immer schon zu Hause ist, während auf der anderen Seite diejenigen, die das Deutsche als eine Fremdsprache erlernen, oder diejenigen, die in einem lokalen oder regionalen Idiom des Deutschen aufgewachsen sind, ausgeschlossen bleiben.

In diesem Zusammenhang ist kein Platz für eine ausführlichere Deutung von Adornos Sprachverständnis, es ist jedoch nicht zu übersehen, daß Adornos Begriff der Authentizität zu durchaus problematischen Folgerungen führen kann.[17] Es ist nicht nur das Argument, Heines lyrische Sprache sei aus zweiter Hand, das als irritierend anzusehen ist, in noch höherem Maße wirkt die von Adorno hergestellte Verbindung zwischen Heines Stil und seiner jüdischen Herkunft bedrohlich.

Wenn Adorno sich dem Phänomen des Antisemitismus zuwendet, läßt er keinen Zweifel daran, daß er nicht an jüdische Eigenschaften an sich glaubt, folglich gibt es wohl Jiddisch, aber kein Judendeutsch. In seiner Heine-Interpretation hingegen entfernt er sich von dieser Einstellung. Es stellt sich dann die Frage: warum? Bei näherem Hinsehen erweist sich, daß Adornos Idee einer authentischen deutschen Sprache hochgradig ambiva-

16 Zur Entwicklung der deutschen Literatursprache siehe Eric Blackall: *The Emergence of German as a Literary Language 1700–1775* (London, 1959).

17 Ansätze zu einer solchen Deutung finden sich bei Hohendahl: *Prismatic Thought. Theodor W. Adorno* (Lincoln und London, 1995), S. 217–242.

lent bleibt. Sein eigener Stil ist bekannt für seine Komplexität, die die deutsche Syntax bis an ihre Grenzen forciert. Seine Prosa ist zudem durchsetzt von Fremdwörtern (meist aus dem Französischen), ein Element, das er in einem eigenen Essay emphatisch verteidigt hat. Aus der Sicht deutscher Sprachpuristen könnte sein Stil als Beispiel für ein „französelndes" Deutsch dienen, wie es dem jüdischen Intellektuellen zugeschrieben wird. Adorno war zweifellos mit diesem Diskurs und seiner möglichen Anwendung auf die eigene Prosa vertraut. Sein kleiner Essay „Wörter aus der Fremde" kann unter anderem als Auseinandersetzung seiner eigenen Verwundbarkeit gelesen werden.[18] Was heißt es, in den fünfziger Jahren eine Prosa zu schreiben, die dem durchschnittlichen deutschen Leser als fremd, undeutsch, möglicherweise jüdisch erscheint. Doch seine Bestimmung der authentischen lyrischen Sprache transzendiert die Idee der rhetorischen Eleganz, sowohl derjenigen Heines als auch der eigenen.

Im Unterschied zu Heine beansprucht Adorno freilich nicht die Rolle des lyrischen Dichters. Somit ist er nicht direkt mit dem Heine zugeschriebenen Problem des Übergangs von einer künstlichen/kompromittierten zu einer authentischen Sprache konfrontiert. Es ist interessant zu beobachten, daß Adorno Lukács' Anspruch, der Essay sei ein Kunstwerk, zurückweist. Statt dessen unterstreicht er die rhetorischen Qualität des Essays: dieser steht in der Mitte zwischen der rigorosen Beweisführung der Philosophie oder Wissenschaft und dem reinen Ausdruck der Poesie, er stellt also eine problematische Form dar, die unter dem Druck der Kulturindustrie leicht zusammenbrechen kann. So ist der moderne Essay nie ganz außerhalb der Reichweite des Feuilletons angesiedelt – eine Form der journalistischen Kritik, die seit dem 19. Jahrhundert nicht selten mit der Figur des jüdischen Intellektuellen verbunden ist. Auf der anderen Seite ist für Adorno der Essay die Form des kritischen Eingriffs schlechthin, gerade weil er „unrein" ist, d.h. nicht logisch, sondern rhetorisch argumentiert.

So stellt sich heraus, daß Adorno, wenn er sich mit Heines Sprache auseinandersetzt, weit mehr betroffen ist, als es den Anschein hat. Die zunächst angesetzte Unterscheidung zwischen kommerzialisierter und reiner Poesie bricht schließlich zusammen, wenn Adorno zu dem Schluß kommt, daß Heines Gedichte nur durch das offene Vorzeigen des Bruchs und des Mangels gelingen: „Mißlingen schlägt um ins Gelungene" (150). Doch eben diese dialektische Bewegung gilt gleichermaßen für den Essay, dessen Wahrheit bei Adorno durch seine (im systematischen Sinn) Unwahrheit vermittelt ist,[19] also durch seinen Mangel an wissenschaftlicher Gründlichkeit und seinen proteischen Charakter. So verweist das Ende

---

18 Adorno, „Wörter aus der Fremde". In Adorno: *Noten zur Literatur II* (Frankfurt a. M., 1961), S. 110–130.

19 Adorno: „Der Essay als Form". In Adorno*: Noten zur Literatur I*, S. 9–49.

von Adornos Heine-Essay auf ein Dilemma, aber auch auf seine Auflösung, eine Auflösung, die nicht nur Heine als Lyriker rettet, sondern auch Adorno als Essayisten, Flüchtling und Überlebenden des Holocaust in diese Rettung einschließt.

12. Epilog: Überlegungen zu einer zukünftigen Heine-Kritik

Die gegenwärige Lage der Heine-Kritik entzieht sich einer klaren und eindeutigen Bestimmung. Im Vergleich zu den siebziger und achtziger Jahren ist gelegentlich sogar von einer Stagnation die Rede. Angesichts der Vielfalt der Stimmen fällt es dem Beobachter schwer, eine oder auch mehrere dominierende Tendenzen zu erkennen. Für diese Unübersichtlichkeit gibt es mehrere Gründe. Zum einen hat der unerwartete Erfolg der kritischen Heine-Forschung, d.h. die allgemeine Anerkennung des Dichters, der Arbeit ein wichtiges Motiv entzogen, nämlich das der Rechtfertigung des eigenen Gegenstands. Heine bedarf heute offenkundig keiner Verteidigung mehr. Zum anderen hat sich der sozio-kulturelle Kontext, nicht nur in Deutschland, seit 1990 so einschneidend gewandelt, daß die älteren Parameter der Heine-Forschung, die Art der zugelassenen Fragen und vorgezeichneten Aufgaben, ihre Geltung weitgehend verloren haben. Um es konkreter zu formulieren: Heines Nähe zur post-hegelianischen Geschichtsphilosophie, die Möglichkeit, aus diesem Blickwinkel sein Werk zu erfassen, hat nicht mehr die gleiche Evidenz wie vor dreißig Jahren. Wer diese Interpretationslinie heute verfolgen will, muß seinen Ansatz sowohl philologisch als auch theoretisch neu begründen. Daß Heine umstritten war, hieß auch, daß er einem Lager zugeordnet werden konnte, daß sein Werk in einem bestimmten ideologischen Feld seine Kraft und Bedeutung entfaltete. Indem Heine als „Streitobjekt" entfallen ist, ist auch die Vorentscheidung über die Annäherung an sein Werk entfallen. Anscheinend ist alles möglich. Unter diesen Bedingungen drängt sich die Detailphilologie in den Vordergrund mit der Vorstellung, daß sich aus der Einzelanalyse ein Gesamtbild ergeben wird. Gleichzeitig möchte man dabei den einmal erreichten Status der erfolgreichen Kanonisierung nicht in Frage stellen. Doch stimmen die kritischen Beobachter darin überein, daß aus diesem additiven Verfahren kein neues Gesamtild hervorgegengen ist. Ohne den Wert der Detailarbeit im mindesten zu bestreiten, ist nicht zu übersehen, daß man vor größeren Aufgaben nicht zurückschrecken sollte aus der Furcht, das Erreichte aufs Spiel zu setzen.

Die erste unerläßliche Aufgabe bestünde m.E. darin, das Erreichte, also den *status quo,* einer kritischen Analyse zu unterziehen. Wie kam es zu dem überraschenden Ergebnis, daß der noch vor einer Generation heftig umstrittene Heine sich allgemeiner Anerkennung erfreut? Was bedeutet es, daß Heine unter die deutschen Klassiker aufgenommen worden ist (nicht zu reden von seiner Position in der europäischen Literatur)? Die Akzeptanz Heines ist das Ergebnis eines Kompromisses zwischen verschiedenen, einander früher befehdenden Gruppen, die nach 1990 darauf verzichteten, ihr Heine-Bild als das allein gültige durchzusetzen. Der Streit um den fortschrittlich-demokratischen, liberal-skeptischen oder ästhetisch-esoterischen Heine schien seine Relevanz verloren zu haben, denn er gehörte zur ideologischen Konstellation des Weltbürgerkriegs. In dieses Spannungsfeld fügten sich die genannten Positionen ein, ohne damit auf eine einfache Opposion festgelegt zu sein. Im Gegenteil: die Heine-Kritik konnte innerhalb dieses binären Schemas höchst differenzierte Ansichten entwerfen, die sich sowohl von der einen als auch der anderen Seite absetzen. Gleichwohl blieb der Gegensatz im Hintergrund als politisch-ideologische Rahmenbedingung bestehen. Mit der Niederlage des Staatssozialismus und dem Sieg des Neoliberalismus unter dem Vorzeichen einer *post-histoire* veränderte sich das Argumentationsfeld und damit der Stellenwert der Gruppierungen der Heine-Forschung. Betroffen waren vor allem jene Positionen der Heine-Kritik, die auf ein geschichtliches Ziel gesetzt hatten, so die marxistische aber auch die demokratische und liberale, sofern sie Heine für das Projekt der Moderne in Anspruch nahmen. Die Aktualisierung Heines unter dem Vorzeichen einer historisch begründeten Zukunftserwartung stand plötzlich unter Ideologieverdacht. Im *post-histoire* gab es keine Verwendung für sie. Indirekt wurde sogar die ästhetische Heine-Deutung von diesem Bruch betroffen, denn die emphatische Beschwörung von Heines Artistentum war ja gemeint als Opposition gegen jede weltanschauliche Inanspruchnahme und verlor entsprechend ihren Sinn, sobald die im Namen der Kunst zurückgewiesenen Ideologien ihre Relevanz eingebüßt hatten. Das hier vorgetragene Argument besagt nicht, daß es nicht möglich oder sinnvoll ist, Heines Werk im Kontext liberaler oder marxistischer Kategorien zu analysieren, zu denen Heines Werk eine historische Beziehung hat, nicht zu reden von ästhetischen Kategorien, die Heine für seine eigene Positionierung in Anspruch nahm; sein Zweck ist vielmehr, auf die indirekte und komplexe Abhängigkeit der Heine-Forschung von der Semantik des Kalten Krieges hinzuweisen. Der Zusammenbruch des Staatssozialismus entschärfte den Streit um Heine und bereitete damit die auf einen Kompromiß beruhende Kanonisierung Heines vor. Daß einigen Beobachtern diese generelle Akzeptanz, die in der 200-Jahr-Feier 1997 ihren Höhepunkt fand, unheimlich ist, hat seinen guten Grund, denn sie schließt die Wirkungslosigkeit ein. Mit der Möglichkeit der Aktualisierung schwindet auch das engagierte Interesse. Die Frage ist dann, ob sich ein neues Interesse entwickeln kann und wie es beschaffen sein müßte.

Beginnen wir mit der Frage: Welches Interesse steuerte die Heine-Forschung der siebziger und achtziger Jahre? Was die verschiedenen

Gruppierungen trotz ihrer Gegensätze miteinander verband, war die Identifikation mit dem Autor und seinem Werk. Der Streit um Heine war deshalb so heftig, weil die Streitenden in Heines Werk die Antwort auf die Grundfrage der eigenen Zeit suchten und fanden. Das Muster der Identifikation ist übrigens auch in historischen Ansätzen zu finden, welche die Identifikation in den historischen Prozeß selbst verlegen, dessen Exponent Heine ist. Die Grenze dieses Verfahrens ist eine relativ unkritische Einstellung gegenüber ihrem Gegenstand. Doch die Apologie erschien unerläßlich, weil die uneinsichtige Feindschaft gegen Heine in der literarischen Öffentlichkeit nicht verschwunden war. Spuren finden sich bekanntlich noch bei Adorno. Der angemessene Umgang mit Heine mußte solche Formen der Kritik rigoros ausschließen. Der Heine-Interpret mußte sich daher engagieren. Die vollzogene Kanonisierung stellt die Heine-Kritik vor neue Aufgaben. Angesichts einer undifferenzierten Feier des Dichters scheint es an der Zeit zu sein, zurückzutreten und Abstand zu gewinnen, gleichsam um einen Heine von außen bittend, um ein Wort Ortegas über Goethe zu variieren. Es könnte vielleicht notwendig sein, Heine *fremder* zu machen, nicht nur historisch, sondern auch in seinem literarischen Anspruch und seiner Biographie. Gemeint ist damit ein neues Vermessen der intertextuellen Konfiguration ohne die Annahme, daß Heines Positionierung immer die historisch „korrekte" ist, eine neue Einschätzung seines literarischen Projekts unter der Annahme, daß es auch Fehlschläge enthält und Grenzen aufweist, und ein Zugang zu Heines Biographie, die sich von der subtilen Heroisierung verabschiedet. Dieser Vorschlag ist nicht mit einer bloßen Normalisierung der Heine-Forschung zu verwechseln, die ihren Gegenstand nunmehr wie jeden anderen literarischen Autor behandelt, indem sie ihn in seinem historischen Kontext untersucht und würdigt sowie in der ästhetisch-literarischen Einschätzung sich an vergleichbare kanonischen Autoren hält. Diese Form des Einordnens und Würdigens, die nach den passenden Anlässen sucht, würde Heine zur Wirkungslosigkeit verdammen, denn die bloße Behauptung der Größe verhindert eher die rigorose Beschäftigung mit dem Autor und seinem Werk. Auch neue Denkmäler können dieser Zuwendung eher abträglich als förderlich sein, denn sie bestätigen einen Kult der Erinnerung, in dem der Autor zur Ikone erstarrt.

Wo liegen die konkreten Aufgaben für die zukünftige Heine-Kritik? Angesichts der kaum noch zu übersehenden Zahl der Beiträge mit einer Vielzahl von Themen und Gegenständen ist es schwierig geworden, Richtungen zu nennen, die radikal neue Zugänge finden. Gleichwohl gibt es offene historische und ästhetische Fragen, nicht zuletzt in der Früh- und der Spätzeit. Sie betreffen die Beziehungen zur Romantik und zur Moderne. Vor allem das Spätwerk drängt sich in den Vordergrund; die Lyrik und Prosa nach 1848 stellen noch eine Herausforderung dar, zumal wenn sie nicht nur chronologisch als Teil des Heineschen *œuvre* gelesen werden, sondern intertextuell auf die europäische Moderne bezogen werden. Heines literarische Stellung in der europäischen Moderne ist bislang nur peripher diskutiert worden, weil die Heine-Forschung ihren Autor im wesentlichen vor dem Hintergrund der deutschen Nationalliteratur untersucht hat. In dieser Perspektive bleibt Heines französisches literarisches Netzwerk am Rande, das für die Beurteilung seiner Position in der europäischen Moderne ausschlaggebend ist. Die Frage der Moderne im Werk Heines ist nicht, wie jüngst behauptet worden ist, ein Pseudoproblem, das sich auf vage Termini beruft, um den Dichter interessanter zu machen. Ebenso wenig handelt es sich um ein ausschließlich literarisch-ästhetisches Problem. Vielmehr steht Heines gesamtes kritisches Engagement nach 1848, für das er neue Formen und stilistische Techniken einsetzt, zur Diskussion. In den Jahren zwischen 1849 und 1856 werden Modelle und Techniken entwickelt, an denen sich die europäische Moderne orientieren konnte. Doch über diese intertextuellen Bezüge sind wir bisher unzureichend unterrichtet. Mehr noch: der Modernismus des späten Heine, die gesteigerte Artistik, scheint dem Bild des engagierten Schriftstellers zu widersprechen, als der Heine besonders nach 1830 auftritt. Die Auseinandersetzung mit dem Heineschen Spätwerk wird die Kritik zwingen, die Relation von Artistik und Engagement, beziehungsweise von Ästhetik und Politik neu zu bedenken, und zwar jenseits der Selbstdarstellung, die wir in der Börne-Denkschrift von 1840 finden, denn zwischen dieser und dem Spätwerk liegt die Revolution von 1848, deren einschneidende, in eine dunklere Zukunft weisende Folgen vor allem in Frankreich sichtbar wurden. Heine stand in Paris nicht nur auf einem avancierten Beobachtungsposten, was sich sowohl in seinen Briefen als auch in seiner kritischen Prosa niederschlägt; er stand auch unter Artikulationsdruck, der Nötigung, das sprachliche Material auf die veränderte Situation einzustellen. Mit Grund ist in der Forschung von einem Bruch oder einer entscheidenden Revision die Rede.

Der Hinweis auf Desiderata in der Erforschung von Heines Spätwerk sollte indes nicht mißverstanden werden als Aufforderung zur Ausfüllung von Wissenslücken, ob diese nun bestehen mögen oder nicht. Auch kann nicht davon die Rede sein, daß es an qualitativ guten Untersuchungen fehlt. Vielmehr geht es um die Eröffnung einer neuen und, wie mir scheint, richtungweisenden Perspektive. Vom Standort des Spätwerks, das in der Auseinandersetzung mit einer modernen, aber post-revolutionären politischen und sozialen Ordnung entstand, erscheinen Heines Anfänge wie auch die dreißiger Jahre in Paris in einem anderen Licht. Die Versachlichung aller Beziehungen, von der das schreibende Individuum nicht ausgenommen ist, wenn es seinen körperlichen Verfall darstellt, wirft ihren Schatten zurück auf den utopischen Sensualismus der dreißiger Jahre, aber auch auf die ästhetisch-politische Opposition der folgenden Dekade. Im Unterschied zu den deutschen Realisten verweigert der späte Heine den Frieden mit der Wirklichkeit. Es fehlt bei ihm die Versöhnung nicht weniger als bei Baudelaire. Dadurch wird er im Kanon der deutschen Literatur zu einer fremden, nicht wirklich integrierbaren Figur, auch wenn er seine deutschen Leser um Verständnis bittet. Man könnte die Geschichte der deutschen Literatur neu schreiben, und zwar aus der Pariser Perspektive, um Heine integrierbar zu machen. Sie würde dann zu einer europäischen Geschichte, die die Konzeption von geschlossenen Nationalliteraturen auflöst.

Solche und ähnliche Überlegungen sind bereits verschiedentlich formuliert worden, allerdings ohne nachhaltige Folgen in dem *mainstream* der Heine-Forschung. Außerdem finden sich bereits Andeutungen in dem Handbuch *Heinrich Heine. Epoche-Werkwirkung* (1980), in dem Jürgen Brummack in seiner Darstellung des Spätwerks die Repositionierung Heines nach 1848 nachdrücklich hervorhebt. Er spricht von einem Verzicht auf den Syntheseentwurf und wachsenden Zweifeln an früheren utopischen Erwartungen, die eine Revision des Projekts erzwingen. Bei Brummack findet sich auch schon der wichtige Hinweis, daß die Wende des späten Heine mit dem Auftreten des bürgerlichen Realismus in Deutschland nicht vergleichbar ist. Für die Realisten blieb Heine (wie auch Büchner) eine fremde Figur. Der Tenor des Handbuchs bleibt allerdings noch ganz von der Vorstellung bestimmt, Heine einen Platz in der deutschen Literaturgeschichte zu sichern. Das ändert sich erst in den späteren Auflagen des *Heine-Handbuchs* von Gerhard Höhn (2. Aufl. 1997, 3. Aufl. 2004), das auf die Anregungen der späten achtziger und neunziger Jahre zurückgreifen kann, unter ihnen die Arbeiten von Klaus Briegleb, Norbert Altenhofer und Luciano Zagari, die schon in den achtziger Jahren versucht haben, die Sonderstellung von Heines Spätwerk zu erfassen. Während Altenhofer und Zagari, von der Sprache ausgehend, die formalen Qualitäten betont haben, hat Briegleb Vorschläge zu einer neuen epochalen Bestimmung gemacht. Bemerkenswert an diesen Vorschlägen ist einmal das starke Eingehen auf die politische Entwicklung in Frankreich nach 1849 als einer intellektuellen Herausforderung für Heine und zum anderen der Exkurs in die französische Kulturszene. Indem Briegleb Heine und Courbet parallelisiert und Ähnlichkeiten zwischen Heine und Baudelaire verfolgt, definiert er den Kontext neu für die Untersuchung von Heines Spätwerk. Briegleb mobilisiert Benjamins Baudelaire-Essay, um die Relevanz der Verbindung einsichtig zu machen, ohne sich auf Benjamins Vorbehalte gegen Heine einzulassen. Das Ergebnis ist eine politische Kulturgeschichte, in der die europäische Bedeutung von Heines Spätwerk in Umrissen erkennbar wird.

Für Altenhofer und Zagari dagegen zeigt sich die Wende vor allem in der poetischen Sprache selber an. Altenhofer spricht im Hinblick auf den *Romanzero* von einem Freiraum für das Spiel der Poesie und Zagari suggeriert, daß die Poesie des späten Heine sich gegenüber der empirischen Wirklichkeit selbständig gemacht hat. So sehr die beiden Interpreten auch in ihrer Deutung dieser Sprache verschiedener Auffassung sind, so stellen beide den späten Heine unter den Begriff des Artistentums als eines forcierten Umgangs mit der lyrischen Sprache. Der Zusammenhang mit der lyrischen Moderne wird zwar nicht unterstrichen, ist jedoch unschwer herzustellen. Ob und wie diese gegensätzlichen Positionen zu vereinbaren sind, kann hier nicht erörtert werden, denn es geht in erster Linie um die Kennzeichnung der Wende, welche die genannten Kritiker als Revision, wenn nicht gar als Bruch beschreiben.

Das bloße Bestehen auf formaler wie inhaltlicher Kontinuität registriert zwar die Bedeutung der gescheiterten Revolution von 1848, unterschlägt aber die Konsequenzen für die literarische Produktion. Die der Spätlyrik eigene spezifische Form der Ironie bleibt dann außerhalb der Betrachtung. Die Kontinuitätsthese wehrt sich, nicht ohne Grund, gegen die Entpolitisierung des späten Heine, bezahlt diesen Einspruch mit der Blindheit gegenüber dem Wandel der formalen Mittel. Daß der Nachdruck auf der ästhetischen Lösung eine Entpolitisierung einschließen kann, steht außer Frage. Doch wäre es bedenklich, wenn sich die Heine-Forschung auf ein Entweder-Oder einließe, ohne die innere Dialektik beider Ansprüche zu untersuchen. Ähnliches gilt für die weit vorangetriebene Debatte über Heines Judentum. Auch auf diesem Feld ist sicherer Boden nur zu gewinnen, wenn die sprachliche Formulierung, sowohl im Gedicht als auch in der kritischen Prosa und den Briefen, der Ausgangspunkt der Deutung wird. Eine bloß inhaltliche Zusammenstellung von „Aussagen" führt unweigerlich zu Mißverständnissen, weil sie Heine wörtlich nimmt, wo er, gleichzeitig auf mehreren Ebenen sprechend, eine überaus komplexe wie auch widersprüchliche Beziehung darstellen will.

Das Verweisen auf zukünftige Aufgaben ist niemals ohne Gefahren, denn es enthält ein Element von Prophetie, das nicht selten von der eingetretenen Zukunft enttäuscht und widerlegt wird. So ist die die neunziger Jahre beherrschende Stimmung, in den Zustand der *post-histoire* eingetreten zu sein, nach dem 11. September 2001 nicht mehr ohne weiteres nachvollziehbar. Der Terrorakt hat die Rückkehr der Geschichte angezeigt, allerdings nicht ihre Versteh- und Lösbarkeit im Rahmen der vertrauten geschichtsphilosophischen Paradigmen. Wird sich diese globale Wende in der Heine-Kritik spiegeln? Was bedeuten der Verlust der staatlichen Sicherheit und die Rückkehr der Religion als politisches Phänomen für das Studium von Heines Schriften? Man kann nicht behaupten, daß Heine sich mit diesen Fragen, besonders in seinen letzten Jahren, nicht beschäftigt habe. Doch wäre daraus nicht notwendig zu schließen, daß seine Gedanken um die Mitte des 19. Jahrhunderts die Antworten auf die gegenwärtigen Fragen sind. Es sind seine Fragen, denen wir nachgehen müssen.

Nachweise der Erstveröffentlichungen

Geschichte und Modernität. Heines Kritik an der Romantik. In: Jahrbuch der Schiller-Gesellschaft 17 (1973), S. 318–368.

Allegorische Bilder. Heine und die französische Malerei. In: Zeitschrift für deutsche Philologie 106 (1987), H. 2, S. 184–198.

Fiktion und Kritik. Heines „Romantische Schule" im Kontext der zeitgenössischen Literaturgeschichte. In: Vomärz-Studien I. Vormärz und Klassik. Hrsg. von L. Ehrlich, H. Steinecke und M. Vogt, Bielefeld 1990, S. 249–263.

Schwelle und Übergang. Heinrich Heines Position in der modernen europäischen Literatur. In: Heinrich Heine. Ein Wegbereiter der Moderne. Hrsg. von Paolo Chiarini und Walter Hinderrer, Würzburg 2008.

Über Musik sprechen: Heine als Musikkritiker. In: Harry … Heinrich … Henri Heine. Deutscher, Jude, Europäer, Hrsg. von Dietmar Goltschnigg, Charlotte Grollegg-Edler und Peter Revers, Berlin 2008. S. 209–219.

Talent oder Charakter. Die Börne-Heine Fehde und ihre Nachgeschichte. In: Modern Language Notes 95 (1980), S. 178–193.

Heinrich Heine. Macht und Ohnmacht des Intellektuellen. In: Responsibility and Commitment. Ethische Postulate der Kulturvermittlung. Festschrift für Jost Hermand. Hrsg. von Klaus L. Berghahn, Robert C. Holub und Klaus R. Scherpe, Frankfurt am Main 1996, S. 91–107.

Kritische Eingriffe. Der Intellektuelle als Dichter. Erstveröffentlichung unter dem Titel „Heine's Critical Intervention. The Intellectual as Poet". In: Heinrich Heine's Contested Identities. Hrsg. von Jost Hermand und Robert C. Holub, New York 1999, S. 175–199.

Heine-Rezeption um 1900. In: Literatur und Demokratie. Festschrift für Hartmut Steinecke. Hrsg. von Alo Allkemper und Norbert Eke, Berlin 2000, S. 125–146.

Adorno als Leser Heines. Erstveröffentlichung unter dem Titel „Adorno as a Reader of Heine". In: Reason and its Other. Rationality in Modern German Philosophy and Culture. Hrsg. von D. Freundlich and W. Hudson, Providence and Oxford 1993, S. 229–240.

Literaturverzeichnis

Ausgaben:

Heinrich Heine: *Sämtliche Schriften*. Hg. von Klaus Briegleb (München, 1971).

Heinrich Heine: *Säkularausgabe. Werke, Briefwechsel, Lebenszeugnisse*. Hg. von den Nationalen Forschungs- und Gedenktstätten der klassischen deutschen Literatur in Weimar und dem Centre National de la Recherche Scientifique in Paris (Berlin und Paris, 1970 ff.).

Heinrich Heine: *Historisch-kritische Gesamtausgabe der Werke.* (= Düsseldorfer Ausgabe) Hg. von Mafred Windfuhr (Hamburg, 1973–1997).

Ausgaben anderer Texte:

Adorno, Theodor W.: „Ästhetische Theorie“. In: *Gesammelte Schriften* (Frankfurt a. M., 1970–1980).

Ders.: *Noten zur Literatur I–II* (Frankfurt a. M., 1958, 1961)

Börne, Ludwig: *Sämtliche Schriften.* Hg. von Inge und Peter Rippmann (Düsseldorf, 1964–1968).

Ders.: *Menzel der Franzosenfresser und andere Schriften*. Hg. von W. Hinderer (Frankfurt a. M., 1969).

Goethe, Johann Wolfgang von: *Werke. Hamburger Ausgabe*. Hg. von Erich Trunz (München, 1979).

Hegel, Georg Wilhelm Friedrich: *Werke in zwanzig Bänden.* Hg. von E. Moldenhauer und K. M. Michel (Frankfurt a. M., 1969–1971).

Hoffmann, E. T. A.: *Dichtungen und Schriften. Gesamtausgabe in fünfzehn Bänden*. Hg. von Walter Harich. (Weimar, 1924).

Hofmannsthal, Hugo von: „Zu Heinrich Heines Gedächtnis“. In: *Sämtliche Werke*. Hg. von Rudolf Hirsch … [et al.] (Frankfurt a. M., 1975 ff.).

Kraus, Karl: *Schriften*. Hg. von Christian Wagenknecht (Frankfurt a. M., 1986–1989).

Marx, Karl/Engels, Friedrich: *Werke* (Berlin, 1956–1990).

Nietzsche, Friedrich: *Kritische Studienausgabe*. Hg. von Giorgio Colli und Mazzino Montinari (Berlin und New York, 1967–1977).

Novalis: *Schriften*. Hg. von P. Kluckhohn und R. Samuel (Stuttgart, 1960)

Rilke, Rainer Maria: *Sämtliche Werke*, Hg. von Ernst Zinn (Frankfurt a. M. 1955–1997).

Ruge, Arnold: *Sämtliche Werke* (Mannheim, 1847–1848).

Schlegel, Friedrich: *Kristische Friedrich-Schlegel-Ausgabe*. Hg. von Ernst Behler (Paderborn 1958 ff.).

Wackenroder, Wilhelm Heinrich: *Werke und Briefe*. Hg. vom L. Schneider (Heidelberg, 1967).

Literatur über Heinrich Heine:

Adorno, Theodor W.: „Die Wunde Heine". In: *Noten zur Literatur I* (Frankfurt a. M., 1958).

Altenhofer, Norbert: „Die verlorene Augensprache. Über Heinrich Heine". (Frankfurt a. M., 1993) In: Gerhard Höhns: *Heine-Handbuch* (Stuttgart, 2003).

Ders.: „Harzreise in die Zeit". In: *Schriften der Heinrich Heine Gesellschaft* (Düsseldorf, 1972). Bd. 5.

Ansel, Michael: „Auf dem Wege zur Verwissenschaftlichung der Literaturgeschichtsschreibung: Heines Abhandlungen *Zur Geschichte der Religion und Philosophie in Deutschland und* und *Die Romantische Schule*". In: *IASL* 17, 2 (1992), S. 61–94.

Ders.: *G. G. Gervinus' Geschichte der poetischen National-Literatur der Deutschen* (Frankfurt a. M., 1990).

Bartels, Adolf: *Heinrich Heine auch ein Denkmal* (Dresden und Leipzig, 1906).

Bernstein, Susan: *Virtuosity of the Nineteenth Century. Performing Music and Language in Heine, Liszt, and Baudelaire* (Stanford, 1998).

Betz, Albrecht: *Ästhetische Politik. Heinrich Heines Prosa* (München, 1971).

Ders.: „‚Der Apollo-Gott'. Heinrich Heine und die Musik". In: *Ästhetik und Politik. Heinrich Heines Prosa* (München, 1971).

Bierwirth, Sabine: *Heines Dichterbilder. Stationen seines ästhetischen Selbstverständnisses* (Stuttgart, 1995).

Boeck, Oliver: *Heines Nachwirkung und Heine-Parallelen in der französischen Dichtung* (Göppingen, 1972).

Boerner, Maria-Christina: *„Die ganze Janitscharenmusik der Weltqual" Heines Auseinandersetzung mit der romantischen Theorie* (Stuttgart, 1998).

Bollacher, Martin: „Aufgeklärter Pantheismus: Die Deutung der Geschichte in Heines *Zur Geschichte der Religion und Philosophie in Deutschland*". In: *Heinrich Heine: Artistik und Engagement.* Hg. von Wolfgang Kuttenkeuler (Stuttgart, 1977), S. 144–186.

Briegleb, Klaus: *Opfer Heine? Versuche über Schriftzüge der Revolution* (Frankfurt a. M., 1986).

Ders.: „Schriftstellernöte und literarische Produktivität. Zum Exempel Heinrich Heine". In: *Neue Ansichten zu einer künftigen Germanistik.* Hg. von Jürgen Kolbe (München, 1973), S. 121–159.

Clasen, Herbert: *Heinrich Heines Romantikkritik. Tradition – Produktion – Rezeption* (Hamburg, 1979).

A Companion to the works of Heinrich Heine. Hg. von Roger F. Cook (Rochester, NY, 2002).

Ferner, Jürgen: „‚O wer lesen könnte!'. Heines geschichtsphilosophisches Denken im Kontext von Vor- und Nachmärz". In: *Vormärz – Nachmärz. Bruch oder Kontinuität?* Hg. von Norbert Eke und Renate Werner (Bielefeld, 2000), S. 185–212.

Friedl, Herwig: „Heinrich Heine und Friedrich Nietzsche". In: *Heinrich Heine im Spannungsfeld von Literatur und Wissenschaft.* Hg. von Wilhelm Gössmann und Manfred Windfuhr (Essen, 1990), S. 195–214.

Füllner, Bernd: *Heinrich Heine in deutschen Literaturgeschichten* (Frankfurt a. M., 1982).

Gottschall, Rudolf von: *Die deutsche Nationalliteratur in der ersten Hälfte des neunzehnten Jahrhunderts* (Breslau, 1861).

Hansen, Volkmar: *Thomas Manns Heine-Rezeption* (Hamburg, 1975).

Habermas, Jürgen: „Geist und Macht – ein deutsches Thema. Heinrich Heine und die Rolle des Intellektuellen in Deutschland". In: *Das Junge Deutschland. Kolloquium zum 150. Jahrestag des Verbots vom 10. Dezember 1835.* Hg. von Joseph Kruse und Bernd Kortländer (Hamburg, 1987), S. 15–38.

Ders.: „Heinrich Heine und die Rolle des Intellektuellen in Deutschland". In: *Eine Art Schadensabwicklung* (Frankfurt a. M., 1987), S. 25–54.

Hauschild, Jan-Christoph: *„Der Zweck des Lebens ist das Leben selbst". Heinrich Heine. Eine Biografie* (Köln 1997).

Hermand, Jost: „One Identity is not Enough. Heine's Legacy to Germans, Jews, and Liberals". In: *Heinrich Heine and the Occident.* Hg. von Peter

Uwe Hohendahl und Sander Gilman (Lincoln und London, 1995), S. 19–41.

Ders.: „Heine. Ein Vorläufer der Moderne? Ein polemischer Epilog“. In: *Heinrich Heine. Kritisch. Solidarisch. Umstritten (*Köln, 2007), S. 211–221.

Ders.: „Heines frühe Kritiker“. In: *Der Dichter und seine Zeit. Politik im Spiegel der Literatur*. Hg. von Wolfgang Paulsen (Heidelberg, 1970), S. 113–133.

Ders.: *Mehr als ein Liberaler. Über Heinrich Heine* (Frankfurt a. M., 1993)

Heinrich Heine. Hg. von Luciano Zagari und Paolo Chiarini (Stuttgart, 1980).

Heinrich Heine and the occident. Multiple identities, multiple receptions. Hg. von Peter Uwe Hohendahl und Sander L. Gilman (Lincoln 1991).

Heinrich Heine's contested identities. Politics, religion, and nationalism in nineteenth-century Germany. Hg. von Jost Hermand und Robert C. Holub (New York 1999).

Heinrich Heine im Spannungsfeld von Literatur und Wissenschaft. Symposium anlässlich der Benennung der Universität Düsseldorf nach Heinrich Heine. Hg. von Wilhelm Gössmann und Manfred Windfuhr (Essen 1990).

Heine in Deutschland. Dokumente seiner Rezeption 1834–1956. Hg. von Karl Theodor Kleinknecht (Tübingen, 1976).

Heinrich Heine. Neue Wege in der Forschung. Hg. von Christian Liedtke (Darmstadt, 2000).

Heinrich Heine und die Nachwelt. Geschichte seiner Wirkung in den deutschsprachigen Ländern. Hg. von Dietmar Goltschnigg und Hartmut Steinecke (Berlin, 2006).

Heinrich Heine und die Romantik. Erträge eines Symposiums an der Pennsylvania State University (21.–23. September 1995). Hg. von Markus Winkler (Tübingen 1997).

Heinrich Heine und die Zeitgenossen. Geschichtliche und literarische Befunde. Hg. von d. Akademie der Wissenschaften der DDR, Zentralinstitut für Literaturgeschichte, u. d. Centre d'Histoire et d'Analyse des Manuscrits Modernes am Centre National de la Recherche Scientifique (Paris, Berlin und Weimar, 1979).

Hinderer, Walter: „Nazarener oder Hellene: Die politisch-ästhetische Fehde zwischen Börne und Heine“. In: *Monatshefte*. Vol. 66, No. 4 (1974), S. 355–365.

Hinck, Walter: *Die Wunde Deutschland. Heinrich Heines Dichtung im Widerstreit von Nationalidee, Judentum und Antisemitismus* (Frankfurt a. M., 1990).

Hohendahl, Peter Uwe: „Erzwungene Harmonie: Bürgerliche Heine-Feiern". In: *Deutsche Feiern*. Hg. von Reinhold Grimm und Jost Hermand (Wiesbaden, 1970), S. 123–142.

Ders.: „Geschichte und Modernität. Heines Kritik der Romantik". In: *Literaturkritik und Öffentlichkeit* (München, 1974), S. 50–101.

Ders.: „Kunsturteil und Tagesbericht. Zur ästhetischen Theorie des späten Heine". In: *Heinrich Heine. Artistik und Engagement*. Hg. von Wolfgang Kuttenkeuler, (Stuttgart, 1977), S. 207–241; wieder abgedruckt in: Hohendahl: *Geschichte. Oppposition. Subversion: Studien zur Literatur des 19. Jahrhunderts.* (Köln, 1993), S. 130–167.

Ders.: „The Emblematic Reader. Heine and French Painting". In: *Painting on the Move*. Hg. von Susanne Zantop (Lincoln, 1989).

Höhn, Gerhard: *Heine-Handbuch. Zeit – Person – Werk*. (3. Auflage, Stuttgart, 2003), S. 9–30.

Jabobi, R. L.: *Heinrich Heines jüdisches Erbe* (Bonn, 1978).

Das Jerusalemer Heine-Symposium. Gedächtnis, Mythos, Modernität. Hg. von Klaus Briegleb und Itta Shedletzky (Hamburg, 2001).

Joch, Markus: *Bruderkämpfe. Zum Streit um den intellektuellen Habitus in den Fällen Heinrich Heine, Heinrich Mann und Hans Magnus Enzensberger* (Heidelberg, 2000).

Jordan, Lothar: „Hans-Magnus Enzensberger und Heinrich Heine". In: *Heine Jahrbuch.* Bd. 32 (1993), S. 127–143.

Kaiser, Gerhard R.: „Baudelaire pro Heine contra Janin. Text – Kommentar – Analyse". In: *Heine-Jahrbuch* 22 (1983), S. 135–178.

Kanowsky, Walter: *Vernunft und Geschichte. Heinrich Heines Studium als Grundlegung seiner Welt- und Kunstanschauung* (Bonn, 1975).

Karpeles, Gustav: *Heinrich Heine und das Judentum* (Breslau, 1868).

Kaufmann, Hans: *Heinrich Heine. Geistige Entwicklung und künstlerisches Werk* (Berlin und Weimar, 1970).

Kerschbaumer, Sandra: *Heines moderne Romantik* (Paderborn, 2000).

Kirchner, H.: *Heinrich Heine und das Judentum* (Bonn, 1973).

Koopmann, Helmut: „Heines Geschichtsauffassung". In: *Jahrbuch der Deutschen Schillergesellschaft* 16 (1972), S. 453–476.

Kortländer, Bernd: *Heinrich Heine* (Stuttgart, 2003).

Kraus, Karl: *Heine und die Folgen* (München, 1919).

Kröger, Ute: *Der Streit um Heine in der deutschen Presse 1887–1914* (Aachen, 1989).

Küppers, Markus: *Heinrich Heines Arbeit am Mythos* (München und New York, 1994).

Kuttenkeuler, Wolfgang: *Heinrich Heine. Theorie und Kritik der Literatur* (Stuttgart, 1972).

Lämke, Ortwin: *Heines Begriff der Geschichte. Der Journalist Heinrich Heine und die Julimonarchie* (Stuttgart 1997).

Lefebvre, Jean Pierre: *Der gute Trommler. Heines Beziehung zu Hegel* (Hamburg, 1986).

Ludwig Börne und Heinrich Heine. Ein deutsches Zerwürfnis. Bearbeitet von H. M. Enzensberger (Frankfurt a. M., 1997).

Lübbe, Hermann: „Heinrich Heine und die Religion nach der Aufklärung". In: *Der späte Heine 1848–1856.* Hg. von Wilhelm Gössmann und Joseph Kruse (Hamburg, 1982), S. 205–218.

Maier, Wilfried: *Leben, Tat und Reflexion. Untersuchungen zu Heinrich Heines Ästhetik* (Bonn, 1969).

Mann, Michael: *Heinrich Heines Musikkritiken* (Hamburg, 1971).

Mehring, Franz: „Heine und sein Denkmal". In: *Gesammelte Schriften.* Hg. von Thomas Höhle, Hans Koch und Josef Schleifstein (Berlin, 1961). Bd. 10, S. 478–483.

Montanus, Henner: *Der kranke Heine* (Stuttgart, 1995).

Morawe, Bodo: *Heines „Französische Zustände". Über die Fortschritte des Republikanismus und die anmarschierende Weltliteratur* (Heidelberg, 1997).

Oehler, Dolf: *Pariser Bilder I (1830–1848). Antibürgerliche Ästhetik bei Baudelaire, Daumier und Heine* (Frankfurt a. M., 1979).

Oellers, Norbert: „Die zerstrittenen Dioskuren: Aspekte der Auseinandersetzung Heines mit Börne". In: *ZfdPh*, Bd. 91 (Berlin, 1972), Heine-Sonderheft, S. 66–89.

Oesterle, Günter: *Integration und Konflikt. Die Prosa Heinrich Heines im Kontext oppositioneller Literatur* (Stuttgart, 1972).

Opitz, Alfred: „Von Heine bis Baudelaire". In: *Aufklärung und Skepsis. Internationaler Heine Kongreß 1997.* Hg. von Joseph A. Kruse, Bernd Kortländer und Karin Füllner (Stuttgart, 1998), S. 677–690.

Paintings on the move. Heinrich Heine and the visual arts. Hg. von Susanne Zantop (Lincoln, 1989).

Pavel, Ernst: *Heinrich Heine's Last Years in Paris* (New York, 1995).

Peters, Paul: *Heinrich Heine ‚Dichterjude': Die Geschichte einer Schmähung* (Frankfurt a. M., 1990).

Peters, George F.: *The poet as provocateur. Heinrich Heine and his critics* (Rochester, NY, 2000).

Pirsich, Volker: „Die Rezeption Goethes, Heines und Kleists in der Zeitschrift *Der Sturm*". In: *Heine Jahrbuch* 27. Hg. von Heinrich-Heine-Gesellschaft (Hamburg, 1988), S. 142–161.

Prawer, Siegfried S.: *Heine's Jewish Comedy. A Study of his Portraits of Jews and Judaism* (Oxford, 1983).

Preisendanz, W.: „Der Funktionsübergang von Dichtung und Publizistik bei Heine". In: *Die nicht mehr schönen Künste. Grenzphänomene des Ästhetischen*. Hg. von H. R. Jauß (München, 1968), S. 343–374.

Ders.: „Der Sinn der Schreibart in den Berichten aus Paris 1840–1843. *Lutetia*". In: *Heinrich Heine. Werkstrukturen und Epochenbezüge* (München, 1973), S. 69–98.

Rippmann, Inge: „Heines Denkschrift über Börne: Ein Doppelportrait". In: *Heine Jahrbuch* 12 (1973), S. 41–70.

Rosenthal, L.: *Heinrich Heine als Jude* (Frankfurt a. M., 1973).

Sammons, Jeffrey: *Heinrich Heine. A Modern Biography* (Princeton, 1979).

Ders.: *Heinrich Heine* (Stuttgart, 1991).

Sauder, Gerhard: „Blasphemisch-religiöse Körperwelt. Heinrich Heines ‚Hebräische Melodien'". In: *Heinrich Heine. Artistik und Engagement*. Hg. von Wolfgang Kuttenkeuler (Tübingen, 1977), S. 118–143.

Sautermeister, Gert: „Heine und Baudelaire – eine vergleichende Lektüre". In: *Nachmärz. Der Ursprung der Moderne in einer nachrevolutionären Situation*. Hg. von Thomas Koebner und Sigrid Weigel (Opladen, 1996), S. 43–79.

Schneider, Sabine: *Die Ironie in der späten Lyrik Heines* (Würzburg, 1995)

Schweickert, Alexander: *Heinrich Heines Einflüsse auf die deutsche Lyrik 1830–1900* (Bonn, 1969).

Shedletzky, Itta:„Zwischen Stolz und Abneigung. Zur Heine-Rezeption in der deutschjüdischen Literaturkritik". In: *Conditio Judaica*. Erster Teil. Hg. von Hans Otto Horch und Horst Denkler (Tübingen, 1988), S. 200–213.

Spencer, Hanna: „Heine und Nietzsche". In: *Heine-Jahrbuch* 11 (1972), S. 126–161.

Trapp, Frithjof: „Realismus nach dem Modell Heines. Zur Genese der gesellschaftskritischen Konzeption der ‚Schönen Literatur' beim jungen

Heinrich Mann". In: *Heinrich-Mann-Jahrbuch* 1. Hg. von Helmut Koopmann und Peter-Paul Schneider (Lübeck, 1983), S. 1–24.

Übergänge. Zwischen Künsten und Kulturen. Internationaler Kongress zum 150. Todestag von Heinrich Heine und Roberst Schumann. Hg. von Henriette Herwig ... [et al.] (Stuttgart, 2007).

Voigt, Jürgen: *O Deutschland, meine ferne Liebe – Der junge Heinrich Heine zwischen Nationalromantik und Judentum* (Bonn, 1993).

Windfuhr, Manfred: *Heinrich Heine. Revolution und Reflexion* (Stuttgart, 1969).

Ders.: *Rätsel Heine. Autorprofil – Werk – Wirkung* (Heidelberg, 1997).

Winkler, Markus: *Mythisches Denken zwischen Romantik und Realismus. Zur Erfahrung kultureller Fremdheit im Werk Heinrich Heines* (Tübingen, 1995).

Weber, Johannes: *Libertin und Charakter. Heinrich Heine und Ludwig Börne im Werturteil deutscher Literaturgeschichtsschreibung, 1840–1918* (Heidelberg, 1984).

Werner, Michael: „Der Journalist Heine". In: *Heinrich Heine: Ästhetisch-politische Profile*. Hg. von Gerhard Hölin. (Frankfurt a. M., 1991), S. 176–194.

Ders.: „Der politische Schriftsteller und die (Selbst)-Zensur in Heines Berichten aus Paris". In: *Heine-Jahrbuch* 26 (1987), S. 29–53.

Zantop, Susanne: „Colonialism, Cannibalism, and Literary Incorporation: Heine in Mexico". In: *Heinrich Heine and the Occident.* Hg. von Peter Uwe Hohendahl und Sander L. Gilman. (Lincoln 1991), S. 110–138.

Weitere Literatur:

Adorno, Theodor W.: „Der Essay als Form". In: *Noten zur Literatur I* (Frankfurt a. M., 1958), S. 9–49.

Ders.: „Fragment über Musik und Sprache". In: *Gesammelte Schriften.* Bd. 16, Musikalische Schriften I–II. (Frankfurt a. M., 1978), S. 251–258.

Ders.: „Rede über Lyrik und Gesellschaft". In: *Noten zur Literatur I* (Frankfurt a. M., 1958), S. 73–104.

Ders.: „Was bedeutet: Aufarbeitung der Vergangenheit?". In: *Eingriffe. Neun kritische Modelle* (Frankfurt a. M., 1963), S. 125–146.

Ders.: „Wörter aus der Fremde". In Adorno: *Noten zur Literatur II* (Frankfurt a. M., 1961), S. 110–130.

Ders.: „Zum Gedächtnis Eichendorffs". In: *Noten zur Literatur I* (Frankfurt a. M., 1958), S. 105–144.

Aschheim, Steven E.: *The Nietzsche Legacy in Germany 1890–1930* (Berkeley, 1992).

Baumeister, Ursula W.: *Die Aktion 1911–1932. Publizistische Opposition und literarischer Aktionismus der Zeitschrift im restriktiven Kontext* (Erlangen, 1996).

Bauman, Zygmunt: *Legislators and Interpreters. On Modernity, Post-Modernity and Intellectuals* (Ithaca, 1987).

Behler, Ernst: „Die Auffassung der Revolution in der deutschen Frühromantik". In: *Essays an European Literature*. Hg. von P. U. Hohendahl, H. Lindenberger, E. Schwarz (St. Louis, 1972), S. 191–216.

Berman, Russell: „Literaturkritik zwischen Reichsgründung und 1933". In: *Geschichte der deutschen Literaturkritik (1730–1920)*. Hg. von Peter Uwe Hohendahl (Stuttgart, 1985), S. 205–274.

Blackall, Eric: *The Emergence of German as a Literary Language 1700–1775* (London, 1959).

Blumenberg, Hans: „‚Nachahmung der Natur'. Zur Vorgeschichte der Idee des schöpferischen Menschen". In: *Studium Generale* (1957). Bd. 10.

Booth, Wayne C.: *The Rhetoric of Fiction* (Chicago, 1968).

Brandes, Georg: *Die Hauptströmungen der Literatur des 19. Jahrhunderts* (Leipzig, 1894–1896). Bd. 6.

Bürger, Peter: *Theorie der Avantgarde* (Frankfurt a. M., 1974).

Dahlhaus, Carl: „Klassische und Romantische Musikästhetik". In: *Gesammelte Schriften*. Hg. von Herman Danuser (Laaber, 2000–2008), Bd. 5, S. 393–843.

Dainat, Holger: „Von der neueren Deutschen Literaturgeschichte zur Literaturwissenschaft. Die Fachentwicklung von 1890 bis 1913/14". In: *Wissenschaftsgeschichte der Germanistik im 19. Jahrhundert*. Hg. von Jürgen Fohrmann und Wilhelm Voßkamp (Stuttgart, 1994), S. 494–537.

Deutsche Dichtung, Hg. und eingeleitet von Stefan George und Karl Wolfskehl. (Stuttgart, 1989) [Reprint der EA von 1900].

Dietze, Walter: *Junges Deutschland und deutsche Klassik* (Berlin, 1962).

Fohrmann, Jürgen: *Das Projekt der deutschen Literaturgeschichte* (Stuttgart, 1989).

Foucault, Michel: *Surveiller et punir. Naissance de la Prison* (Paris 1975).

Frank, Manfred: *Der kommende Gott. Vorlesungen über die neue Mythologie* (Frankfurt a. M., 1982).

Gassier, Pierre: *Leopold Robert* (Neuchatel, 1983).

G. G. Gervinus: *Geschichte der poetischen National-Literatur der Deutschen,* (Leipzig, 1840). Bd. 1.

Gilman, Sander: *Nietzschean Parody* (Bonn, 1976).

Goodman, Dena: *Criticism in Action. Enlightenment Experiments in Political Writing* (Ithaca, 1989).

Gottschall, Rudolf von: *Die deutsche Nationalliteratur in der ersten Hälfte des neunzehnten Jahrhunderts* (Breslau, 1861).

Grimm, Reinhold: „Antiquity as Echo and Disguise. Nietzsches ‚Lied eines theokrischen Ziegenhirten', Heinrich Heine, and the Crucified Dionysos". In: *Nietzsche Studien* 14 (1985), S. 201–249.

Gundolf, Friedrich: *George* (Berlin, 1920).

Gutzkow, Karl: *Liberale Energie.* Hg. von Peter Demetz (Frankfurt a. M., 1974).

Habermas, Jürgen: *Der philosophische Diskurs der Moderne* (Frankfurt a. M., 1985).

Ders.: *Strukturwandel der Öffentlichkeit* (Neuwied, 1962).

Habermas and the Public Sphere. Hg. von Craig Calhoun (Cambridge/ Mass., 1992).

Hauck, Johannes: „Französische Lyrik der nachromantischen Moderne: Baudelaire, Rimbaud, Mallarme". In: *Die literarische Moderne in Europa*. Hg. von Hans Joachim Piechotta, Ralph-Rainer Wuthenow und Sabine Rothemann (Opladen, 1994). Bd. 2, S. 164–187.

Hehn, Viktor: *Gedanken über Goethe* (Berlin, 1888).

Heißenbüttel, Helmut: „Materialismus und Phantasmagorie im Gedicht". In: *Zur Tradition der Moderne. Aufsätze und Anmerkungen 1964–1971* (Neuwied und Berlin, 1972), S. 56–59.

Henrich, Dieter: „Kunst und Kunstphilosophie in der Gegenwart (Überlegungen mit Rücksicht auf Hegel)". In: *Immanente Ästhetik – Ästhetische Reflexionen*. Hg. von Wolfgang Iser (München, 1966), S. 11–32.

Hermand, Jost: *Kultur im Wiederaufbau. Die Bundesrepublik 1945–1965* (München, 1986).

Ders.: „Napoleon im Biedermeier". In: *Von Mainz nach Weimar 1793–1919* (Stuttgart, 1969), S. 99–128.

Herwegh, Georg: „Die neue Literatur". In: Herwegh: *Literatur und Politik.* Hg. von Katharina Mommsen (Frankfurt a. M., 1969), S. 9–13.

Höhn, Gerhard: „‚Farceur' und ‚Fanatiker des Ausdrucks. Nietzsche Heineaner malgré lui?" In: *Heine-Jahrbuch* 36 (1997), S. 134–152.

Hohendahl, Peter Uwe:„Bürgerliche Literaturgeschichte und nationale Identität“. In: *Bürgertum im 19. Jahrhundert*. Hg. von Jürgen Kocka (Göttingen, 1995). Bd. 3, S. 200–231.

Ders.: „Gervinus als Historiker des Barockzeitalters“. In: *Europäische Barockrezeption*. Hg. von Klaus Garber (Wiesbaden, 1991), S. 561–576.

Ders.: „Kosmopolitischer Patriotismus. Ludwig Börne und die Identität Deutschlands“. In: *‚Die Kunst – eine Tochter der Zeit.‘* Neue Studien zu Ludwig Börne. Hg. von Inge Rippmann und Wolfgang Labuhn (Bielefeld, 1988), S. 170–200.

Ders.: *Literarische Kultur im Zeitalter des Liberalismus* (München, 1985).

Ders.: *Prismatic Thought. Theodor W. Adorno* (Lincoln und London, 1995).

Ders.: „Zum Erzählproblem des utopischen Romans im 18. Jahrhundert“. In: *Gestaltungsgeschichte und Gesellschaftsgeschichte*. Hg. von Helmut Kreuzer (Stuttgart, 1969), S. 79–114.

Horkheimer, Max/Adorno, Theodor W.: *Dialektik der Aufklärung* (Frankfurt a. M., 1969).

Jauß, Hans Robert: „Schlegels und Schillers Replik auf die ‚querelle des Anciens et des Modernes‘“. In: *Literaturgeschichte als Provokation der Literaturwissenschaft* (Frankfurt a. M., 1970), S. 67–106.

Ders.: *Literaturgeschichte als Provokation* (Frankfurt a. M., 1970).

Jay, Martin: *The Dialectical Imagination* (Boston und Toronto, 1973).

Kedward, Harry R.: *The Dreyfus Affair: Catalyst for Tensions in French Society* (London, 1965).

Ders.: *The Dreyfus Affair: Art, Truth, and Justice* (Berkeley, 1987).

Kinder, Hermann: *Poesie als Synthese. Ausbreitung eines deutschen Realismus-Verständnisses in der Mitte des 19. Jahrhunderts* (Frankfurt a. M., 1973).

Koopmann, Helmut: *Das Junge Deutschland. Analyse seines Selbstverständnisses* (Stuttgart, 1970).

Koselleck, Reinhart: *Kritik und Krise. Eine Studie zur Pathogenese der bürgerlichen Welt* (Freiburg, 1959).

Labuhn, Wolfgang: *Literatur und Öffentlichkeit im Vormärz. Das Beispiel Ludwig Börnes* (Königstein, 1980).

Lange, Wolfgang: „Tod ist bei Göttern immer nur ein Vorurteil. Zum Komplex des Mythos bei Nietzsche“ In: *Mythos und Moderne. Begriff und Bild einer Rekonstruktion.* Hg. von Karl Heinz Bohrer (Frankfurt a. M., 1983), S. 111–137.

Lovejoy, Arthur O.: *Essays in the History of Ideas* (New York, 1960).

Lublinski, Samuel: *Der Ausgang der Moderne. Ein Buch der Opposition* (Dresden, 1909).

Ders.: *Literatur und Gesellschaft im neunzehnten Jahrhundert.* (Berlin, 1899–1900).

Mähl, Hans Joachim: *Die Idee des goldenen Zeitalters im Werk des Novalis* (Heidelberg, 1965).

Mann, Heinrich: *Briefe an Ludwig Ewers 1895–1913*. Hg. von Ulrich Dietzel und Rosemarie Eggert (Berlin, 1980).

Mann, Thomas: *Betrachtungen eines Unpolitischen* (Berlin, 1919).

Ders.: *Miszellen, Das essayistische Werk*. Hg. von Hans Bürgin (Frankfurt a. M., 1986).

Marx, Karl/Engels, Friedrich: *Über Kunst und Literatur* (Berlin, 1968).

Mayer, Hans: *Meisterwerke deutscher Literaturkritik* (Berlin, 1956).

Ders.: *Von Lessing bis Thomas Mann* (Pfullingen, 1959).

Matzat, Wolfgang: „Baudelaires Exotismus. Zur Differenzierung von romantischer und moderner Lyrik". In: *GRM* 68 (1987).

Meyer, Richard M.: *Die deutsche Literatur des neunzehnten Jahrhunderts*. (4. Auflage, Berlin, 1910).

Payne, Harry Charles: *The Philosophes and the People* (New Haven, 1976).

Politische Avantgarde 1830–1840. Hg. von Alfred Estermann (Frankfurt a. M., 1972).

Ridley, Hugh: *Gottfried Benn. Schriftsteller zwischen Erneuerung und Reaktion* (Opladen, 1990).

Salin, Edgar: *Um Stefan George. Erinnerung und Zeugnis* (München, 1954).

Schmidt, Julian: *Bilder aus dem geistigen Leben unserer Zeit,* Neue Folge (Leipzig, 1871).

Ders.: *Geschichte der deutschen Literatur im 19. Jahrhundert*. 3 Bde. (Leipzig, 1855).

Ders.: *Geschichte der deutschen Literatur seit Lessings Tod* (5. Auflage, Leipzig, 1866–1867).

Schöne, Albrecht: *Emblem und Drama im Zeitalter des Barock* (München, 1968).

Schröter, Klaus: *Anfänge Heinrich Manns* (Stuttgart, 1965).

Schulte-Sasse, Jochen: *Die Kritik an der Trivialliteratur seit der Aufklärung* (München, 1971).

Teraoka, Takanori: *Stil und Stildiskurs des Jungen Deutschland* (Hamburg, 1993).

Treitschke, Heinrich von: *Deutsche Geschichte im Neunzehnten Jahrhundert*. 5 Bde. (Leipzig, 1879–94).

Weimar, Klaus: *Geschichte der deutschen Literaturwissenschaft bis zum Ende des 19. Jahrhunderts* (München, 1989).

Werner, Renate: *Skeptizismus, Ästhetizismus, Aktivismus. Der frühe Heinrich Mann* (Düsseldorf, 1972).

Widhammer, Helmuth: *Realismus und klassizistische Tradition* (Tübingen, 1972).

Wiggershaus, Rolf: *Die Frankfurter Schule* (München, 1986).

Personenregister